人不要臉，天下無敵

你不知道的歷史故事
你該知道的厚黑規則

李祐元　長貴　著

人生最重要的課題——生存

不僅是營養搭配的問題，更是如何對待機會的藝術，
也是為人做事與目標對應並尋求效果最大化的課題。

目錄

目錄

目錄

凶字篇：口蜜腹劍，心狠手辣

目錄

前言

前言

我該怎麼辦？

儘管我全力執行上級的決策，但上司卻對我逐漸失去信任；儘管我極力做好人際溝通，但關係的改進卻微乎其微；儘管我夜以繼日的勤奮工作，但職位卻與期待成反比，每況愈下；更為糟糕的是，我在努力付出自己擁有的一切時，他（她）卻毫不回頭的離我而去……我墜入了深淵，我不知所措，我無所適從。一切都不如意，我在生活的漩渦中苦苦掙扎。

更可悲的是，我已經快要失去勇氣了，因為我對自己適應社會生存下去的能力的懷疑，逐漸超過了曾經擁有的自信，因為我難於回答自己提出的疑問，對一些小成就的獲得，越來越堅信是一種守株待兔的偶然，只是一種巧合，一種幸運。

我無所適從，真的，不知所措。

我迫切的需要與人交談，需要傾聽，不，我更需要一個不妄加評價，不空泛議論又能給我建議的人。

面對這樣的境遇，我們觸動了，或許有人認為是管理與行為科學研究的範疇，但不容置疑的是，他們都涉及一個人生重大課題 —— 生存；值得提醒的是，生存不僅是營養搭配的問題，更是一項如何對待機會的藝術，是為人做事與目標對應並尋求效果最大化的課題。

不難發現，人的命運的發展曲線要比動物的更不規則，更沒有連續性，動物生活中的每一個階段都是相同而單調的，承襲著一種千萬年來本能的傳遞，但人從一個階段到另一個階段的轉折，從一個階層到另一個階層的攀升，往往極其突然而危險，這種「勇敢者遊戲」的背後，往往更具有命運的決定性。

儘管如此，每一個跌倒的人都有責任站起來，每一個文字工作者都有義務予以扶持。本書引經據典，透過對一系列現實問題的探討，顛覆著舊傳統和舊思維，篩選、改良著各種直達目標的行為方式，不僅有故事的講述，而且概括了其中隱含的人生啟示，直接切入主題，並透過這些故事與厚黑規則的對照分析，向讀者生動具體的講述了能引導人們走向幸福、成功之路的方法，及應吸取的教訓。不僅是一本書，更是一種支撐，一根拐杖。

　　希望本書的每一規則都能發揮四兩撥千斤的作用，讓你的生活和工作有一個全新的開始，也希望你由這些真實故事啟示下的厚黑規則，牽引你的生活得到迅速、積極的改變。

空字篇：大智若愚，明哲保身

　　我該如何說呢？我讚美敵人，敵人於是成為朋友；我鼓勵朋友，朋友於是成為手足。我要常想理由讚美別人，絕不搬弄是非，道人長短。想要批評人時，咬住舌頭，想要讚美人時，高聲表達。空即空洞的意思，一是文字上：凡是批呈文，出文告，都是空空洞洞的，其中奧妙，我難細說；二是辦事上，隨便辦什麼事情，都是活搖活動，東倒也可，西歪也可，有時辦得雷厲風行，其實暗中藏有退路，如果見勢不佳，就從那條路抽身走了，絕不把自己牽掛著。

—— 李宗吾《厚黑學》

第一招：只拉強弓，不放小箭

中國古代官場一向倡揚教化，講究新官上任三把火。三把火之後就開始為自己留後路了，表面看來是雷厲風行，其實是雷聲大雨點小，但這還真能讓上司看到自己所謂的政績。這些官場中人，可謂深得厚黑學之精髓。

清末譴責小說《官場現形記》第 18 回，描寫朝廷派出欽差大臣去整肅浙江官場。那欽差大臣到了杭州，也不和官場上的人員多來往，一下子新造十副新刑具、三十副手銬、腳鐐、十副木鉤子、四個站籠，並一下子撤了、抓了一百五十多名官、幕、紳、吏，把浙江官場嚇得戰戰兢兢。可這三斧子砍過，欽差就緩了許多，那些撤了職的人也不查辦，抓了的人也不審訊。原來這欽差離京前得宮內太監點撥，抱定「只拉弓，不放箭」的宗旨，先嚇唬一番，落個好名聲，然後就要撈回幾個錢。過了幾天，浙江巡撫與欽差搭上線，彼此打通關節講條件，欽差要兩百萬，一次搞定；巡撫不願這麼爽快，僵了幾天，終究還是讓那欽差大臣滿載而歸。

小說的描述是戲劇化的，不過「只拉弓、不放箭」卻確實可以作為歷代官場上那些皇帝耳目官的行事原則。從皇帝來看，監察系統是用來醫治文武兩手的。可是監察官與他們的監察對象「本是同根生，相煎何太急」。況且，對於文武百官們產生腐蝕作用的種種因素，對於監察官同樣產生作用。《舊唐書·韋思謙傳》載，韋思謙為監察御史，對人說：「御史出京，如果不能動搖山岳、震懾州縣，那簡直就是失職。」他所到之處果然是抨擊豪強、彈劾貪官，震動一地官場。然而這種動搖山岳的力量來自御史本人對於信念的執著，絕大多數御史並不想這樣與同僚同敵。明人筆記《七修類稿》記載當時的俗諺：「御史初至，則曰：『驚天動地』；過幾日，則曰：『昏天黑地』；去時，則曰：『寂天寞地』。」剛來的時候「只拉弓，不放箭」的擺出一副「驚天動地」的姿態。幾天後與當地官員鬼混，所以昏天黑地。走了以後，所有的貪官汙吏照舊神氣活現，御史那拉弓氣勢無息無聲的消失，所以是寂天寞地。

這種傳統文化精華很值得有志於厚黑之道的人思考領會，並加以運用。

第二招：放下臉面，屈身求全

真正的厚黑高手，因為臉皮厚，所以不會臉紅，因為心肝黑，所以不會心虛，不但笑罵由人笑罵，還能替對方幫腔笑罵。為了反敗為勝，有時候需要屈身求全，或代人受過，或忍辱負重。

提起清軍剿滅曾經一度占領大半個中國的太平天國，人們馬上就會想到由曾國藩這個「文弱」書生創建的湘軍。據熟悉湘軍內幕的薛福成說，湘軍的核心力量是曾國藩，但功勞最大和犧牲最大的卻是胡林翼。因此，在與太平軍的較量中，如果說湘軍的發展壯大離不開曾國藩的話，那麼湘軍的勝利卻不能沒有胡林翼。

胡林翼為了大局，他沒有爭權奪利，沒有搶著到前線去，而是心甘情願的做好自己的後勤工作，保證了老巢的安全。為了全局，他甚至還要低頭做人，硬生生把朝廷派來監視自己的人，發展成了湘軍的盟友，為湘軍贏得了廣闊的空間。曾國藩稱其「赤心以憂國家，小心以事友生，苦心以獲諸將，天下寧復有似斯人者哉！」

咸豐六年（西元 1856 年）是湘軍最艱難的一年。

胡林翼苦攻武昌，如果此城不下，湘軍就失去了根據地。而曾國藩坐困江西，朝不保夕。這年初，石達開攻下江西五十多座城池，南昌形勢孤危，曾國藩亟欲胡林翼回師相救，而武昌馬上即克，不能捨之而去。於是羅澤南不避艱危，不顧傷亡慘重，竭力向武昌進攻，傷亡枕藉。不久，九江太平軍人舉來援，武昌城中亦出兵夾擊。羅澤南身受重傷，數日後創重而亡，胡林翼命令李續賓代領其軍。

4 月，楊載福所統水師大破太平軍水師於漢陽，太平軍戰船 200 餘艘盡被燒毀，長江江面肅清，援軍路斷，漢陽、武昌二城坐困。7 月，石達開由江西回師

金陵（今南京），踏破向榮的江南大營，然後擁眾上援武昌，號稱 10 萬，不久在青山被胡林翼、李續賓打敗，武昌援絕。

10 月，胡林翼增加陸師 5000，水師 10 營，對武昌採取長圍久困之計。城中太平軍糧盡，於 11 月間開門突走，被湘軍分途追殲，武昌終於被攻下。

12 月，湖北全省俱被湘軍占領。

咸豐皇帝非常振奮，為獎賞有功人員，將胡林翼補授為湖北巡撫，加賞頭品頂戴。胡林翼一下子就成了實缺的巡撫大吏，實權在握。但巡撫雖為一省的最高行政長官，而按照清朝的政治制度，地方上的最高行政長官，巡撫之外，尚有總督。總督管軍而巡撫治民。但若在一省之中，同時設有總督、巡撫兩官，二人恰又同城而治的話。往往互相牽制。湖北巡撫駐武昌，而兼轄湖南、湖北二省的湖廣總督也駐武昌。

咸豐皇帝對漢人始終懷有戒心，胡林翼出任湖北巡撫後，他就命滿人官文為湖廣總督，對其實行監視。官、胡兩人家庭、經歷、才略、人品大有不同；又在非常時期，分為督撫，同在一城，同辦一事，且所辦之事，多非平時之例行公事，或無章可循，或有章不能循。這樣，雙方發生了多次衝突，甚至趨於決裂。在當時，卻意味著湘軍集團是否接受監督，清廷控制使用湘軍的方針能否貫徹的問題。如果兩人不和，湖北將全部落入官文手中，湖南也將受到官文的控制。這樣不僅兩湖難以成為湘軍集團的地盤和戰略後方，湘軍的進一步發展壯大，也將成為一句空話。而且湘軍現有力量也會受到損害，進而危及兩湖的安全，在十分關鍵的情況下，曾國藩致信胡林翼，讓他採用屈身求全，與官文打好關係，如不是事關緊要，一定順從，藉其威重之名，方能行己之志。胡林翼最終明白了官文的地位不能動搖，唯一的辦法是與官文打好關係，於是就改變了作風，針對官文的特點，大施權術，力求既尊重官文欽差大臣和總督的雙重權勢，又不束縛自己的手腳。

攻人先攻心，首先，胡林翼竭力與官文建立個人之間的親密關係。

為了湘軍，胡林翼刻意結交湖廣總督官文。官乂有個寵妾過生日，卻以正

房夫人的名義散帖，準備等來賀的人聚齊後才坦白。這本是官文想給寵妾體面的小伎倆。不料一個藩司得知內情，怒不可遏。說：「夫人壽辰，吾儕慶祝，禮也，今乃若此，我朝廷大僚豈能屈膝於賤妾？」當時的封建名分是很重的，夫人可以夫貴妻榮獲得朝廷誥命，有品位，是作為人存在的，妾的地位總不能登大雅之堂。

胡林翼在旁聽了，大力稱讚他做得對。可扭過頭，他自己卻若無其事的傳「年家眷晚生胡林翼頓首拜」的帖子祝拜官文的寵妾。這時剛剛隨同那藩司要回拜帖的人又隨胡林翼拜覲。一場尷尬的局面化解了，官文的寵妾自然對胡林翼感恩戴德。

等官文寵妾拜望胡林翼母親時，胡林翼又吩咐以夫人的規格接待，此後胡母認其為乾女兒。兩家內眷親密往來，自己也不時拜謁官母；與官文平時私函，略去官場禮義，直呼之為「老兄」，「中堂老兄」。有的記載還說胡林翼與官文結拜為兄弟。

在公事上，則「專從裡子切實講求，而不占人面子即抓實權，堅持按己意埋頭處理軍政事務，而每遇可得美名，邀封賞，如「收城克敵」等事，則推首功於官文，一切報功奏疏亦推官文列名出奏，官文因此累得晉升，官至大學士。

在奏摺信札中極力稱譽官文「寬仁博大」，「仁厚公忠」，「能開誠心，布公道者，推中堂一人。」為了安撫官文，胡林翼對官文的貪汙不僅視而不問，還每月以鹽釐 3000 兩，劃作督署公費，實際就是交到官文的私囊了。

胡林翼曲意交結官文，就在「忍」字、以忍而得情。官文受枕邊風的吹拂，對胡林翼自是格外另眼相待。官、胡二人的和契為整個湘軍集團的成功鋪平了後路。這是胡林翼「忍」的妙處所在。

從西元 1857 年春至 1861 年胡林翼病死，其間二人雖有矛盾，但胡林翼始終堅持對官文用外圓內方的方針。官文對此自然也心中有數，但仍然做了積極的回應。據說胡林翼母親來武昌，官文親自帶領文武官員去河岸迎接。

官文也不傻，他知道自己的功勞全部都是湘軍爭來的，如果胡林翼的地位一

動搖，就無人指揮湘軍克敵制勝，他的種種地位和榮譽也就會落空，甚至身家性命也成問題。因此對胡林翼也聽之任之。他對幕僚說「我輩之才皆不及彼」，「確無彼不能禦敵」。他有功可居，有譽可邀，有銀可使，就一心依靠胡林翼。正如薛福成所記，官文樂得「仰成而已，未嘗有異議」。

這樣，胡林翼就大致上能如曾國藩所說「乃獨得少行其志」，「事無大小，推賢讓能，多由撫署主政」。胡林翼藉金錢與名位滿足總督官文的願望，使得官文感激而事事信從。於是，胡林翼真的變成了以一人而兼總督巡撫二職，集軍政大權於一身，事事都可按照自己的計畫與想法推行，而不虞他人之掣肘。

督撫同心而胡林翼又實操其柄，自然事事皆易於推行。最顯著的成效，一是用人行政方面，皆能依照胡林翼的主張，用賢黜邪，使湖北吏治日有起色；二是在軍事作戰方面，也能依照胡林翼守在境外的辦法，分遣湖北之軍出援湖南、安徽等省。

胡林翼雖然放下臉面做人，但得到的卻是湘軍勝利大局。

然而，許多歷史上著名的優秀人物不能做到這一點。

即使是十分優秀的將帥，也難免存在一些性格上的弱點。平時，這種弱點被天才所埋藏，顯不出什麼危害，但是，它一旦被失敗所「啟動」，那就會帶來不堪設想的後果。

瑞典國王查理十二世可以說是世界上少數名將之一，但他的性情暴躁，遇到挫折時難以使自己冷靜下來，這個弱點，帶來一次決定性的失敗。

西元 1709 年，查理十二世率軍隊遠征俄羅斯。由於那年的冬天非常寒冷，致使瑞典遠征軍處境十分困難。但是，查理十二世是一個傑出的將才，他鬥志高昂、身先士卒，與士兵們同甘共苦，仍然奪取了多次勝利。11 月中旬，瑞軍擊敗俄軍，奪取了蘇拉河邊的一個叫作隆尼的地方，瑞軍在這裡得到了豐富的補給和抵禦嚴寒的房屋。此時，瑞軍的一些將領勸說查理十二世就在隆尼駐紮下來，待嚴冬之後再圖征戰。而查理十二世是個急性子，虛榮心強。在俄軍的再三挑釁下，他輕率的領兵前去解救他處受威脅的瑞軍，誰知，俄軍只不過是要了個調虎

離山之計，主要目的則是為了奪回隆尼。

隆尼的得而復失，使查理十二世大發脾氣，他為報一箭之仇率軍狂戰。第二年元月，瑞軍攻克了一座小城。2月，查理十二世又以 400 名士兵擊潰了俄軍 7000 餘人，但是，這些小的勝利從未改變瑞軍的困難處境，而嚴寒、飢餓和連續作戰卻使瑞軍由原來的 4 萬人銳減到 2 萬餘人，火炮只剩下了 34 門。

當時知難而退，仍有來年重整旗鼓的機會，但查理十二世已經打紅了眼，不能對眼前的情勢進行冷靜的分析和判斷，他不但沒有下令撤軍，反而驅使瑞軍官兵去圍攻一座堅頂。

一日，查理十二世親往一線觀察敵情，由於離敵人太近，遭到俄軍火槍手的密集射擊，他腳部中了一槍。俄軍統帥聽說查理十二世受了傷，感到天賜良機，一改過去那種避免與瑞軍會戰的想法，決心與之展開一場決鬥。

查理十二世腳部的傷勢嚴重，不得不用擔架抬著。當時，瑞軍處於劣勢，而且是深入敵國腹地作戰，要想奪取勝利，就必須創造奇蹟，而要創造奇蹟，又必須依靠查理十二世那像鷹一樣的戰術慧眼，和他那馳騁馬上勇往直前的感召力。而他一受傷，這些前提條件也都隨之喪失了。瑞軍已經到了重大失敗的邊緣，而查理十二世仍然對以前那些小的失敗耿耿於懷，不願無功而返．

決戰開始了，1 萬多瑞軍和 10 萬多俄軍進行了一場寡眾懸殊的拚殺。查理十二世的軍隊的確是一支能征善戰的精銳之師，儘管處於絕對的劣勢，卻仍然創造了奇蹟，打得俄軍統帥差點棄軍而逃。但是，俄軍猛烈的炮火產生了決定性作用，最終阻止了瑞軍士兵拚命的衝鋒，就連查理十二世的 24 名隨員和抬擔架兵也死傷了 21 人。瑞軍遭到了慘敗。此役之後，瑞典元氣大傷，日趨衰落，並逐漸從歐洲強國的行列中消失了。

查理十二世是一代名將，但由於他面對困境和失敗不能冷靜的思考問題，不甘屈身求全，聽憑情緒擺布理智，終於釀成了悲劇。而他個人的悲劇最後又變成了國家的悲劇。這個教訓是值得記住的，遇到一時的失敗就不能泰然處之的人，有些是「面子」作怪。越是怕丟面子，越是不能冷靜，因而也就越容易犯更大的

錯誤，越丟面子。許多人都因為死要面子而吃過大虧。

1943 年，德國研製成功了一種奇妙的「音感魚雷」。這種魚雷能在水中感知敵艦發出的噪音，並自動確定敵艦的方位，準確將其擊沉。它曾使盟國海軍官兵恐慌不安。一次偶然的機會，美國潛艇擊沉了一艘裝有此種魚雷的德國潛艇，並抓了一些俘虜。為了弄清楚「音感魚雷」的奧祕，美國人迅速調來海軍大學魚雷系碩士泰勒上尉參加突擊審訊。

泰勒上尉能講一口流利的德語，一天傍晚，泰勒邀請俘虜德軍中尉克魯普下棋，他們一邊聽著貝多芬的《田園交響曲》，一邊下棋和閒聊，好像久別重逢的老朋友一樣。克魯普掌握著「音感魚雷」的全部機密，他對泰勒的做法感到困惑不解，於是便問道：「為什麼不審訊我？」泰勒哈哈大笑的說：「早已審訊完了，俘虜中有德軍潛艇專家，再說，我是知名大學的魚雷專業碩士，你的知識還不到我的一半。」

克魯普被激得勃然大怒。為了表明自己掌握的是世界上最先進的技術，他迫不及待的在桌子上鋪開紙，激動的畫下了「音感魚雷」的原理圖，並寫出了重要的參數。

這是一個因為死要面子而上當受騙的例子。戰爭史中還有因為死要面子而導致全軍覆沒的。

1973 年 10 月 6 日，第 4 次中東戰爭爆發了。埃及軍隊一舉突破了以色列經營多年的「巴列夫防線」，攻入了西奈半島。以軍雖然組織了多次反突擊，但均未奏效。為挽回敗局，以軍決心把 190 裝甲旅調來投入戰鬥。

這 190 裝甲旅非同尋常，是以軍的「王牌旅」，戰鬥力很強，裝備有 120 輛「M60」型坦克，是以色列軍隊的寵兒，非到關鍵時刻不會動用。190 旅旅長亞古里接到上司的命令後雷屬風行，立即指示部隊以 50 公里的速度向預定的目標進擊。

正當 190 旅一路急如星火、風塵僕僕的奔向前線的時候，突然一聲爆炸，一輛坦克隨之報廢了。亞古里發現以軍只是遭到了一小隊埃軍阻擊，哪裡放在眼

裡。他命令部隊先後從不同方向發起了攻擊，每次出動一個坦克連的兵力。但出人意料的是，三次攻擊均告失敗，先後有 35 輛坦克被擊毀擊傷。亞古里感到大丟面子，按照他的邏輯，「王牌旅」只能打勝仗，哪裡能受這種氣？盛怒之下，亞古里將剩下的 85 輛坦克全部集中起來，準備再次向埃軍進攻，以保全「王牌旅」的盛名。這種結果，正是埃軍所求之不得的。

原來，埃軍打的是一場有計畫的伏擊戰，當以色列命令 190 旅開往前線的時候，埃軍破譯了他們的密碼。於是埃軍根據以軍的一貫行動規律，派遣其第 2 步兵師在以軍必經之道上，布設了伏擊圈套，等 190 旅自投羅網。第 2 步兵師師長阿布薩德是一位精通戰術、老謀深算的指揮官，他將伏擊陣地選在道路兩旁 200 ～ 300 公尺的位置，利用沙丘進行偽裝隱蔽，並構築了散兵坑。為了打好伏擊，阿布薩德還組織機關參謀人員到實地檢查，逐一確定了導彈射手的發射位置。

首先與 190 旅遭遇的，實際上只是第 2 步兵師先頭部隊的一個營。這個營給予 190 旅迎頭痛擊之後，師長阿布薩德分析，以軍的「王牌旅」斷不肯就此自認晦氣，因而他命令該營佯裝敗退，誘敵進入埃軍主力的伏擊區。

亞古里不知是計，一見埃軍落荒而逃，就以為撈回面子的時機已到，即刻命令全部坦克高速開進，緊緊追擊。忽然，嗖嗖而來的閃光將亞古里的美夢驚醒了。埃軍的火力非常猛烈，平均每分鐘內就有 85 發反坦克導彈擊中以軍的坦克。為了提高毀傷機率，阿布薩德規定，對同一目標要發射 3 ～ 4 枚導彈，即使對近距離目標也要發射兩枚火箭彈。而成一字形擺在柏油路上的以軍坦克，完全施展不開，打不能打，跑又不能跑，一個個都成了埃軍的活靶子。

僅僅 20 分鐘，190 裝甲旅就全部被殲滅了。亞古里的坐乘也被擊毀，他爬出坦克企圖逃走，但被埃軍當場俘獲。

第三招：話說一半，點到為止

只講表面現象，不做實質結論。「千呼萬喚始出來，猶抱琵琶半遮面」。吞吞吐吐，似有難言之隱；似隱卻露，故做弦外之音。關鍵性的內容，言者並不明言，但卻有意做出強烈的暗示，使聞者不難從中領悟辨識話中之「話」，弦外之「音」，自行得出合乎邏輯的結論。此種手段的「妙處」在於：言者未曾明言，便可不承擔明言的責任；言者未做結論，便無強加於人之嫌；然而，言者所要表達的關鍵內容卻盡為聞者所知，其目的已然達到。

中國古代歷史上，撥弄「弦外之音」者大有人在。唐玄宗在位期間，曾發生了一場廢立太子之爭。受寵的武惠妃極力構陷太子李成，企圖以自己的親生兒子取而代之。唐玄宗聽信了讒言，召集宰相會議，打算廢掉太子。正直的宰相張九齡，從穩定政局和維護禮法的角度出發，公開反對更儲，並明確表示：「陛下必欲為此，臣不敢奉詔」。同時在位的奸相李林甫，卻另有一番表現。他當眾「無所言」，不發表任何意見，退朝之後卻暗地裡透過宦官轉告玄宗說：「此主上家事，何必問外人？」此番話雖然沒有直接針對更儲問題做出明確的表態，但其所暗示的弦外之音卻是十分明顯的：既間接表明了李林甫迎合玄宗和武惠妃贊同廢掉太子的態度，同時又影射攻擊了政敵張九齡「干預」君主的「家事」。

有時候厚黑人士揣摩好上司的意圖後，不直接表達心願，而是利用「話說一半，點到為止」的策略，旁敲側擊，藏構陷於讚揚之中，使其有苦難言。

此種手段，多用在讒毀誣陷的場合。讒毀誣陷一般沒有事實依據，倘若直截了當的生編亂造和妄下結論，其險惡用心則過於明顯，而且謊言易被揭穿、結論難以成立。相反，透過運用「話中有話、弦外有音」的暗示手段，讒毀誣陷者不僅掩飾了自己的險惡用心，同時又使攻訐手段顯得含蓄而留有事後自我辯解的餘地。最終的結論畢竟是作為聞者的他人自行做出的，作為言者的讒毀誣陷者總為自己保留了一條後退抽身之路。

清朝道光年間，軍機大臣曹振鏞當政之時，對政敵打擊往往不動聲色，卻

「言到敵敗」，非常奏效。曹振鏞在乾隆年間中進士，做過翰林，到了嘉靖年間就連連升官，可謂飛黃騰達，一直升為尚書、大學士，到了道光年間，他更是如魚得水，晉武英殿大學士、贈太傅，畫圖紫光閣。曹振鏞81歲高齡去世後，諡贈「文正」。「文正」的諡號在清朝有特別的意義，不僅是對故世大臣的最高評價，還說明了滿清統治者對人的高度信任。縱觀整個清代，享受這種殊榮的也不過七、八個人。

曹振鏞作為一位漢族官僚，是有顯赫的武功呢，還是有過人的才能？這兩樣他都沒有；那麼，他為什麼歷仕三朝，不僅沒有遇到一朝天子一朝臣的麻煩，反而越老越受皇帝寵愛，仕途越來越順，官越做越大，他到底有什麼訣竅呢？

別人對他的為官之道都懷有一種神祕感。有一次，他的門生向他討教，問他作為三朝元老，是怎樣深受皇帝的寵信的，他裝出一副神祕的樣子，只回答了六個字：「多磕頭，少說話。」意思是說，對皇帝、對上司，要多表示順從，少發表自己的意見。其實，這沒有什麼神祕的，對於這一點，今天的人大概體會最深，不用特別解釋。但需要特別解釋的是，少說話並不是不說話，不說話是傻子，少說話則是聰明人，關鍵看你在什麼時候說話，說什麼樣的話了。

曹振鏞對此是深有研究。

清朝的前期還是政治比較安定，經濟比較發達，百姓的生活相對有所改善，但到了乾隆以後，各方面的問題都顯現出來，逐漸有了江河日下的景象。尤其是政治，自雍正實行新政以來，出現好轉的政治局面此時已今非昔比，好多政治制度已有過時之嫌，許多大政無不弊端累累，積重難返。地方官員在實際處理事務時遇到了很多問題，他們紛紛把這些情況上報朝廷，等待皇帝拿出辦法。每天堆在皇帝面前等待批閱的文件有幾大疊，道光實在應接不暇，顯得十分煩躁。但如果不看這些奏摺，又會落得一個荒廢政務的惡名，這種煩躁的情緒表現得十分明顯。

曹振鏞經常侍奉在皇帝的周圍，又善於察言觀色，對此深有瞭解。他經過一番思量，決定在合適的時機向皇帝「奏上一本」，為皇帝「分憂」。他一反往日

「少說話」的常態，發表了如下的高論：

「今天國家在陛下的英明治理下，已太平無事，但一些大臣偏好生事，在奏章講一些危言聳聽的話，其目的無非是為了博取直言的虛名，哪裡是對國家盡忠！對於這些沽名釣譽之徒，皇上又不好降旨治罪，如果降旨治罪，陛下就會蒙受拒諫的壞名聲。依臣之愚見，陛下今後只要在批閱奏章時選擇其中的細枝末節上的錯誤，降旨嚴厲斥責。臣下就會懾於您的聖明與天威，知道陛下對天下事早已瞭若指掌，一定不敢再上那些搬弄是非的奏章。」

曹振鏞這一番奸佞之言正中昏庸的道光的下懷。此後，道光居然真的照著曹振鏞的辦法去做，專門挑剔大臣奏章中細枝末節處的小毛病，甚至是字體和行文上的毛病，他也不放過，動不動就降旨申斥，雖然沒有殺人，倒確實使不少人為此丟官。

這種方法的確是效驗若神，沒過多久，就弄得滿朝文武官員人人謹小慎微，甚至人人自危，不僅不敢輕易上書，就是真的發生了問題，也是盡量隱瞞著不報，有時發生了大事，實在隱瞞不了，也往往是避重就輕的說上幾句，就此完事。這樣一來，結果是朝廷上下形成了一股互相欺瞞，報喜不報憂和粉飾太平的惡劣作風，結果使國家的許多弊政得不到及時改進，問題越來越嚴重，終於釀成西元 1850 年（道光三十年）前後的全國性的大起義，幾乎使清王朝滅亡。

曹振鏞很討厭軍機大臣蔣攸銛，兩人面和心不和，就一直想把他排擠走。一次，琦善因處理鴉片戰爭後與英國殖民者「洋務」不當，被革去兩江總督職。道光皇帝一日問曹振鏞道：「兩江總督地處南海邊陲，與洋人對峙，來往很多，職位非常重要，我想派一個資深望重、久歷封疆的官員去擔任此職，你看誰合適呢？」

曹振鏞知道蔣攸銛剛由直隸總督任上調上來，屬於道光皇帝想要的那一類人，但是由自己提出來，不免受人以排擠同僚的口柄，也會引起道光皇帝的懷疑，所以他不直接提出由蔣氏調任，而提正被白蓮教起義弄得焦頭爛額、肯定不能調任的川陝總督那彥成。於是，曹振鏞說：「臣以為川陝總督那彥成資歷

最深。」

　　果然，這個建議遭到了道光皇帝的否決，說：「川陝一帶，正發生民亂，那彥成不能調動。」說著又看了看曹振鏞，當時軍機處要員都在座，蔣攸銛亦在身旁，但是曹振鏞就是不說話，環視四周，看到了蔣攸銛，馬上說：「你就是前朝的封疆大吏，去任兩江總督正合適。」此事就這樣敲定了，實際上蔣攸銛由軍機大臣調任兩江總督，從權位與權力上，都有下放的嫌疑，所以，蔣攸銛出來後對人感慨的說：「曹公的智巧，真可怕呀！他把自己的意思含而不露，卻讓皇上說出來，就無可更改了，這樣的排擠，真是高明至極啊！」

　　阮元是清朝著名的古文學家，學問精深，著有多種著作，也深受朝廷的信任，但遭到了曹振鏞的嫉妒。阮元與曹振鏞都是清乾隆朝進士，且同為歷事乾隆、嘉慶、道光三朝的元老重臣，但曹振鏞對阮元心存疑忌，一直尋找機會排斥他。

　　一次，道光皇帝與曹振鏞偶然談及阮元，道光問曹振鏞說：「阮元年青時就中進士，剛及壯年就升至二品高官，後來又歷任封疆大吏，鎮撫一方達三十餘年，他是靠著什麼過人的本領才有這樣的成績呢？」曹振鏞聽後，覺得這是天賜良機，便裝出一副十分真誠而又佩服的樣子說：「阮元很有才能，皇上可能還有所不知。他之所以能得意於仕途，一帆風順，步步高升，原因就在於他對琴、棋、書、畫皆有擅長，無所不通，而其中又以學問見長。」道光皇帝接著問：「阮元長年做官，哪有時間研究學問，何以以學問見長呢？」曹振鏞回答說：「阮元現任雲貴總督，當地百業待興，政務繁忙，若是其他督撫，必會忙得廢寢忘食，焦頭爛額，絕無時間研究學問。但阮元不然，他愛好行文，每天都在總督衙署與一班文人學士談論文章，考據古籍，夜以繼日，孜孜不倦，是以他的學問尤好。」

　　曹振鏞深知道光秉性，他非常厭惡封疆大吏不事公務，卻談詩論道，表面上稱讚，實際上卻是重重的「參了一本」。道光皇帝聽後，沉默不語，不久，阮元被召回京城，調為有名無實的大學士，不再受到重用。

第四招：忍小謀大，以待將來

有一種人固執「寧為玉碎，不為瓦全」的觀念，結果弄得玉也碎，瓦也不全，不知輕重、不能忍小謀大的人，自己吃虧也就罷了，連累了大局，更是罪加一等。小不忍則亂大謀，務必謹記在心。

在反敗為勝的過程中，「忍」字的作用不可低估。保持冷靜需要忍、韜光養晦需要忍、撤退避敵更要忍。

軍處不利及時退卻，按理是用兵之常法。但「退」的無形阻力往往來自於內部。做出撤退的決策，你就必須忍得了誤解、嘲諷、責難、失面子、丟官罷職等等一切後果。所以人們常說，忍是心上一把刀。

不過，小不忍則亂大謀。大凡古今成大事者，當他們處於不利環境時，都曾克制忍讓過。清人辛啟泰有過這樣一句話：「不能忍，則不足以任敗；不任敗，則不足以成事。」意指不忍受一時的挫折，就經不起失敗的考驗，經不起失敗的考驗，就不能獲得最後的成功。他在這裡鮮明的將「忍」與反敗為勝連在了一起。

「忍讓」比退卻的含義又深了一層，它不只適用於軍隊陷入困境、打了敗仗的時候，也適用於人生遇到挫折、不得意的時候。

人們常用「君子報仇十年不晚」這句話，來勸說那些受到了天大冤枉或懷有深仇大恨的人。很明顯，這中間包含了從長計議的意思。仇是要報的，失敗是要挽回的，不過眼下則必須嚥下一口難嚥的氣。要知道，忍讓是暫時的，沒有今天痛苦的「退」，哪有明天揚眉吐氣的「進」？韓信落魄之時，有地痞無賴逼著他鑽襠而過。韓信強忍怒火，俯首聽命，這次躲過了一場大難，日後才拜將封王，名留千古。

林黛玉父母雙亡，既無兄長又無姐妹，可憐她孤苦一人，不得不寄居賈府。偏偏府中有一個「多情的種子」賈寶玉。一個俊哥哥、一個俏妹妹，免不了一見鍾情。但有情人未成眷屬。算算其中的責任，林黛玉自己恐怕要負一半多。

　　林黛玉的情敵是薛寶釵。林、薛之爭，勝負原無定論。林家道中落，雖然是柔腸百結，卻無人為她主持大事，這算是一個劣勢，但寶哥哥鍾情於她，這算是一個優勢。薛寶釵家道殷實，深得薛母疼愛，為人又乖巧幹練，這算是一個優勢，而寶兄弟雖然有時也對她動些心思，但畢竟不想娶她為妻，這又算是一個劣勢。可見，林、薛相較，各有短長，勝負未定。可惜的是，林黛玉不知道發揮自己的優勢，卻為一些小小的挫折而惱。她忍不了「金玉良緣」之說，忍不了寶哥哥「見一個愛一個」，還忍不了看別人家父母兄弟團圓，跟自己過不去，終日裡愁眉不展，悲悲戚戚、哀哀啼啼，最後竟淚乾心死，香消玉殞。她這一死，倒讓別人落得個紅綃帳裡鴛鴦共枕。

　　西漢有一個叫賈誼的才子，18 歲的時候就誦詩著文，名聞遠近。22 歲那年，他得到漢文帝的賞識，成為當時最年輕的博士官。但是好景不長，一半由於他恃才自傲，傷了朋友的自尊心，一半由於別人嫉賢妒能惡語中傷，致使文帝很快就對他失去了興趣。賈誼被免官削職擠出了朝廷。

　　受到排擠和打擊，賈誼便憂傷萬分，精神不振，一病不起。他怨天尤人，「自傷哭泣，以致於天絕。」可惜一代才子，就這樣斷送了自己遠大的前程。

　　蘇東坡專為此事寫了一篇題為《賈誼論》的文章，他在文中寫道：「夫謀之不見用，則安知終不復用也，不知默默以待其變，而自殘至此，嗚呼！賈生志大而量小，才有餘而識不足也。」這真可謂是一語破的。不能忍受暫時的挫折，哪有來日施展才華的機會？

　　秦末，陳勝、吳廣領導的農民起義失敗後，劉邦、項梁共立原楚國王孫為楚懷王，繼續進行討秦戰爭。後來，項梁戰死。楚懷王召集文武大臣共商滅秦大計，做出了分兩路大軍由彭城西進，徹底搗毀秦王朝統治的戰略決策。其中，起義軍主力由宋義、項羽率領，而劉邦則負責統領本部人馬及項梁、陳勝的餘部。楚懷王與眾將約定「先入定關中者王之」。

　　在攻打關中的戰役中，劉邦率軍首先攻進關中，項羽落在其後。由於有「先入定關中者王之」之約，為爭王位，項羽在鴻門設宴招待劉邦，以便藉機將其除

掉。而劉邦早已看出項羽的目的，但又深知項羽的勢力強大，硬拚只能自取滅亡，因此只能忍辱求生以圖日後東山再起。

項羽設宴招待劉邦，劉邦則裝出一副奴才相，說盡了恭維話，信口胡謅的大表忠心。劉邦說：「我和將軍共同努力，起兵攻秦。您在河北激戰，我從河南進兵。我能僥倖先行入關，是大出意料的，所以美女財寶概不敢收，軍隊也未敢進城，專等將軍的到來，聽候您的號令。現在有人挑撥，是想破壞我們兄弟關係，望將軍明察。」項羽聽了這些話，早已將殺劉邦之心丟到腦後。范增多次暗示項羽下令動手，但項羽佯裝不知。不得已，范增又令項莊以舞劍為名，伺機行刺。但項伯也隨即拔劍而起，名為與項莊對舞，實際上卻以身掩護劉邦，使得項莊始終無隙可乘。在此緊要關頭，張良暗中告訴勇將樊噲入內保護劉邦。後來，劉邦藉上廁所之機，騎上一匹馬，在樊噲等親信的保護下，抄小路溜回了霸上。

劉邦在鴻門宴上的「走」。可謂狼狽至極，忍讓至極。但是，正是因為他受得了、做得到這些，後來才贏得了黃袍加身的榮耀之至。

《厚黑學》中說：項羽問漢王曰：「天下洶洶數歲，徒以吾兩人耳，願與漢王挑戰決雌雄。」漢王笑謝曰：「吾寧鬥智不鬥力。」請問「笑謝」二字從何生出？劉邦見酈生時，使兩女子洗腳，酈生責他倨見長者，他立刻停止洗腳並向酈生道歉。還有自己的父親，身在俎下，他要分一杯羹；親生兒女，孝惠魯元，楚兵追至，他能夠推他們下車；後來又殺韓信，殺彭越，「鳥盡弓藏；兔死狗烹」。請問劉邦的心子，是何狀態，豈是那「婦人之仁，匹夫之勇」的項羽，所能夢見？

項羽拔山蓋世之雄。暗嗚叱吒，千人皆廢，為什麼身死東城，為天下笑？他失敗的原因，韓信所說：「婦人之仁，匹夫之勇」兩句話，包括盡了：「婦人之仁」，是心有所不忍，其病根在心子不黑；「匹夫之勇」，是受不得氣，其病根在臉皮不厚。鴻門之宴，項羽與劉邦，同坐一席，項羽已經把劍取出來了，只要在劉邦的頸上一劃，「大楚皇帝」的招牌，立刻可以掛出，他偏偏徘徊不忍，竟被劉邦逃走。垓下之敗，如果渡過烏江捲土重來，尚不知「鹿死誰手」？他偏偏說：「昔與江東子弟八千人渡江而西，今無一人還，縱江東父兄，憐我念我，我

何面目見之？」這些話，真是大錯特錯！他一則曰「無面見人」，再則曰「有愧於心」。究竟敵人的「面」是如何長起的，敵人的「心」是如何生起的？也不略加考察，反說「此天亡我，非戰之罪」，恐怕上天不能任咎罷。

劉、項相爭，項羽勝多負少。可憐劉邦總是灰溜溜的，有時甚至如喪家之犬，被打得東躲西藏。但狗有狗的長處，忍得了萬般欺凌。鴻門宴的忍讓算是一例，而在此後的多次交戰中，劉邦又有好幾回損兵折將，落荒而逃。幸好他是「走」的專家，不把失敗當回事，敗了就走，走了又來。雖則落了一個「市儈厚黑人士」的罵名，但最後終成大業，成為一代開國帝王。

號稱西楚霸王的項羽不可謂不是一個大英雄，他曾因一怒之下坑殺過 30 萬降卒，也曾因憐弱惜孤而不忍列陣。戰場上，他叱吒風雲，令敵兵聞風喪膽，情場上，他柔情似水，叫美人委身相隨。項羽敢怒敢喜，敢恨敢愛，真是一個道地的男人中的男人！可惜，這個偉丈夫也有一絲缺陷，他能勝不能敗，能進不能退，身上少了那麼點「忍」勁。

這一點缺陷，竟鑄成了他慘敗的悲劇。

西元前 200 年底，韓信用「十面埋伏計」把項羽軍團團圍住，一舉將西楚霸王逼上了絕路，這就是名傳千古的垓下決戰。

西元前 203 年夏，楚漢雙方達成鴻溝和約，決定中分天下，就此罷兵。項羽按照和約的規定，釋放了劉邦的父親和妻子，率軍東撤。劉邦則撕毀協議，不但沒有西撤，反而緊緊尾追楚軍，並令英布、彭越、韓信各路大軍前來會合，南北共進，準備一舉將楚軍殲滅。

楚軍被圍垓下，兵少食乏，處境日益險惡。一日，項羽率 8000 精銳騎兵，乘著夜色掩護，突圍而出。韓信急令勇將灌嬰率領 5000 騎兵追擊。雙方經過幾番血戰，項羽渡過淮水，但跟在身後的騎士只有百餘人了。

項羽慌慌張張的逃到陰陵，迷失了方向，向一個老農問路，老農欺騙說，應該向左，項羽於是向左急奔，但行不多遠，就陷入了一片大澤之中，馬蹄難拔，行進艱難。灌嬰的騎兵又從四面合圍上來。項羽又領兵向東邊殺去。突至東城，

身邊只剩下了 28 名騎士，而漢軍的追兵竟有數千騎。

項羽眼見這種情勢，料定難以脫身了，他對身邊的騎士說：「我從起兵到現在已歷 8 年，身經大小 70 餘戰，戰無不勝，攻無不克，從未打過敗仗，做了天下的霸主。不料今天卻被困在這裡，不是我不會打仗，而是天要亡我啊！」接著，他又補充說：「不信，大家可以看著我如何在萬馬軍中砍旗殺將！」

項羽將 28 名騎兵分成 4 隊，對著 4 個方向。面對數千名漢軍的重重包圍，他毫無懼色的說：「我要為大家斬殺漢軍的一位將領！」說完，便命令騎兵堅決向敵人衝殺，到達山下後，在山東面分三處集合。隨著項羽一聲怒吼，28 名騎士跟隨他呼嘯而下，嚇得漢軍四散而逃，一名漢將丟掉了腦袋。項羽軍果然如數在山東分三處集合。魂飛魄散的漢兵稍微鎮靜之後，又緩緩從四面圍了上來。項羽又率兵縱橫奔突，斬將一人，殺死漢軍百餘人。他將自己的兵馬再集合一處，發現僅傷兩騎。項羽略顯得意的對大家說，「你們看我打得如何？」眾騎士異口同聲的回答：「正如大王所說！」於是，士兵們信心大增，乘著漢軍畏縮不前之際，殺出一條血路，向南突圍。行不多遠，卻被烏江擋住了去路。

項羽和眾騎士立馬烏江堤岸，只見江面空闊插翅難飛。而後面，無數漢軍兵馬狂吼著、奔跑者，馬蹄捲起的漫天塵土遮住了藍天。這時，一條小船靠岸，走出一個人來。來人自稱是烏江亭長，他對項王說：「江東地方雖然不大，但方圓也有千里，民眾數十萬，足夠建立霸業。這一帶只有我有船，漢軍到後將無船渡江。」

項羽笑著對烏江亭長說：「上天要滅亡我，我不能過江了。當初我帶領 8000 江東子弟渡江西征，現在無一人生還。即使是江東父老原諒我，繼續擁立我為王，可我有什麼臉面見這些父老？縱然他們不譴責我，我也羞愧難當。我知道你是個忠良之人，我的這匹馬可以日行千里，就贈送給你了！」說完，命令所有騎士都下馬步行，朝著密密麻麻、蜂擁而至的漢軍迎上去。他們以短兵器與漢軍的騎兵搏鬥，每個人都抱著必死的念頭拚命廝殺。項羽一人就斬殺漢軍將士數百人，刀口都發熱了，他自己也身受十多處重傷。

最後，項羽的騎士死光了，漢軍團團圍住他；卻難以近前。項羽仰天長笑，橫刀頸上，結束了自己的生命。

可憐一代霸王就這樣完結了。

詩人李清照十分讚賞項羽的英雄氣魄，寫詩讚道：

生當為人傑，死亦為鬼雄；

至今思項羽，不肯過江東。

但是，從成就大業的實用角度來說，項羽以無顏見江東父老為由不肯過江東，拚死疆場，實乃下下之策。倘若他聽了烏江亭長的話，忍一時之敗逃回江東，學學劉邦的「走」字功夫，保全性命，那天下江山屬誰，就無法預測了。

第五招：一時得失，不足計較

無商不奸，無奸不商。但商人做生意要講信譽，就是要講誠信，為自己贏得讚譽和認同，這雖然暫時和賺錢的想法有些矛盾，也許會造成一些虧損，但以誠待人，以誠經營，雖然可能先失去一些東西，但終究會得到長久的利益。依靠欺詐、行騙等手段賺取不義之財。雖然會嘗到一點小甜頭，但繼之而來的肯定是更大的損失，生意也不會有人來光顧了。

一勤天下無難事，百忍堂中有太和。和能致財，這是經營的基本功，對顧客笑臉相迎，笑臉相送，不講欺騙，以誠經商，顧客自然會常常光顧。透過此舉，不僅可以贏得顧客的歡迎，改善商家與客戶的關係，提高信譽和聲望，而且可以順利成交。如果一味的對顧客蠻橫，態度冷淡，勢必會使顧客產生厭煩心理，即使你的貨物品質好，他們也不願再光顧了。

誠信、和氣、信譽是大智若愚，謙誠忍讓的延伸，也是一種經商的韜略和智慧。

一個人不可能獨自憑藉自己的力量去闖世界，即使是那些白手起家的有成就的人，也需要借助眾多的人的支持，才能達至今日的業績。問及他們成功的經

驗，都會對自己的講求信譽和以誠經營而自豪不已。講信譽，講誠信，送給別人一個人情，表現自己的誠意，雖然可能虧損於一時，但你以後會收到意想不到的回報。十個欠你人情的人中，至少有九個會為你帶來意想不到的收益。

在美國，有一個農家子弟，靠自己的智慧和才能做起食品加工業，後來竟成為國際知名的企業家，這個人就是美國的亨利‧霍金斯。

霍金斯一生保持了農民那種勤勞純樸的性格，他的這種淳厚的性格得到企業界同行的交口稱讚，並且為自己贏得了極大的成功。不過單靠性格厚道還是不夠的，霍金斯還兼有忍小謀大的精神和頑強毅力。他把農民勤勞純樸的性格優點和企業家應該具有的遠見卓識，和經營智慧巧妙的融為一體。

霍金斯剛開始經營食品加工業的時候，美國的食品法還沒有頒布，許多食品行業的從業人員在製成品中亂加一些添加物，嚴重危害著人們健康。

對此，霍金斯保持著堅決反對的態度。他認為賺錢也要賺得正正當當，不能賺黑心錢，尤其是做食品這一行業，不能為了賺取眼前利益而損害熱心消費者的利益，甚至危害消費者的健康。他說：「供應消費者優良的食品是我們的天職，不能一味在價格和原料投入上做文章、動手腳。」保證食品純正，這就是他在經營上的大原則。

他還嚴格要求公司的職員，要他們抱著「這些食品是我們要吃」的心理去工作，要特別注意講究衛生。但是在價格問題上，他卻從不遷就消費者。他認為，既然自己在產品品質上做出了龐大的努力，那麼就應該得到與品質相合的價格。消費者要想吃到純正衛生的食品，就必須付出相當的費用。他堅持一分錢一分貨的真理。

霍金斯堅持自己的原則幾乎到了執拗的地步，為此他遭到了許多同行的非議。但他始終堅持自己的立場而毫不動搖。凡要在其製作過程中添加東西，都要經過專家測試，證明確實對人體無害才可投入。即使替食品添加防腐劑也不例外，而且他還曾經因為防腐劑的問題而被擠出食品加工業。

透過一個偶然的實驗，專家證明防腐劑對人體有害。霍金斯注意到這個報告

而且大為震驚，因為幾乎所有同行生產的食品中都添加了這種防腐劑。而且這已經成為一種生產慣例。

他決定將這份實驗報告公布於世，但專家提醒他是否應該再仔細考慮一下，因為這很可能會在食品業中引起軒然大波，公司也會遭到同行的斥責和排斥，從而招致許多不必要的麻煩。再說，在食品中添加防腐劑，早已成為眾多食品加工企業的生產模式，添加防腐劑可以延長食品的保存期，有利貯存，一旦放棄防腐劑，就會為食品業帶來一個很大的難題，那就是如何使食品貯存時間更長，這一困難將是共同的。

但霍金士還是把這份報告公布於世，即使是自己也會因此而遭受重大的損失。「既然我們知道了事情真相，我就不能對大眾隱瞞。不管後果如何，必須馬上向消費者宣告，這是我應盡的責任。」

霍金斯此舉雖然保護了消費者的權益，擦亮了消費者的眼睛，但卻幾乎為自己招致了滅頂之災，同行為了保護自己的利益，特意進行了聲勢浩大的集合，把霍金斯毀謗成為「荒謬至極，別有用心」之人。他們還聯合起來，在業務上排擠霍金斯，妄圖逼迫霍金斯至破產絕境。

他們的舉動也的確使霍金斯的公司陷入了從未有過的困境：產品銷售量銳減，市場占比也幾乎被別的公司搶光了。

食品純正活動持續了三、四年之久。後來，美國政府終於制定了《食品法》。這一法規的創立，使美國食品在國際上聲譽鵲起，這是霍金斯始料不及的。

更重要的是，霍金斯在這三四年的磨難的鍛鍊下，並但沒有被擠垮，反而增強了他創業的信心。在這場商戰中大獲全勝，他的公司也由此迎來大發展的鼎盛時期。其實，從另一個角度看，霍金斯的所作所為，又何嘗不是一種聰明絕頂的競爭手段：一方面，固然是從根本上保護了消費者的權益；而另一面，透過反對添加防腐劑的行動，把同行逼進了要麼改進工藝，要麼下馬破產的死巷裡，為自己迎來了發展良機。這種忍小謀大的策略不正是他賺大錢的法寶嗎？

第六招：謹慎奉迎，大膽蒙蔽

奉迎與蒙蔽永遠是封建官場上兩大不敗的法寶。俗話說，「千穿萬穿，馬屁不穿」，細細想來，實在很有些道理。只要行之有術，這兩大法寶無論何時何地都會顯出神奇的效力。如果你能力欠缺，卻又祭不起這個法寶，那就怨不得別人了。

李蓮英是直隸河間府人，在清代，河間也像河北的南皮一樣，是個出產太監的地方。李蓮英的同鄉沈蘭玉就是慈禧太后身邊的一個有頭有臉的太監。李蓮英的家境十分貧困，從小就無父母，大概因失去管教的緣故吧，李蓮英吃、喝、嫖、賭，無所不為，就是不務正業，可以稱得上是一個道地的流氓。他曾因私販火藥被逮捕，釋放後以縫皮鞋為生，後因羨慕沈蘭玉有錢有勢，就把心一橫，自己閹割了生殖器，投奔了沈蘭玉。

李蓮英先是在梳頭房當一「侍執巾櫛」的小太監，他一直在尋找機會，他深深知道，只靠這樣一天天的熬下去，是無論如何也熬不出頭的。所謂皇天不負苦心人，機會終於來了。

一次，慈禧太后想改換一種新的髮型，弄來弄去不滿意，一連幾天，梳頭的太監挨罵受罰，無計可施，回到房裡成天垂頭喪氣。李蓮英一聽，計上心來，立即跑出宮去，鑽入妓院。妓院原是他過去經常光顧的地方，此次前來，絕非為了領略妓院風光，而是由於他深知，妓女們是最會打扮，也最趕時髦的女人。他在妓院裡刻苦學了三天，掌握了幾種最新最漂亮的髮型。

回來之後，他懇求專門替慈禧梳頭的大太監向慈禧推薦自己。一開始，梳頭太監怕再受罰，不敢推薦，經李蓮英再三懇求，並親自做了示範表演，梳頭太監這才敢向慈禧報告，再加上李蓮英的老鄉沈蘭玉也向慈禧吹捧說李蓮英心靈手巧，慈禧就同意讓他試一試。

李蓮英知道，此後半生全在這次梳頭上了，這一寶如果押得好，就可飛黃騰達，如果押不好，那就雞飛蛋打。他使出了渾身的解數，把從妓院裡學來的本

領盡數使在慈禧的頭上，替她梳了一個當時妓女中最流行的髮型。梳完以後，慈禧左照照，右照照，十分滿意，心情也就好了起來，一高興，就讓李蓮英當了梳頭太監。

李蓮英的第一步是成功了。他知道，僅靠第一步成功是遠遠不夠的，還必須繼續努力，尤其是必須獲得慈禧的信任，成了她的心腹之後才能長期受寵。他無時無刻不在尋找這樣的機會。

這機會終於來了。咸豐皇帝知道慈禧太后十分能幹，又有權力野心，怕自己去世以後慈禧會專權。於是，他跟當時的權臣肅順商議，把她比作漢武帝的鉤弋夫人，其意是打算把她廢掉後處死。鉤弋夫人是漢武帝晚年最為寵愛的妃子，是漢昭帝劉弗陵的生母，武帝臨終前，怕自己死後立弗陵為帝，鉤弋夫人母以子貴，再加上十分年輕，容易干政專權，就把她處死了。咸豐皇帝想借鑑前朝故事，其用意是十分明顯的。

真是天賜良機於李蓮英，咸豐皇帝的這些話。卻偏偏被李蓮英聽見了。他知道機會來了，便連夜出宮，跑去告訴了慈禧的妹妹。慈禧的妹妹是一位親王的老婆，聽了這一消息，嚇得連站都站不起來了，第二天一早，她就趕進宮中，報告了慈禧。

慈禧是個十分沉著又老練毒辣的女人，經過一番周密的策劃以後，慈禧使用各種手段，調集各種力量，對咸豐皇帝施加影響。真可謂動之以情，曉之以理，咸豐皇帝終於把處置慈禧的事擱了起來。

咸豐死後，同治即位，時年只有五歲。慈禧太后進行了一次政變，殺掉了咸豐臨死時指定的三個「顧命大臣」，罷免了其他「顧命大臣」的職務，掌握了宮廷權力。從此，慈禧開始了她長達近五十年的統治生涯，李蓮英由於這次告密和在政變中出力，被慈禧太后視為心腹之人，並逐漸獲得了政治上的信任。

但李蓮英從始至終都貫徹他的四字方針：一是謹慎，一是奉迎。

一次，慈禧出宮，路過李蓮英的府第，李蓮英的府門上掛著「總管李寓」的匾額，慈禧凝望了片刻。李蓮英雖是太監總管，但掛上這種牌匾，未免招搖。李

蓮英沒有忽視慈禧的這一神情，等回到宮以後，即刻向慈禧請了假，回到家中，摘下匾額，撕下上面的金字，跑到慈禧面前說：「奴才不常回去，小太監不知好歹，居然在我家門上寫了『總管李寓』的匾額，我這是頭一回看見。我剛才回家一趟，摘下了匾額，撕下了金字，把那個混帳小太監狠打了一頓，送內務府查辦了。」慈禧心裡本來有點不高興，聽他這麼一說，便煙消雲散了，就讓他放了那個小太監，不必送內務府查辦。李蓮英之謹慎，一至於此。

一次，一位大臣買了一件西洋鐘，想獻給慈禧，又怕不中慈禧的意，就請來李蓮英，讓他先看看這鐘到底如何，原來，這是一件做工精巧、價值昂貴的自鳴鐘，每當報時之時，鐘內神龕會自動開啟，走出一個娃娃，娃娃展開條幅，條幅上寫有「萬壽無疆」四字。這鐘的設計，不可謂不極盡巧妙了。但李蓮英思索了一下，還覺不妥。他說：「萬一這機器出點毛病，娃娃手裡的條幅只展開了三個字，成了『萬壽無』字樣，你的身家性命還保得住嗎？」那大臣一聽，即刻嚇出了一身冷汗，連忙去退了自鳴鐘。

後來，李蓮英又把自鳴鐘弄來，把娃娃手中條幅上的字換成「壽壽壽壽」四字，即使發生任何故障，也不會出現「萬壽無」的咒罵之語了。李蓮英處處小心，時時在意，這兩件事可見一斑。

至於奉迎，李蓮英可謂是挖空心思了，中國歷史上，似乎還沒有哪個太監能夠像李蓮英那樣奉迎有術的。他當了梳頭太監之後，不久就把慈禧的喜惡摸得一清二楚，往往不待慈禧開口，他就能事先替她安排好，弄得慈禧十分舒服。在李蓮英休假時，別的太監服侍慈禧，簡直是動輒得咎，受夠了責罰，以致許多太監跪請李蓮英不要休假，那些對李蓮英有所怨恨的太監，見除了李蓮英實在無人能使慈禧滿意，也就不再想扳倒他了。

關於李蓮英奉迎事例，那實在不勝枚舉，茲舉幾件小事來看一下。

慈禧經常到太監值班的屋子去坐一坐，慈禧走後，李蓮英就把她曾坐過的凳子用黃緞子布包起來，從此再也無人敢用屁股去沾一沾這凳子。日子一長，屋子裡的十二把凳子竟有八把包上了黃布，慈禧太后見了，覺得李蓮英真是又細心

又忠誠。

最有傳奇色彩的是兩次放生。慈禧愛聽別人稱她「老佛爺」，當然要做做不愛殺生、行善積德的樣子讓人看看。特別是六十大壽之際，更要做出一番「功德」來，好讓天下世人都知她慈禧有好生之德。

李蓮英見拍馬屁的機會又到了，就絞盡腦汁的想出並試驗出一些絕招來奉承慈禧，這些「招」在今天看來都還有些難解之處。

在六十大壽這一天。慈禧按預先安排好的計畫，在頤和園的佛香閣下放鳥。一籠籠的鳥擺在那裡，慈禧親自抽開鳥籠，讓鳥兒自由飛出，騰空而去，李蓮英讓小太監搬出最後一批鳥籠，慈禧抽開籠門，鳥兒紛紛飛出，但這些鳥兒在空中盤旋了一陣，又嘰嘰喳喳的飛回籠中來了。慈禧又驚奇又納悶，還有幾分高興，便問李蓮英說：

「小李子，這些鳥兒怎麼不飛走哇？」李蓮英跪下叩頭道：「奴才回老佛爺的話，這是老佛爺德感天地，澤及禽獸，鳥兒才不願飛走。這是祥瑞之兆，老佛爺一定萬壽無疆！」

一般說來，李蓮英的這個馬屁可謂拍得極有水準，但這次卻拍馬屁拍到了驢屁上，慈禧太后雖覺拍得舒服，但又怕別人笑話她昏昧，要顯示一下「英明」，於是怒斥李蓮英道：「好大膽的奴才，竟敢拿馴熟了的鳥兒來騙我！」

李蓮英知道慈禧不會把他怎樣，別人十分害怕，他沒有慌張，反而大有應變之才。他不慌不忙的躬腰稟道：「奴才怎敢欺騙老佛爺，這實在是老佛爺德感天地所致。如果是我欺騙了老佛爺，就請老佛爺按欺君之罪懲辦我。不過，在老佛爺降罪之前，請先答應我一個請求。」

在場的人一聽，李蓮英竟敢討價還價，嚇得臉都白了，哪個還敢吱聲。大家知道，慈禧雖號為老佛爺，實際是個殺人不眨眼的劊子手，許多因服侍不周或出言犯忌的人都被她處死，哪個敢像李蓮英這樣大膽。慈禧聽了這話，立刻鐵青了臉，說：「你這奴才還有什麼請求？」

李蓮英說：「天下只有馴熟的鳥兒，沒聽說有馴熟的魚兒，如果老佛爺不信

自己德感天地，澤及魚鳥禽獸，就請把湖畔的百桶鯉魚放入湖中，以測天心佛意，我想，魚兒也必定不肯游走。如果我說錯了，請老佛爺一併治罪。」

慈禧也有些疑惑，便來到湖邊，下令把鯉魚倒入昆明湖邊。真也奇了，那些鯉魚游了一圈之後，竟又紛紛游回岸邊，排成一排，遠遠望去，彷彿朝拜一般。這一下子，不僅眾人驚呆了，連慈禧也有些迷惑。她知道這是李蓮英在糊弄自己，但至於用了什麼法子，她卻一時也猜不透。

李蓮英見火候已到，哪能錯過時機，便跪在慈禧面前說：「老佛爺真是德配天地，如此看來，天心佛意都是一樣，由不得老佛爺謙辭了。這鳥兒不飛去，魚兒不游走，那是有目共睹的，哪是奴才敢矇騙老佛爺。今天這賞，奴才是討定了。」

李蓮英說完，立刻口呼萬歲，舞拜起來，隨行的太監、宮女、大臣，哪個不來湊趣，一齊跪倒，真乃人、魚、鳥共賀。事情到了這份上，慈禧太后哪裡還能發怒，滿心歡喜，把脖子上掛的念珠賞給了李蓮英。

據後人回憶說，李蓮英先把魚蟲放在紗籠裡，固定在岸邊水中，魚蟲慢慢的從紗籠網眼裡鑽出來，便在岸邊布滿了一群，鯉魚要吃魚蟲，當然就會游到岸邊來了。

要說這是小的奉迎的話，那大的奉迎可就禍國殃民了。

頤和園的修建耗資三千萬金，這些鉅款，從何而來呢？原來，自從中法之戰中國在馬江失敗之後，福建水師就喪失殆盡，清政府決定大辦水師。這事由李鴻章主持，但李鴻章接連奏請朝廷，籌集軍費，卻是總不獲准。李鴻章無奈，只得親自到朝中打探消息。李蓮英便傳出話來，對李鴻章說：「太后近年，老想找個地方靜居，要造個園子，只愁沒有款項，時常感到煩躁，所以遇到各省籌款的奏摺，往往不許。」李鴻章聽了這話，知道李蓮英的意思，兩人就密商起來。

於是，他們兩人定議，藉建海軍籌款的名目，責成各省每年定期定額輸款，就從中提出一半，做籌建頤和園的經費。慈禧太后聽說了這一消息，當然十分高興，連連誇獎李蓮英忠心能幹。

　　李蓮英也深深知道，慈禧如果失去了權勢，自己就首領難保。於是，他開始經營「三窟」。他見光緒帝即位，氣象不凡，便想把自己的妹妹獻給他，光緒帝看透了李蓮英的用心，不加理睬，但慈禧卻非常喜歡，竟暱稱她為「大姑娘」。後來，李蓮英又巴結上了光緒帝的隆裕皇后，在光緒帝要處置他時，隆裕皇后從中勸阻，終於使李蓮英老死家中。

　　李蓮英可以說無惡不作，他干預軍政大權，做了許多禍國殃民的事，公開賣官鬻爵，肆意收受賄賂，累積了鉅額財富。在他死後，宮中的存銀未及起出，很多人為侵吞他的財富而爭得你死我活，後來被隆裕皇后據為私有。他歷年來搜刮的財富，宮內宮外加起來，達上千萬兩銀子之多。

　　李蓮英可謂是一個「成功」的太監，他既有權、有錢，惡名昭彰，又能得以善終，在中國歷代太監中，實屬少見。其實，他的祕訣就在謹慎和奉迎這兩點上。奉迎使他發跡，謹慎使他長保富貴，尤其在經營退路上，他和以往的太監都不相同。李蓮英實在是一個大宮廷內部能夠遊刃有餘的人。

　　俗話說：「千穿萬穿，馬屁不穿。」人人都喜歡奉迎，更何況有些奉迎並不僅僅是空口說白話呢？所以善於奉迎之人往往易於發跡，但善於奉迎之人又往往一旦發跡便得意忘形，所以不能保持長久。像李蓮英這樣以謹慎貫穿始終，在封建統治者的眼裡，就顯得彌足珍貴了。所以：李蓮英能壽終正寢。

　　李蓮英之善於奉迎，恐怕也是利用了人性的弱點之一，也許只有能夠不受奉迎之人，才能真正保持清醒的頭腦，立於不敗之地。

　　李蓮英在慈禧與光緒的對抗中，是始終站在慈禧的立場上的，但在表面上，他對光緒深表同情。光緒被囚禁在瀛臺時，慈禧派人送給光緒的食物，有時是餿臭的。李蓮英常以請安之機，偷偷的在衣袖中藏些糕點帶給光緒，使光緒感恩戴德。在八國聯軍打進北京，皇室避難於西安的路上，李蓮英見光緒衣著單薄，當著眾人的面，馬上脫下自己的外罩替光緒披上。一路上噓寒問暖，照顧得盡心盡力，連下人都為李蓮英的善良所感動。

　　李蓮英為人機靈、嘴巧，善於取悅於慈禧，這種機靈常常為慈禧和下屬解

脫困境。

慈禧愛看京戲，常以小恩小惠賞賜藝人一點東西。一次，她看完著名演員楊小樓的戲後，把他召到眼前，指著滿桌子的糕點說：「這一些賜給你，帶回去吧！」

楊小樓叩頭謝恩，他不想要糕點，便壯著膽子說：「叩謝老佛爺，這些尊貴之物，奴才不敢領，請……另外恩賜點……」

「要什麼？」慈禧心情高興，並未發怒。

楊小樓又叩頭說：「老佛爺洪福齊天，不知可否賜個『字』給奴才。」

慈禧聽了，一時高興，便讓太監捧來筆墨紙硯。慈禧舉筆一揮，就寫了一個福字。

站在一旁的小王爺，看了慈禧寫的字，悄悄的說：「福字是『示』字旁，不是『衣』字旁的呢！」楊小樓一看，這字寫錯了，若拿回去必遭人議論，豈非有欺君之罪，不拿回去也不好，慈禧一怒就要自己的命。要也不是，不要也不是，他一時急得直冒冷汗。

氣氛一下子緊張起來，慈禧太后也覺得挺不好意思，既不想讓楊小樓拿去錯字，又不好意思再要過來。旁邊的李蓮英腦子一動，笑呵呵的說：「老佛爺之福，比世上任何人都要多出一『點』呀！」楊小樓一聽，腦筋轉過彎來，連忙叩首道：「老佛爺福多，這萬人之上之福，奴才怎麼敢領呢？」慈禧正為下不了臺而發愁，聽這麼一說，急忙順水推舟，笑著說：「好吧，隔天再賜你吧！」就這樣，李蓮英為二人解脫了窘境。

李蓮英一生大量受賄於朝廷內外官員，但受賄的地點從不選在皇宮裡，比如，白雲觀的後花園，就是他一個受賄之處。

據說，在皇宮裡，有三間大屋存放著他幾百萬兩白銀，他因懼怕財產之多而招來大禍，在慈禧死後、他離開皇宮以前，全部捐給了朝廷。但在宮外，他仍有鉅額存款。

李蓮英為人有一定的政治眼光，他連任了同治、光緒兩朝內務府大總管，他

得到的這一切全靠的是慈禧太后。1908年，光緒和慈禧相隔一天先後死去，李蓮英在料理了喪事之後，絲毫不再貪戀權勢，離開了他待了幾十年的皇宮。三年後，李蓮英一命歸西了。

第七招：迎合有術，蒙蔽有方

明代的嚴嵩可謂是一位大大的名臣了，但何以為名呢？不在其功業，不在其才學，不在其韜略，而在其迎合有術、蒙蔽有方的為奸之道。

真所謂「江山代有才人出，各領風騷數百年」，嚴嵩的為奸之道除了具有前人的一般特點之外，他還根據明世宗的性格，善於具體情況具體分析，摸索出適合於世宗的一套奉迎方法，使得他入閣二十年，擅權二十載，直到八十七歲高齡才因病死去，雖不能說壽終正寢，好歹也還得保首領。他最後雖遭罷官，但總體說來，他是一個「成功」的官場經營者。

嚴嵩生於西元1480年（明憲宗成化十六年），字惟中，分宜（今江西分宜）人，在明弘治十八年（西元1505年）考中進士，先是以庶起士的資格授為翰林院編修，後又為南京翰林院國子監祭酒。但直到六十多歲，碰上了世宗即位這一機會，他才倍受寵幸，飛黃騰達。

世宗是繼承了他的堂兄武宗的皇位。因武宗荒淫嬉戲，中年身亡，沒有子嗣，亦無其他的兄弟，所以皇太后與大臣們商量之後就迎立了世宗。世宗即位之初，還是一不諳世事的少年，朝政委於一些較為正直的大臣，尚無大過。在年齡漸長之後，漸漸露出了他昏聵的本色。因為世宗是繼承了堂哥武宗的皇位，因此，武宗之父孝宗就是世宗的皇考（皇父），按照封建正統觀念，皇考是不能變的，世宗只能以孝宗過繼子的面目出現，繼承皇位後當然要尊孝宗為皇考。但因世宗在即位前並未行過繼禮，所以他不願承認孝宗為自己的皇考，而要把自己的親生父親興獻王尊為皇考，謚為興獻帝。這引起了一班正統大臣的恐慌，他們爭相勸諫，阻止世宗。

空字篇：大智若愚，明哲保身

　　這時的嚴嵩也站在反對世宗的行列裡，因反對者勢力強大，世宗未能成功。一年之後，世宗腳跟已經站穩，一些善於揣摩世宗心意的大臣又復提此議，且特地寫了一篇《明堂或問》給眾臣看，並把極力阻止他改尊皇考的吏部侍郎唐冑逮捕下獄。嚴嵩一見風向不對，便立即轉向，變為堅決支持世宗改尊皇考，並尋出根據，引經據典，極力證明世宗改尊皇考的正當性。如果僅是這樣，並不能引起世宗的特殊好感，他還積極主持策劃制訂了迎接世宗的親生父親興獻王的神主入太廟的儀式，興獻王神主入太廟後，被諡為睿宗。這個儀式得以高品質高標準的實施。世宗對嚴嵩青睞有加，不僅賞賜了他許多錢帛，更重要的是世宗從此看上了他。

　　這是明朝歷史上有名的「大禮儀」事件，這事在今天看起來荒唐可笑，但在當時卻大有文章，對世宗來說，經過這麼一攪騰，有許多朝臣藉機求寵，世宗的羽翼也就開始豐滿了。嚴嵩知道，要想飛黃騰達，僅此一次獻媚還不夠，更當抓住這個機會，繼續小心謹慎的努力，做長期的、艱苦細膩的工作。

　　這時的嚴嵩已當上了禮部尚書，他在神主入太廟儀式結束後，還特意寫了《慶雲賦》《大禮告成頌》，這兩篇文章的確寫得富麗堂皇，再加上嚴嵩奏請世宗接受群臣拜賀，世宗口裡讀著嚴嵩的歌頌文章，耳裡聽著嚴嵩的媚辭，自然是通體舒泰。第二年，嚴嵩便升任為太子太保，賞賜也與輔臣（即內閣大臣）相同。

　　其實，在這以前，嚴嵩就已開始了獻媚活動，只是成績不夠突出，未受重視而已。世宗嘉靖七年（西元 1528 年），嚴嵩以禮部侍郎的身分去世宗的生父葬地顯陵祭告，回來以後，向世宗說：「我奉命去顯陵祭告，在恭上寶冊和奉安神床之時，上天應時降雨，又應時晴天。產石地棗陽，有無數的鸛鳥繞集其上，等把碑運入漢水，漢水又突然暴漲。所有這些，都是上天眷愛，請陛下令內閣輔臣作文記載。」這馬屁恰好拍在點子上，世宗聽了，十分高興，嚴嵩不久就升了官。

　　真正獲得世宗的信任和好感，還是從趨奉世宗信仰道教開始。世宗崇信道教，其迷戀與狂熱，在中國封建皇帝之中，是極其少見的。他設醮壇，信方士，服丹藥，中年以後，竟至不問朝政，專事玄修。一時之間，朝廷內外，奉道之風

大盛。廷臣為了博得皇上的恩寵，竟不去慰勞守邊的有功將士，反而說是鬼神保佑，是道士的禱告之功，替持祭道士加官晉爵。翰林院的文官們也不去讀聖賢之書，多把《道藏》翻來閱去，不寫流芳百世的宏文，卻去寫那些莫名其妙的玄文。一旦被皇上看中，就能指日高升。因此，朝臣多捨棄本職，供道事玄，希求進用。一時間，京師幾乎成了一個大道場。嚴嵩看到這種境況，當然不會去勸諫世宗，只會對其迎合奉承。

明代的冠制，皇帝和皇太子用烏紗折上巾，沿習唐朝所謂的翼善冠，但世宗因崇信道教而不戴普通的皇冠，改戴香葉道冠，成天把自己打扮成道士的模樣。世宗還命人刻製了五頂沉香冠，送給夏言、嚴嵩等五個大臣。夏言是內閣首輔大臣，為當朝第一重臣，為人正直，不奉曲邪，他不肯戴世宗給他的沉香冠，認為這有違祖制，況且君臣都戴著這樣的帽子上朝議事，成何體統，豈不把朝廷變成了一群道士做法事的道場？夏言就私下裡對世宗進諫，要他稍遠道教。

夏言的做法，世宗自然極不高興。但嚴嵩卻恰恰相反，在世宗召見他時，他不僅戴上世宗賜給他的沉香道冠，還在道冠之外籠上了一層輕紗，以示珍惜。世宗見了，自然大為高興。覺得嚴嵩不僅公忠體國，還公忠體我。

嚴嵩見夏言逐漸失寵，於是就精心設計了一套取夏言而代之的方案。他首先是對夏言表示極其尊重，不論什麼場合，他都不對夏言有一句微詞。有一次，他請夏言到自己家裡吃飯，夏言拒絕了。嚴嵩回府後，不僅沒有怨言，還對著夏言的座位跪拜。

這件事被夏言知道了，夏言也覺得很感動，認為嚴嵩真是對自己佩服和尊敬，也就不再提防嚴嵩了，這就為嚴嵩留下了可乘之機。

嚴嵩對待皇帝派去的使者與夏言的態度截然相反。世宗派內臣到大臣家裡去傳達詔令，夏言總是擺出一副大官的架子，把他們當奴僕對待，而嚴嵩則對他們畢恭畢敬，袖子裡藏著黃金，每次都慰勞他們。因此，這些內臣常在世宗面前褒嚴嵩而貶夏言。

世宗猜疑心很重，他雖不像明朝的前代皇帝那樣大行特務統治和恐怖統治，

但還是對群臣不放心，經常派一些內臣到一些重要的大臣家裡或明或暗的察看動靜。嚴嵩知道世宗的使者到來時，總是伏案翻看或寫作青詞。青詞是道士的祭文，因用青藤紙朱字書寫，故曰青詞，尤其嚴嵩經常得到太監的報信，在有人來監視時，他總是在審閱修改世宗的青詞手稿，常常到深夜還不休息。而夏言則不同，一是因為他年紀大了，再則是因為他對道教不感興趣，所以，在嚴嵩發憤努力的為世宗撰寫青詞時，夏言往往是酣然大睡。這些情況一一匯總到世宗那裡，世宗當然會得出了一個孰勤孰懶，孰優孰劣，孰忠孰奸的印象來。

世宗對祭醮道場的青詞文章非常重視。由於嚴嵩加倍用心，所寫青詞往往能花樣翻新，多能博得世宗的歡心；而夏言則懶憊無趣，經常讓手下人代寫，寫完了他也不審閱就交了稿，因此多有重複鄙陋之處，世宗見了，愈加對夏言不滿。

在各種因素的綜合作用之下，嚴嵩覺得動手的機會成熟了，於是，他找到了夏言的對頭、錦衣衛都督陸炳，找了個罪名，奏告世宗，加以誣陷。這可以說是水到渠成之事，具體過程不必細述，反正世宗不問是非，就將他罷了官，因為世宗早就看他彆扭。後來夏言曾又復出，但最後還是遭到嚴嵩的陷害，在議復河套一案中受了牽連，終於被殺。嚴嵩補了夏言的缺，從此大權獨攬，專擅二十多年。

嚴嵩以禮部尚書兼武英殿大學士入閣參與機務，此時他已六十多歲，但此人十分怪異，身體極好，顯出風華正茂乃至荳蔻年華狀，日夕隨侍在世宗的左右，弄得世宗都十分感動，越發受到世宗的寵眷，讚他「恭順敏達」，是少有的忠臣。

嚴嵩在排斥異己，結交私黨方面確有獨到之處。如上所述，夏言是嚴嵩仕途上的一塊極大的絆腳石，他就想方設法的除掉他。嚴嵩先是獲得了夏言的信任，然後派人誣陷他，致使夏言被罷官。後內閣臣死去幾人，世宗就又起用了夏言入閣，位置仍在嚴嵩之上。嚴嵩見不陷害死夏言，無以升遷，便使用了絕招。當時，蒙古的韃靼部落占領了河套地區，曾銑總督陝西三邊的軍務，在夏言的支持下，曾銑提出要收復河套地區。這個收復失地的策略，放在哪朝哪代都是正確的，可到了嚴嵩的嘴裡，一下子成了罪惡的行徑。正巧，皇后去世，宮中失火，

崇信道教的世宗驚慌害怕，以為是上天示警，不知應在何事，嚴嵩正好利用世宗害怕韃靼人的心理，說夏言、曾銑要收復河套是「窮兵黷武」，是「好邀邊功」，是傷了上天的「好生之仁」等等，所以上天以異兆示警。世宗一聽，立即下令逮捕了曾銑、夏言二人，這種莫須有的罪名是跳進黃河也洗不清的。恰在這時，韃靼人又進攻陝西的延安和寧夏的銀川，世宗大驚，嚴嵩趁機說是因曾銑要收復河套激怒了韃靼人，他們才加以報復。世宗立即殺了曾銑，嚴嵩又誣告夏言曾受過曾銑的賄賂，世宗又下詔殺了夏言。

嚴嵩在排除了最大的異己之後，就廣植私黨。嚴嵩之子嚴世蕃聰敏能幹，嚴嵩當然依為爪牙，廣收鷹犬。嚴嵩收了十幾個乾兒子，朝廷各主要部門的官吏大多出於其門。吏部和兵部是負責銓選官員和安排防務的重要衙門，嚴嵩便安置了兩名親信，吏、兵二部的文簿可以不奏請皇帝，由嚴嵩任意填寫下發，這二部幾乎成了嚴嵩私家的後院，主事之人幾乎成了他的管家，一文一武，時人稱之為「文武二管家」。

這樣一來，明朝的邊防就弛亂不堪，西北有蒙古人，東南有倭寇，終世宗一朝，邊亂不斷。嚴嵩其人雖致權有方，但在籌畫邊防上卻絕無能耐。當時，邊防諸將知道嚴嵩當權，多把財物乃至軍餉賄賂了嚴嵩父子，嚴嵩父子有「大丞相、小丞相」之稱，只要買通了這「二丞相」，連連失地也能官運亨通。否則，就是常勝將軍也必遭貶斥。因此，邊防大壞，軍士飢疲，無力阻擋韃靼人的進攻。嘉靖二十九年（西元 1550 年），韃靼部的俺答汗率兵長驅直入，直抵北京城下，京師危急萬分，嚴嵩作為當朝首臣，不僅不思抗擊，還遍囑諸臣，不得報告皇上。嚴嵩對兵部尚書丁汝夔說：「塞上敗，可掩也，失利輦下，誰執其咎？」於是，兵部發出命令，各軍不得輕易出戰。待各路勤王大軍到時，嚴嵩又推薦他的親信死黨仇鸞作為全權指揮，節制諸路兵馬。明軍見城下韃靼兵燒殺搶掠，只做壁上觀，如同隔岸觀火一樣的悠閒無事。嚴嵩遍示諸將，韃靼人無非是搶掠財物，搶夠了他們自然會退去的。果然，韃靼人不久就押著大批的子女玉帛滿載而歸，這時的仇鸞就派幾路大軍跟在敵人屁股後面送行，殺了數十個百姓，搶了一些財

物而歸。

世宗雖信道教，似是不食人間煙火，但對敵人直逼城下，還是覺得難受，不禁要找個人洩憤。世宗把兵部尚書丁汝夔逮捕入獄，嚴嵩怕他揭露自己，連忙向他保證自己不會讓世宗殺了他，但真當世宗發怒要殺丁汝夔時，嚴嵩又不敢出來為他講情，結果丁汝夔被殺掉了，臨刑前，丁汝夔大呼：「嚴嵩誤我！」

東南一帶的抗倭事宜，也被嚴嵩破壞得不成樣子。抗倭名將俞大猷為人清正廉潔，入京後沒有拍馬溜鬚，嚴嵩父子就心中不忿，找了個藉口，將他下入獄中。俞大猷實在無錢賄賂嚴嵩，倒是朝中諸臣看不過眼，便湊了一些錢，送給嚴嵩，俞大猷才得以出獄，保全了一條性命。

當時，浙江一帶的倭患十分嚴重，軍隊的船隻有原定數額的十之一二，在嘉靖三十一年前後的三、四年裡，沿海軍民被殺者竟達幾十萬人。嚴嵩不僅不去積極的組織抗擊，反而大肆迫害抗倭將領。抗倭將領張經曾大敗倭寇，斬首兩千餘人，是抗倭史上從未有過的大勝利。但因沒有賄賂嚴嵩在浙江的義子，竟被嚴嵩以冒功罪陷害致死。

嚴嵩父子驕奢不法，賣官鬻爵，十分猖獗，不僅朝中官員對他大行其賄，外官若想升遷，也必須重賄嚴嵩父子，因此，內外官員的轉遷進退，不以賢否而定，均以賄賂多少而定。每日送往嚴嵩府中的賄賂，車載斗量，不絕於途。甘肅總兵仇鸞因貪虐被革職，後來重賄嚴嵩，被收為義子，轉為京官，在韃靼人進攻北京後反得升遷。趙文華從江南還京，送給嚴嵩之子嚴世蕃的二十七個姬妾每人寶髻一個，金絲幕一頂，嚴世蕃猶嫌太少因而將其罷官。嚴氏父子在北京、南京等地所占的田莊，多達一百五十餘所。侵占民田之多，更是令人咋舌，袁州的一府四縣的民田，竟有十分之六七為嚴氏所占。

最有意思的還數嚴世蕃的「朝廷兩不如」論。嚴氏之府富麗堂皇，內儲金銀珠寶無數，嚴世蕃曾洋洋得意的說：「朝廷不如我富。」嬌妻美妾，列於兩旁，歌舞狗犬，陳於面前，嚴世蕃曾自鳴得意的說：「朝廷不如我樂。」

嚴氏父子的胡作非為當然引起了朝廷正直大臣的極端憤慨，其中最著名者要

數沈煉和楊繼盛的劾奏。嘉靖三十年（西元 1551 年），錦衣衛經歷沈煉上書世宗，列舉了嚴嵩的十大罪狀，其中主要包括廢弛邊防、賣官鬻爵、陷害忠臣等，要求殺嚴嵩以謝天下。

嘉靖三十二年（西元 1553 年），兵部侍郎楊繼盛又上書世宗，列舉了嚴嵩的五奸十大罪。五奸是：厚賄內官，使之成為奸諜，為他通風報信；控制掌握奏章的部門，矇騙皇上；勾結廠、衛，使之成為自己的爪牙，籠絡言官，網羅臣僚，使這些人成為自己的心腹。十大罪是：以丞相自居，壞祖宗成法；假傳聖旨；冒領軍功；納賄營私；引用奸邪；廢弛邊備等。

面對這些劾奏，嚴嵩卻自有應付之道。每當有劾奏入內，嚴嵩都裝出一副誠惶誠恐而又十分可憐委屈的樣子。世宗因崇信道教而委政於臣，偶爾處斷一事，卻要顯出十分英明的樣子，特別是他的多猜疑而又剛愎自用的性格，斷事之時好標新立異，以此震懾群臣。嚴嵩日侍左右，自然摸透了世宗的這一性格，遇到有人彈劾他，他就跪在世宗的面前，顯出孤立無助的樣子，自認有罪，未能盡職，以致得罪臣僚，請求罷官歸去。他越是這樣，世宗越是不允，反倒說：「嚴嵩曲謹附我，贊我玄功而得罪於朝臣，我自當保護他。」

這樣一來，劾奏之人可就遭難了。沈煉被貶到保安，但沈煉並不屈服，他紮了三個草人，標上「唐代奸相李林甫、宋代奸相秦檜、明代奸相嚴嵩」字樣，用箭射之以洩恨。嚴嵩知道後，當即予以殺害。楊繼盛一案更是轟動一時，楊繼盛自知上書必死，還是毅然而決，《明史》給予了很高的評價。後楊繼盛果然被嚴嵩誣陷殺死。至於其他遭受迫害的言官，那就很難數得清了。

嚴嵩因趨奉世宗崇信道教而興，也因世宗崇信道教而敗。有一個叫藍道行的方士，善於扶乩，世宗十分信任。一次，世宗問誰是當朝最大的奸臣，藍道行扶乩的結果竟是嚴嵩，世宗不能不信。這時，嚴嵩的妻子病故，嚴世蕃在家守母喪，不能到朝中辦事。過去朝中每有緊急奏章，都由嚴嵩交給嚴世蕃，讓他揣摸上意，寫好意見，再由嚴嵩送上去，一般說來世宗都很滿意。現在嚴世蕃不在，就得由嚴嵩親寫，嚴嵩老眼昏花，不僅文辭不通，還多忤上意，世宗就開始討厭

嚴嵩了。

　　此時，御史鄒應龍上書彈劾嚴嵩，世宗就罷了他的官，同時貶嚴世蕃守戍邊地。但嚴世蕃膽大包天，半路而回，又到京城搶劫民女，搜羅財物，甚至私通倭寇，當然又遭御史彈劾。世宗閱奏大怒，下令將其處死。

　　行刑之時，京師百姓如慶節日，多有把酒慶賀者，往觀的人塞街堵巷，足見民憤之大。兩年後（西元 1567 年），嚴嵩病死，年八十七歲。

第八招：示弱韜晦，小題大做

　　永元七年（西元 95 年），漢和帝年屆十七，在全國範圍內選用美女充實後宮，年方十五歲的鄧綏也被選入宮中，鄧綏高大豐滿，有沉魚落雁之貌，閉月羞花之容，在宮中如雲的美女中仍是出類拔萃，鶴立雞群，宮廷中的人都為她的美麗所折服，並且她為人聰慧，非其他女子所能比，所以，她一進宮便得到了漢和帝的無比寵愛，第二年的冬天便被封為貴人，皇后陰氏從此被皇帝疏遠。

　　鄧綏富有心計，她知道宮中的爭鬥異常殘酷，而她一個弱女子剛剛進宮，還沒有可以利用的資源，她必須將自己的政治野心隱藏起來。所以，皇帝對她越是寵愛，她越是謙遜守法，注意打好宮中的上下關係。她在宮中小心謹慎，一言一行都恪守宮廷禮法。對待陰皇后，她更是小心侍奉，關懷備至。對待其他嬪妃，她經常克制自己，與她們不發生衝突，她還常向宮中的宦官、雜役等人施以小恩小惠。這麼做的時間久了，宮中對她一片讚美之聲。漢和帝對她更加寵愛，這使她逐漸有專寵後宮的趨勢了。

　　鄧綏雖然得到漢和帝的專寵，但她知道自己剛入後宮，根基不深，難以馬上扳倒陰皇后，坐上皇后的寶座，因此，她仍用盡心機，刻意顯示自己的賢淑。

　　有一次，鄧綏生了病，漢和帝批准她的母親、兄弟入宮探視，不限制看望的時間和次數，這是皇帝的特恩。但是，鄧綏卻勸漢和帝說：「宮中是禁地，陛下讓妾的家人長時間的在內廷逗留，這就會使陛下擔上辜私之名，臣妾對此深表擔

憂。這麼做對上、對下都不利，我不願意這麼做。」這番話著實令漢和帝歡喜，他連聲讚嘆說：「別人都以能多次進入內廷為榮，而妳卻深以為憂，能夠自我克制，這真是難能可貴啊！」內廷中的皇后、嬪妃都過著窮奢極欲的生活，她們佩戴各式各樣的金銀首飾，身穿亮麗的衣服，呈現出一派富貴俗豔之氣，而鄧綏卻反其道而行之，不加修飾，不戴飾品，只穿淺色素雅的衣服，這在一片俗豔之中猶如出水芙蓉，更加引起漢和帝的注意和喜愛。同時，鄧綏的這一舉動又使陰皇后和眾嬪妃誤以為她甘願淡泊，不爭寵獻媚，這使她們對鄧綏開始掉以輕心了。

鄧綏害怕得罪陰皇后，所以，每當漢和帝臨幸她的時候，她都稱病請免，但漢和帝卻無節制的臨幸其他嬪妃，雖生了不少皇子，但都因先天不足而早夭，鄧綏裝作對此非常著急，常常有意為此哭泣、嘆息，又多次選擇美女，讓漢和帝臨幸，以便多生龍子，這樣，漢和帝更加寵愛她了。

漢和帝寵愛鄧綏，宮中對鄧綏也是一片讚美，這使陰皇后看在眼裡，氣在心頭，她開始憎恨起鄧綏來了，幾次對鄧綏惡語相向。一次，漢和帝病重，陰皇后暗地裡說：「皇帝死後，我臨朝稱制，一定要把鄧氏滿門抄斬，不讓鄧氏全家留下一個活口。」這句恨話被宮內雜役聽到了，而宮內的雜役們多數早已是鄧綏籠絡好的心腹了，這句話很快便傳到鄧綏那裡，她決定以此作為反擊陰皇后的機會。

鄧綏對這件事小題大做，借題發揮，當著眾宮人的面，她痛哭一場，她一邊哭一邊說：「我竭心盡力的侍奉皇后，可是她卻還不能寬容我，看來我確實應該死了。婦人雖無從死之義，但是我死可以上報皇帝的寵愛，中解宗族之禍，下不使陰后有『人彘』之機。」這番話表面上看是鄧綏自謙自憐，沒有害人之心，其實她話中有話，綿裡藏針，直刺陰皇后。原來「人彘」有個典故，漢高祖劉邦死後，陰險毒辣的呂后迫害劉邦生前的寵妃戚夫人，將戚夫人的手足全都砍去，讓她住在豬圈中，稱她為「人彘」，鄧綏這番話無疑是將陰皇后比作呂后。

說完這些話後，鄧綏拿起毒藥，作勢要飲毒自殺。自然她身旁的宮人會將她攔住，奪走了毒藥。

這件事傳到漢和帝那裡之後，他對陰皇后的話非常氣憤，對鄧綏卻更加憐惜了。

永元十四年（西元102年），陰皇后因為巫蠱、詛咒一事被廢，憂愁而死。不久，鄧綏由貴人晉封為皇后，達到了她的政治目的。

自從鄧綏進宮之日起，她就認清了自己最強有力的異己，這就是陰皇后，但當時，鄧綏剛剛入宮，根本沒有能力動搖陰皇后的地位，並且稍有不慎都可能會招來殺身之禍。因此，她不得不將自己的真實面目和意圖隱藏起來，小心謹慎的對待自己的異己。

而鄧綏偽裝出來的謙恭也著實令陰皇后迷惑了一陣子。而這為鄧綏贏取了時間。她在這段時間內，一是想盡辦法獲得漢和帝的寵愛，一是籠絡大批的宮人，讓他們做自己的羽翼。經過一段長時間的精心營造，她的力量逐漸壯大起來，此時的陰皇后也看透了鄧綏的本質，當陰皇后再想控制鄧綏時，她卻已經無能為力了。

厚黑人士知道在自己力量弱小時如何保全自己，他們會透過各種方式將自己裝扮成一個無足輕重的小人物，以此來麻痺異己，讓異己對自己掉以輕心，自己則在暗中積聚力量，一旦時機成熟，他們就會拋棄偽裝出來的弱勢，憑藉自己積聚的力量給予異己致命的打擊。

第九招：逢場作戲，感情陷阱

厚黑人士態度阿諛卻不親切。厚黑人士其實是最不講感情的，但小人又是最善於玩情感遊戲的。這對很多勞於事功而深感寂寞的上司來說正中下懷。正常人的情感交往，是以坦示自我的內心開始的，厚黑人士的情感遊戲是以揣摩對方的需要開始的。

到小餐館吃飯，是否聽過老闆娘斥責的口氣對客人說「不要再喝了，該回去了，明天還要上班哪！」之類的話。乍聽，這實在不是店家的招呼之道，可是，

這些被斥責的客人一副無所謂的樣子，甚至還有些沉醉。這小店實在沒有什麼值得誇獎，唯獨老闆娘的這份母親味道般的親切令人難忘。類似這樣的館子，老闆娘和顧客之間的關係很微妙。她們溫和斥責的態度，恰巧彌補了遊子的思鄉情懷。而這正是這種小餐館生意鼎盛的原因。這種類型的經營者看似屬於性格直率，實則，往往是利用顧客的撒嬌心理，並且，由顧客的依賴得到相應的情感回報。

古代的皇帝，實際上是情感上的飢渴者，位高權重，異常孤獨。太監就是一類能給他們提供特別溫情的人。如果能在感情上給予皇帝寄託，他一定會十分聽你的話。

厚黑人士揣摩人的內心情感往往很準，人們一下就進入了他們的陷阱，誤認他們為知己。厚黑人士就是那種沒有一個真正的朋友，卻曾有很多人把他誤認為知己的人。對上司投入一點虛假的感情，換來的是上司給予的無限權力。北齊佞臣和士開就深諳此道。

北齊帝國是北朝後期的鮮卑化政權，它的前身即是鮮卑化的漢人高歡所建立的東魏。本來鮮卑族漢化已是北魏以後北方的大趨勢，但高氏魏齊政權卻是反漢化的政權，朝野上下，鮮卑化氣息非常濃厚。這是因為高氏靠六鎮（北魏初為防禦柔然，在北方設置的六個軍鎮）軍人起家，文治不足，因而，出現了許多荒誕的現象。北齊諸帝大多昏庸，荒淫無恥。而上行下效，朝廷出現了一大批奸佞厚黑人士，如穆提婆、和士開、高阿那肱等人，專權弄事，加速了朝政的腐化。和士開（西元 523 年至 570 年），便是其中最有代表性的一個。

和士開出生於諂門世家，然而他青出於藍，有過之而無不及。和士開出生在河北，卻完全沒有一點慷慨之氣，有辱於燕趙多豪傑的古諺。他在自己的一生中除了諂媚與權力之外，大概再也沒有熱衷過別的事情了。

他的祖先是西域胡人，本來姓素和氏，來到中原做生意，後改為和氏。西域商胡大多唯利是圖，稟性家傳，和氏一門繼承了這一點。他的父親和安，是一個很善於觀察和曲諂的人，在東魏（西元 534 至 550 年）做官到中書舍人，從一件

小事上可以看出他的心計：東魏孝靜帝曾在夜裡和大臣們聚會討論問題，命和安去看一下北斗斗柄所指的方向。北斗所指方向代表著皇位，當時高歡專制朝廷，有自己稱帝之意，和安深諳這一點，因此，他故意回答說：「臣不識北斗星。」很明顯，這是阿諛高歡。果然，高歡聽說這件事，就認為和安這個人才難得，任命他為黃門侍郎，後來又升他為儀州刺史。

俗話說，父子連性。和士開完全繼承了家門的傳統，比起他的父親來有過之而無不及。他年幼就聰明伶俐，反應機敏，同年齡的孩子都比不過他。北齊朝政的腐敗，可以說為和士開大展拳腳提供了絕好的機會。

他先是投靠高歡的第九子 —— 後來成為武成皇帝的高湛。天保元年（西元550年），高湛被封為長廣（今山東平度）王，召辟和士開為開府行參軍。高湛特別喜好一種名叫握槊的遊戲，和士開對此非常擅長，這是他得以被任用的主要原因。加上他生性乖巧，善於諂媚，又彈得一手好胡琵琶，因此日益受到高湛的親寵。他曾奉承高湛說：「殿下非天人也，是天帝也。」高湛也回報一語：「卿非世人也，是世神也。」從此，主僕二人，形影相隨，一直到高湛死，十四、十五年的時間，一直得到主子寵幸。

北齊文宣帝高洋覺察到和士開這個人太輕薄，不想讓高湛與他關係過於密切，因而責怪和士開狎戲過度，把他流放到馬城（今河北懷安西）。但是，不久以後，在高湛的請求之下，又把他召回。從此，和士開開始飛黃騰達了。

太寧元年（西元561年），高湛登基做了北齊皇帝，和士開一日三遷，晉爵升官，累除侍中，加開府，以「帝鄉故舊」，與趙彥深、元文遙等人「共相薦達，任遇彌重」，專擅朝政。武成帝對他也是寵信有加。和士開母親去世，高湛聽說後，悲痛不已，派武衛將軍呂芬到他家，晝夜侍候和士開，生怕他會因母喪過分憂傷而弄垮身體。等到喪事辦完，當天便迫不及待的派車迎接他入宮相見，握住他的手，悲傷流淚，曉喻良久，才讓他離去。同時，打破慣例，馬上將他和他的四個弟弟起復原職。

太寧四年，和士開又升為尚書右僕射，出任宰相。這一年，武成帝因為飲酒

過度，氣疾經常發作，和士開勸說了好多次沒有結果。後來有一次，武成帝氣疾發作，又想飲酒，和士開眼中流淚而不說話，武成帝說：「卿這是不言之諫。」從此不再飲酒。一直到冬天公主出嫁時，才開始飲酒。不久，和士開又升為尚書左僕射，仍然兼侍中職。

武成帝無論是在外朝處理國家大事，還是在內廷宴客，一刻也離不開和士開。和士開或者一次入宮幾個月不回家，或者一天幾次入宮，或者放還之後，又馬上敕回，他受到的寵幸與日俱增，他的動作言辭，都非常穢褻，唯以取悅武成帝為能事，君臣之間沒有半點禮節。他曾勸武成帝說：「自古帝王，都已經化為灰土，堯舜，桀紂，又有什麼兩樣呢？陛下您應該趁年輕力壯的時候，恣意作樂，一天快活勝達萬年，國事可以分付給大臣辦理，您沒有必要親自操勞。」武成帝聽後非常贊同，把政事都委託給大臣去辦理，而自己三、四天才上一次朝，而且就是上朝也不過是畫幾個數目字而已，不說什麼話，一下子就罷朝。

當時，胡皇后喜歡小兒子東平王高儼，想讓高儼繼承皇位，武成帝猶豫不決。和士開為了投靠太子高緯做靠山，採納了祖珽的密謀，趁著彗星出現的機會，藉口天文指示除舊布新，請高湛自為太上皇，立太子高緯為皇帝。他們二人內外勾結，和士開在宮內勸說，祖珽在朝廷上表，並以高澄、高洋、高演三人死後兒子都得不到繼承大位為說辭，希望以此保證父位子承。這樣做的目的，實際上是以此獲得高緯信任，自己可以長久權高勢盛。

高湛聽從了他的勸說，立高緯為帝，是為北齊後主，自為太上皇。由此，他更加見重於二宮，大被親寵。武成帝認為和士開有伊尹、霍光的才能，所以臨死時將高緯託付給他，殷勤囑以後事。臨死前，握著和士開的手說：「勿負我也。」死後還沒鬆開和的手。由於武成帝深相寄託，後主對他「深委仗之」，與外戚胡長粲，領軍婁定遠，錄尚書趙彥深、元文遙，領軍基連猛、高阿那肱，僕射唐邕八人同知朝政，時人號為「八貴」。

對於後主高緯，和士開繼續曲意相媚，運用各種手段，引誘後主不理朝政，只顧盡情遊樂。後主也就深居簡出，沉溺於麗色淫聲之中，不上朝理事，很少接

見朝士，不親自過問政事，國家一日萬機，都委付給一班厚黑人士，自己整天與美人宴樂。後主既然如此，和士開便能竊據大權，權勢達到了炙手可熱的程度。

和士開邀寵於胡皇后，竟是下流無恥的與她私通，滿足她的淫欲，以結成利害關係一致的緊密同盟。高湛在世時，他們一起玩握槊遊戲，藉此機會勾搭成奸。正因為兩人有曖昧關係，所以胡皇后成為太后之後，兩人共相表裡，幹了不少壞事。自然，這引起了人們的激憤。

武成帝死後，趙郡王高睿趁機會和婁定遠、元文遙等人商議，想彈劾和士開，極力反對和士開依舊擔任要職。在胡太后與朝中貴臣的集會上，高睿當面陳述和士開的罪行，說和士開是先帝弄臣，穢亂宮掖，請求將和士開放外任以削奪他的權力。但胡太后與和士開有染，自然偏袒他，因此反而指責高睿等人說：「先帝在世時，你們為什麼不說？現在不是欺負孤兒寡婦嗎？且飲酒，不要多說話了。」高睿等人據理力爭，聲色俱厲。安吐根進言說：「臣本是商胡，蒙皇上寵愛而躋身朝貴之末，受到禮遇，豈敢惜死？不把和士開貶出，朝野上下必不安定。」太后無奈只好宣布改天再討論。高睿等人有的把帽子扔在地上，有的拂衣起坐，言詞慷慨，情緒極為衝動。第二天，高睿等人又在雲龍門讓元文遙入奏，連續三次，太后都不理睬。最後又藉口和士開長期在左右辦事，想過百日後再說，高睿等不允許。胡太后便開始緊張安排，親自多次對高睿說要留下和士開，又派宦官權要人物去暗示高睿，繼而要脅，但高睿絲毫不為所動。胡太后只好又藉口武成帝喪事為重而拖延時間。

和士開也知道這是決定自己命運的危急時刻。他清醒的認知到要保住自己的地位，絕對不能失去太后與後主母子二人對自己的信任。因此，他對太后及後主說：「先帝在群臣之中，待我為最重。先帝去世，大臣們都有覬覦權位之心。如果我出為外任，正是剪除陛下羽翼的行為。」這樣就把自己的利益跟太后和後主的利益掛在了一起。接著，他又對太后母子陳述了一條毒計，讓後主假意下詔任命和士開為兗州刺史。同時也把元文遙任為西兗州刺史，並聲稱過山陵（武成帝喪葬完畢）以後發遣。

武成帝發葬已畢，高睿等人催促和士開上路。和士開用車載美女、珠簾以及寶石玩物去拜訪婁定遠，表示謝意說：「諸權貴想殺我，蒙您幫忙才保全性命，能夠出為外任。今天向您告別，特意送上兩個女子及一些寶物。」婁定遠大喜，對和士開說：「還想回京嗎？」和士開說：「在京久了，過得並不安心，我是不想再回來了。」婁定遠相信了他，送他出門。和士開請求在臨行前能去辭胡太后及後主，婁定遠不假思索就答應了他。和士開入宮後，恐嚇說：「朝中大臣必定有所行動，我走之後，必有大變。」太后和後主擔心被廢去，所以痛哭流涕。和士開這時胸有成竹的把自己的計畫和盤端了出來。他顛倒黑白，反誣高睿有犯上欺君之罪，在永巷埋伏下刀斧手，把他押送到華林園慘刑處死。又把元文遙貶為西兗州刺史，一直到和士開死，也未能官復原職。因貪財而自害的婁定遠，被索回二美女、珠簾等物，逐出京城，到青州任刺史。其餘參加者，都不同程度的受到了處罰。這次事件以後，和士開大權獨攬，控制了朝政。一直到他去世，執掌北齊權柄達八年之久。

和士開生性狡詐殘忍，對敢於對抗自己或者對自己有潛在威脅的人，都一律剷除，絕不留情。河南王高孝瑜曾勸武成帝不要老是讓和士開與皇后對坐握槊，進諫說皇后是天下百姓之母，不能與臣子手碰手。武成帝接受了這一勸諫。和士開嫉恨在心，竟然把高孝瑜誣陷致死。祖珽的琵琶彈得很好，因此深得武成帝寵愛，經常讓他與和士開共同獻技，祖珽彈琵琶，和士開跳胡舞。和士開因此心生嫉妒，因而找個機會，把祖珽排擠出朝廷，做了地方官。還有胡太后的哥哥胡長仁，也是一個無賴之徒，他手底下有一幫奸佞小人，嬉戲無度。他們野心勃勃，羨慕和士開的權勢，因此產生了排擠和士開的想法。和士開知道了這一情況，非常憤怒，把胡長仁的手下都貶出京城，他們還不死心，又勸胡長仁設計殺死和士開，但又被和士開知道了，他毫不客氣，這下連胡長仁也被貶出京城。胡長仁身為國舅，封王爵，任職右僕射及尚書令（宰相職），被和士開隨意處置，心生不服。怨憤之下，想收買劍客刺殺和士開，又被發覺，和士開竟慫恿後主將他殺死。

　　和士開一方面誅除異己，另一方面也大量任用自己的親信，隨意授官。如解德選只是個看相的術士，毫無專長，藉著替和士開看相的機會而大獻其媚，拚命巴結，竟立即被任命為府參軍。馮子琮卑辭曲躬投附於和士開，凡事唯其馬首是瞻。和士開的弟弟和士休娶妻時，他身為朝廷大臣，竟奔走雜務，像僚吏下屬一樣。但馮子琮卻因此而能長期保持權位，由於和士開所用大多為奸佞厚黑人士，由此北齊政治日益敗壞，國勢日下，瀕臨亡國的邊緣。

　　和士開權傾朝野，任人唯親，荒淫無恥。又加上與胡太后的姦情日益公開，因此引起了一部分王公大臣的極大憤慨，他們對國家政局憂心忡忡，對和士開的所作所為極為痛心疾首，想方設法要除掉和士開。趙郡王高睿死後，更引起極大的民憤。傳說胡長仁遣人刺殺和士開時曾流傳一首童謠：「狐截尾，你欲除我我除你。」武平二年，民間又流傳一首童謠：「和士開，七月三十日，將你向南臺。」一群兒童唱完，都拍手齊叫：「殺卻！」此時的和士開，就像坐在即將噴發的火山口上一樣，前途岌岌可危了。

　　這一天終於來了。武平二年（西元 570 年）七月三十日，和士開像往常一樣，一大早就起床，整整衣冠，走出家門，他準備入宮早朝，他的心情並不平靜：最近琅琊王高儼等人老是反對他，他確實感到了自己的地位在動搖。他一面走，一面在想著如何除掉這個琅琊王，以至於連早晨初升的太陽都沒有留意去看一眼。他當然絕不會想到這會是他生命中最後一次見到陽光。他走得那麼匆忙，但卻未料到去的地方是自己的刑場。

　　琅琊王高儼等人早就做好了準備，首先由王子宣寫了一道表文，彈劾和士開，羅列了大量罪名，請求後主批准逮捕法辦。然後，由馮子琮將表文夾在許多其他公文中，呈奏給後主。素來不理朝政的後主高緯，連看都沒看，大筆一揮，批准照辦。之後，由領軍大將軍庫狄伏連在神獸門外埋伏了 50 名士兵，在和士開剛踏入門內的剎那，50 人一擁而上，將他擒伏並立即斬首。高緯聽說之後，雖然追悔莫及，卻也毫無辦法。據說和士開一死，洛陽全城歡騰。

　　和士開死時 47 歲，一生玩弄權謀的他，最終死於別人的圈套之中，正所謂

玩火者必自焚。

第十招：美食秀色，無敵炮彈

北魏孝文帝元宏（西元 467 年）出生於平城紫宮，是獻文帝的長子，立為太子時，以「立子殺母」的規矩，母親李夫人被殺，由馮太后撫養。元宏 3 歲時立為皇太子，5 歲時，獻文帝人居崇光宮信佛，自稱太上皇，將皇帝位給他。西元 476 年，馮太后毒死獻文帝，臨朝稱制，此時元宏年方 10 歲。

孝文帝 5 歲就做了皇帝，一直在馮太后的羽翼之下苟且度日。隨著年齡的增長，孝文帝在許多方面和馮太后發生著衝突。孝文帝的皇后馮妙蓮就是馮太后一手安排的。

孝文帝的長子元恂長大了，馮太后立元恂為太子，又按宮中慣例，立子殺母，殺死了太子的母親林氏。

林氏死去後，馮太后把自己哥哥馮熙的女兒馮媛、馮妙蓮、馮姍先後送入宮中，期望皇帝從中選出一位皇后。馮媛是馮熙的正室博陵長公主的女兒，馮妙蓮、馮姍是側室常氏的女兒。常氏是南方人，出身平民，但長得標緻，人很聰明，又極有心眼，因而在馮府中地位穩固，很有影響。

太和十二年（西元 488 年）六月的一天，馮熙恭請太皇太后和皇帝遊園賞荷。太后吩咐讓馮熙召來女兒，出見孝文帝。馮媛這時 13 歲，長得清秀美麗，但還沒有長大，身體沒有發育，她按北方習俗中閨女的傳統打扮，梳一個平頭，頭髮上略加彩飾，身穿紫綢短襖、高領、窄袖，人顯得極為端莊。馮妙蓮 17 歲，馮姍 16 歲。馮妙蓮長身玉立，豐腴動人，尤其一雙丹鳳眼，能勾人魂魄。馮姍也是閉月羞花，風采照人。常氏很疼愛這兩個女兒，更希望這兩個女兒能被皇帝看上，選為皇后。

常氏瞭解孝文帝，知道這個聰明的年輕皇帝很喜愛江南，喜歡漢族文化。常氏將兩個女兒按照南朝貴族女子來打扮，一頭秀髮，梳成變化多端的飛雲髻，髻

上斜插珍珠鳳釵步搖；身上穿一套緊身粉色綢衫，顯得曲線生動，身材苗條，洋溢著無窮的韻致；綢衫之外，再披一條淺紫輕紗，仙氣縹緲，十分迷人。

馮妙蓮、馮姍姐妹姍姍而出，婀娜多姿，如一道耀眼的金光，令孝文帝春心蕩漾，不能自已。孝文帝見慣了北方女子的裝束，見慣了平頭、高領、窄袖、短襦、燈籠褲！冷不防的見了南朝的飛雲髻和髻上令人心醉的步搖，孝文帝也有些醉了。馮太后問他馮太傅的這幾個女兒如何？孝文帝自然讚嘆：明豔可愛。馮太后問孝文帝喜歡哪一個，可以選入後宮。孝文帝說都很喜歡，由太后做主。馮太后說：按照禮制，正室博陵長公主的女兒馮媛為皇后最合適，只是她才13歲，年紀還小了一點，等長大一點再送入後宮，先將馮妙蓮、馮姍送入後宮。馮熙立即贊同。就這樣，馮妙蓮、馮姍姐妹被送入了孝文帝後宮。

孝文帝擁有了這兩姐妹，寵著她們，一入宮便封她們為貴人。孝文帝每日出入這兩姐妹的宮室，看她們彈琴、畫畫、讀書、寫字。

馮妙蓮長於風月，懂得賣弄風情，吸引情竇初開的年輕皇帝。更懂得要想使皇帝離不開自己，除了身體之外，還在於風度、氣質、修養。她極有心機，得知孝文帝喜歡吃鵝掌，喜歡音樂，喜歡文學，便在這方面狠下功夫，並獲得了母親常氏的大力幫助。常氏在馮妙蓮的建議下，選了四個妙齡女子，請江南的師傅，教授絲竹音樂和歌舞技藝，調教得歌喉、舞技出神入化。馮妙蓮將這四個女子留在身邊，以備入宮時助興。與此同時，馮妙蓮潛心於烹飪，尤其精研鵝掌的製作方法，能做一手美味絕倫的鵝掌。

南陽王劉昶是南朝宋文帝的兒子。宋廢帝劉子業即位後，荒淫無道，亂殺宗室，劉昶待不下去了，便逃奔北魏投降，北魏封劉昶為南陽王。劉昶是南朝貴族，對於聲、色、犬、馬、音樂、歌舞、絲竹管弦，無所不通，魏王公貴戚、文武百官無不敬慕。常氏和馮妙蓮母女時常向這位南朝貴族劉昶討教，學習烹製美味和求教音樂歌舞。

工於心計的馮妙蓮花樣百出，用各種方式吸引著孝文帝，孝文帝陶醉其中。然而好景不長，到馮氏姐妹入宮第三年，災難不期而至。先是妹妹馮姍難產而

死，緊接著馮妙蓮身染咳血重症，一病不起。御醫也請遍了，可這病十分古怪，就是治不好。

恰在這時，後宮來了一個傾國傾城的高麗美女，遠勝過了馮氏姐妹。孝文帝被高麗美女的美麗驚呆了，漸漸對馮妙蓮心不在焉。

馮妙蓮的病越發沉重。太后考慮將她送出宮外，安心靜養。這主意也得到了馮妙蓮的認可，剛好馮府有座家廟，很幽靜，很適合養病。於是馮妙蓮離開皇宮，回家養病。

馮太后想把馮熙的小女兒馮媛迎進後宮，立為皇后。便吩咐下去。馮媛裝扮一新，送入了後宮。但她依舊小巧玲瓏、沒有完全發育；北方女子的裝扮，沒有一絲馮妙蓮姐妹南朝女子的迷人風韻，孝文帝自然興致全無。

太和十四年九月，就是西元 490 年，馮太后臥病不起，不久便離開了人世。孝文帝三年服喪期滿，西元 493 年，遵照馮太后生前意願，冊立馮媛為皇后。仁孝寬厚的孝文帝對身為皇后的馮媛由衷敬重，兩人彬彬有禮，相處得很是客氣。

後來，馮媛的父親馮熙病故，接著她的哥哥馮誕也去世。孝文帝對馮熙、馮誕父子感情很深，便移情於馮媛皇后，將一腔愛憐都化作深情，寵愛著馮媛。馮媛悲喜交加，心中充盈著悲涼和幸福，過了一段真正歡快舒心的日子。

可惜好景不長，她的風流浪漫、水性楊花的姐姐馮妙蓮又一次闖入了她的生活，並步步進逼，終於在太和二十年（西元 496 年）七月，馮妙蓮堂而皇之的登上了皇后寶座。馮媛一氣之下，入寺為尼，青燈梵鐘，了度殘生。

那麼馮妙蓮是如何從病魔中脫身，並戰勝馮媛，坐上了皇后寶座的呢？

馮妙蓮走出深宮以後，入居家廟，一門心思，潛心調養，病情終於有所好轉。常氏為女兒的病傾注了全部心血，四處打探，懸賞求醫。不久，馮府來了一位身強體壯的河北漢子，專治女子疑難雜症，藥到病除，人稱高菩薩。常氏以重金禮聘，請他替馮妙蓮治病。

高菩薩年方三十餘歲，正當壯年，精氣旺盛，偉岸俊美，氣質高貴。他尤其長於房中祕術，能讓女人進入興奮狀態，快活得死去活來。一場歡愛之後，便好

生將養，令病情消退、血脈暢通、百症自癒。

　　馮妙蓮在高菩薩的特殊治療下，很快奇蹟般的康復。她的病完全好了，高菩薩照舊藉口看病，來看望馮妙蓮，馮妙蓮也不拒絕。兩人眉來眼去，難捨難分。高菩薩本來就健壯，又通房中祕術，還有不少春香春藥，馮妙蓮雖然縱欲其中，異常快活，但總想有機會重返皇宮，坐上皇后寶座。她在等待著機會。

　　孝文帝受漢化影響極深，瞭解漢儒經史，一直仰慕中原文化。馮太后去世後，親政理事的孝文帝決意要改變胡人風俗，全盤漢化。並決定先遷都中原洛陽。

　　洛陽的新宮建好後，孝文帝親赴平城，將列祖列宗的神主牌位從平城太廟中請出，移祀於洛陽太廟。這次純政治性的莊嚴肅穆的活動給了馮妙蓮一個良機，從而改變了馮妙蓮的人生歷史。

　　馮熙當時還在人世，官至太師，只是體弱多病，臥床不起，受皇帝特旨，留平城馮府家中調養。皇后馮媛已經統率後宮美女遷居洛陽。馮媛很想念她的父親，又不能侍奉照料，馮媛焦慮不安，牽掛著她的父親。孝文帝答應到了平城，一定前去看望她的父親馮熙。

　　馮熙得知皇帝要到府上看望，自然十分高興，吩咐大家立即準備，好好迎接聖駕。在家廟中縱情玩樂的馮妙蓮聽到了這個消息，知道機會來了，便按下自己正旺盛的情欲，決定重返皇宮。

　　馮妙蓮知道自己能否重返皇宮，很大程度上取決於父母，如果配合，一定大有希望。馮妙蓮先拜見母親，把自己的心思告訴常氏。常氏建議說，讓馮妙蓮一同參加家宴接駕，皇上便會記起。馮妙蓮想了一想，覺得不妥，因為人員太多，不容易引起皇帝的注意，而且馮妙蓮是奉命帶髮在家廟為尼的，一旦混跡於大眾之中被皇上看見，也是不妥。

　　常氏沒了主意。足智多謀的馮妙蓮便請求常氏，說只要留皇上在家吃飯，就有好辦法。常氏還是想不出馮妙蓮的妙計所在，疑惑的問馮妙蓮是想陪膳？要知道，陪聖駕進膳是要得到特旨恩准才行的！馮妙蓮看著常氏不解的臉色，便嫣然

一笑，說出了自己的妙計。

馮妙蓮說：皇上不是喜歡吃鵝掌嗎？我做的一手鵝掌美味，皇上當年在宮裡百吃不厭！如果皇上能在家用膳，我親自烹調，做一手美味鵝掌，送皇上嘗嘗，皇上一定會記起我；皇上問起以後，自然會主動來看我，這樣，不就能和皇上單獨相見？

常氏覺得這辦法可取，就說動馮熙，讓他千萬留皇上在馮府進膳。馮熙病勢很重，臥床在家，身體雖很虛弱，但神智清楚。常氏將女兒的想法如實告訴了馮熙，希望得到馮熙的支持，馮熙病情嚴重，知道皇帝來看望已經是很給面子了，能否保證留住皇帝在這進膳，這是很難說的，而且自己也是體力不支。馮熙面現難色。馮妙蓮這時出現在馮熙病床邊，淚眼矇矓的叫著父親，懇求著說：這是最後的一次機會，這次機會錯過了，恐怕再見到皇上很難，而女兒那樣活著倒不如一死！

馮熙在常氏母女的勸說下終於同意合作。天從人願，一切都按馮妙蓮的設想，十分順利。孝文帝講求節儉，進食總是適可而止。

馮妙蓮在上第三道菜時，讓人送上她親手製作的美味鵝掌。孝文帝吃到這道菜，立即記起了馮妙蓮。孝文帝恍然大悟，問陪侍進膳的馮熙的兒子馮夙，這道鵝掌是出自何人之手？常氏立即回答說是女兒馮妙蓮。

孝文帝想起了平城後宮那段美好的日子，再也坐不住了，便決定前往家廟看望馮妙蓮。家廟中佛堂素雅，窗明几淨，桌椅纖塵不染。堂中香爐內燃燒著檀香，沁人心脾。室內花禾幽香，宛如仙境。馮妙蓮更是別出心裁：一身素雅高貴的天青長衫，繫一條寶藍色長帶，清瘦白皙的瓜子臉，配一個道士髻，清雅嫺靜，超凡脫俗，真正是一位飄然仙子。

多情好雅的孝文帝被這風韻迷人、滿目風情的素雅仙子迷得靈魂出竅。孝文帝立即擁著這個美女。有了這個開端，孝文帝便再也離不開馮妙蓮。馮妙蓮隨侍孝文帝，離開家廟，來到了新都洛陽後宮。

馮妙蓮風情萬種，長於風月，又學會了春香春藥，孝文很快便拜倒在馮妙

蓮的裙下，不能自拔，日夜沉醉在馮妙蓮寢宮，尋歡作樂，寵冠後宮。不久，馮妙蓮便進封左昭儀，地位僅次於皇后馮媛。

皇后馮媛對馮妙蓮的入宮奪愛深為不滿。馮媛比馮妙蓮小，雖然叫馮妙蓮為姐，但馮媛是正室所出，又是母儀天下的皇后，馮媛怎麼會把馮妙蓮放在眼裡？馮媛蔑視馮妙蓮，認為她出身低賤，是馮府的奴才，也是後宮的奴才，如何能和皇后抗衡？

皇后馮媛疑惑不解的是，皇上怎麼老是到賤人馮妙蓮那裡？別的宮室一概不顧？馮媛恨皇上，自然也恨賣弄風騷的馮妙蓮。馮媛煩躁、鬱悶，妒恨交加，日夜無聲的咒罵馮妙蓮。

馮妙蓮知道皇后馮媛恨自己，可是，馮妙蓮覺得自己比馮媛早幾年入宮，如果不是染病，這皇后寶座還有馮媛的分？馮妙蓮依恃孝文帝的寵愛，便和皇后抗衡。後宮嬪妃美人每月朔望都應參拜皇后，這是祖制，馮妙蓮每次都稱病不去。皇后馮媛惱羞成怒，又無可奈何。

皇后和高麗美人是馮妙蓮的兩個勁敵。馮妙蓮知道，在贏得皇上的這場較量中，僅靠美貌是不夠的，還在於風月，在於如何迷惑皇帝，讓皇帝高興，快活得死去活來，神魂顛倒。馮妙蓮充滿信心，知道自己在這方面老成精到，無人能比，皇后和高麗美人根本不是對手，都還差得太遠。馮妙蓮善於打扮，本來就一頭秀髮，肌膚如玉，她能將髮型千變萬化，做出無窮花樣，新鮮刺激，孝文帝就極為喜愛。馮妙蓮有一絕手的媚術，就是將麝香細末放入肚臍眼中，隱入眼中，香味飄逸，令人心醉，稱為肌香丸。

孝文帝擁著美麗的馮妙蓮，被她的清香刺激得熱血沸騰。孝文帝奇怪這通體奇香，問何以至此，馮妙蓮答得玄乎其玄，說她大病之後，脫了一層皮，其如脫胎換骨，從那以後，便身有奇香。單純的孝文帝真的相信，縱情求歡，難捨難分，再也擺脫不了這誘人的肌香。

馮妙蓮有孝文帝的寵愛，便恃寵而驕，不把皇后放在眼裡。同時，馮妙蓮也沒有忘記當年的夙願，一定要登上皇后寶座。儘管如今的皇后是自己的妹妹，馮

妙蓮決意一爭高下，奪回后位。她時常在和孝文帝興致高昂時，說皇后的壞話。

有著貴族小姐倔強脾氣的馮媛有一個致命點被馮妙蓮抓住，就是生活保守，拒絕說漢話，穿漢服，孝文帝對此深為不滿。馮妙蓮便以此為藉口，大加攻擊，說她不理解皇帝的心志，還誤解皇上為眾王擇親。馮妙蓮搬弄是非，挑撥離間，孝文帝大為惱恨。

馮氏姐妹勢同水火。有一天，孝文帝出京巡遊，剛好是後宮嬪妃參拜皇后的日子，馮妙蓮照舊稱病不拜皇后。皇后馮媛命宮監手持皇后金牌前往馮妙蓮寢宮宣召，並命必須來見。馮妙蓮沒有辦法，只好前去拜會皇后，也就是小自己四歲的妹妹。

馮媛見了馮妙蓮，立時厲聲喝斥：妳沒進宮時，這裡都很和氣，人人都快活；自從妳入了宮，搬弄是非，妖媚邀寵，大禮時裝病不拜；妳目無皇后，違反宮規，該當何罪？

馮妙蓮從容的說：論大小，我是姐妳是妹；論先後，我先入宮，妳後入宮；論名分，妳是皇后，我是昭儀，我不計較什麼，妳還這般跟我斤斤計較，怎麼這樣沒有德量？這樣不能容人？馮妙蓮不卑不亢，以守為攻。

馮媛氣得臉上紅一陣，白一陣。吩咐：剝掉馮妙蓮的衣服，責二十大板。這是皇家家法，皇后吩咐了，就是懿旨。可是，站在一邊的宮人誰也不敢動。嬪妃們見皇后下不了臺，紛紛跪下，替馮妙蓮求情，更是讓皇后好下臺。眾人請求下，馮妙蓮向皇后賠禮道歉。

這場風波暫時壓下了。一次宮中舉行家宴，兩姐妹的衝突再度爆發。孝文帝寵愛馮妙蓮，家宴時讓馮妙蓮和另幾個嬪妃侍宴。孝文帝很高興，突然記起了皇后，便命侍女前去召請皇后。皇后知道馮妙蓮在那裡，不願意赴宴。孝文帝派人多次催請，皇后這才赴宴。

馮媛到達時，除皇帝以外，按禮各嬪妃宮人都得跪迎。眾人離座迎接，馮妙蓮卻只是欠欠身，沒有按禮迎接。皇后向孝文帝行禮請安，馮妙蓮也不迴避，就在皇帝身邊受禮，皇后很不痛快，怒氣沖沖，不想入座。孝文帝趕緊撫慰，笑著

請皇后入座。

馮皇后怒聲說：我不願意和騷狐狸同座！眾嬪妃內心竊笑，知道又有一場好戲。馮妙蓮立即接話：誰是騷狐狸？皇后冷冷的說：這還用問？自己心裡明白！孝文帝坐在一邊，十分尷尬，面子上極過意不去。孝文帝叫了一聲：皇后！

皇后見孝文帝還向著馮妙蓮，委屈、屈辱一齊湧上心來，哭泣著離去。

孝文帝本想讓皇后共用家宴的歡欣，想不到卻是這種結局。孝文帝怒火中燒。馮妙蓮哭訴委屈，添油加醋，說了皇后的許多不是。孝文帝本來就對皇后不熱心，一怒之下，第二天就下旨，廢皇后為庶人，派使收回皇后璽綬。馮媛遷居宮中瑤光寺為尼，直至生命終結。

馮妙蓮縱情享樂，但一直沒能懷孕，沒有生育兒女。後來，太子元恂被廢為庶人。孝文帝立高夫人生的兒子元恪為太子。馮妙蓮想仿效馮太后，撫養年輕的太子。馮妙蓮看準時機，派心腹在汲郡共縣將高夫人殺死。然後，奏請撫養太子，孝文帝自然同意。

馮妙蓮步步得逞，諸事順利。太和二十一年（西元 497 年），齊、魏在河南南陽交火。孝文帝統兵 20 萬，進軍新野。孝文帝離京，後宮得有人主持，於是立心愛的馮妙蓮為皇后，統率後宮。馮妙蓮又一次如願以償。

皇帝領兵在外，後宮中的一切自然由正位中宮的皇后做主。孝文帝領兵征戰，血雨腥風，一去就是一年有餘。馮妙蓮水性楊花，如何守得住深宮寂寞？馮妙蓮讓心腹中常侍雙蒙去召請以前的情人高菩薩，引入後宮，任宮中執事。馮妙蓮便和高菩薩宣淫縱欲，熱情似火，最後竟公然同臥。

孝文帝南征與齊兵交戰兩年，最後病倒在汝南。馮妙蓮得知孝文帝病重，就公然和高菩薩淫亂，不顧死活。宮人們誰也不敢進言，但人人都清楚，連孝文帝的幼妹彭城公主也知道這起醜聞。彭城公主為哥哥揪心。

彭城公主嫁南陽王劉昶兒子，丈夫去世，正在居孀守寡。馮妙蓮有個同母弟馮夙，看上了彭城公主，想娶公主為妻。馮夙向馮皇后求情，馮妙蓮覺得這樣聯姻也很好，便奏請孝文帝，讓彭城公主改嫁馮夙。彭城公主很厭惡馮妙蓮，更是

討厭馮家人，知道了馮皇后私通的穢行，更不願嫁給馮夙。

馮妙蓮逼嫁彭城公主，並自己選定婚期，一定要為馮夙操辦此事。彭城公主走投無路，只好帶幾個心腹隨從，乘車飛奔汝南，面見哥哥孝文帝。孝文帝正在病中，見小妹風塵僕僕，遠道冒雨而來，十分奇怪，問什麼緣故？

彭城公主講出自己的苦衷，說不願意嫁給馮夙。孝文帝說這是自己允准的，馮夙不是很好嗎？為何不願意？彭城公主便說皇后淫亂後宮，實在看不慣，怎肯嫁她的弟弟！孝文帝大為震驚，問是怎麼回事。彭城公主便說：馮皇后以中常侍雙蒙為心腹，引一個中官，名叫高菩薩，兩人一直在宮中私通；如今聽說皇上病重，兩人不管不顧，竟公然淫通。

孝文帝聞所未聞，有點不敢相信，還以為氣昏了頭的妹妹編造故事！他怎麼也不相信那般美豔、風情、痴情綿綿的皇后在他之外還會和別人私通！彭城公主一臉認真，沒有一點玩笑的意思，並請孝文帝派人調查。孝文帝立即派心腹悄悄調查。

馮皇后得知彭城公主去了汝南，知道不是好事，肯定會抖落她的穢行，馮皇后遣走了高菩薩，不斷的派親信到汝南問候孝文帝。孝文帝應付著皇后的密使，不動聲色。孝文帝病情好轉，突然回到洛陽，祕召小黃門蘇興壽。蘇興壽便和盤托出皇后的穢行。

這天深夜，孝文帝在溫室，召宣馮皇后。沒進屋時，侍從替馮皇后搜身，馮皇后知道大勢已去，一切敗露。馮皇后很鎮定，一進門便跪倒在孝文帝身前，哭訴自己的痴情、關愛和委屈。孝文帝說妳的醜事妳自己明白，如何解釋？馮皇后入室已見到了拘捕在室外的高菩薩、雙蒙，這時便想抵賴。馮皇后神祕的說要跟孝文帝單獨說。孝文帝讓侍從都下去。內廷總管長秋卿白整從安危考慮，請求留下。馮皇后還是不願意，孝文帝便讓白整塞上耳朵。馮皇后這才附在孝文帝耳邊低語。解釋的話顯然說不通，孝文帝搖頭。接著，孝文帝召進兩個弟弟彭城王拓跋勰、北海王拓跋洋，對他們說：她現在不是你們的嫂子了，也不是皇后，你們好生問她，問個水落石出！二王審問馮妙蓮，一切具實，馮妙蓮還請過女巫，詛

咒孝文帝早死。高菩薩、雙蒙被處死。

但為防止穢行外揚，皇家恥辱，馮皇后並沒有被廢，而是幽囚深宮，令其自裁。馮皇后不想赴死。孝文帝也沒逼她自盡。太和二十三年，孝文帝在漢水大敗齊軍以後，病倒軍中，四月病重北返，到河南魯山時駕崩。臨死前，孝文帝召弟彭城王說：皇后不守婦德，恐死後會干預朝政；我死後，傳遺詔，賜令自盡，另擇地以皇后禮安葬。

孝文帝在位二十八年，終年三十三歲。北海王奉遺詔和長秋卿白整來到馮妙蓮的住所，宣讀遺詔，迫馮妙蓮喝下毒酒。馮妙蓮以皇后禮下葬，葬長陵。

第十一招：夾縫生存，掩面藏心

厚黑人士沒有立場，因此容易同時討好兩面，至少被兩面都看成中間狀態的友鄰。他沒有任何一個朋友，但又似乎對誰都是朋友。厚黑人士不是與世無爭者，不是逃避現實者。他們隱蔽立場，是為了找到進攻的機會。厚黑人士善於守「中」，一有機會，就會害人牟利。在截然相反的兩種意見面前，不做明確表態。此亦是之，彼亦是之。不即不離，不偏不倚。貌似公允之至，實則圓滑至極。此種手段，既是庸官俗吏不可離身的「護身法寶」，又是野心家們常用的投機手段。

厚黑人士生性是要依附於人的，就像爬山虎是要攀附著牆壁生長，這面牆壁傾頹了，就會自然而然的再去攀附另一面，否則就不能生存。厚黑人士的這種生存狀態決定了，他必須對可依附勢力的力量消長有天然的敏感。因為他清楚，自己其實是根本沒有什麼根基的，一旦靠山傾倒，他也就往往被壓成肉餅。因此，一旦可依附勢力的力量對比發生了某種變化，厚黑人士就必須要及時調整自己的立場和態度，以使自己仍然能夠成為這個世界的強者。按照厚黑人士的生存邏輯，這種立場和態度的調整，絲毫不關涉道德綱常，唯一值得厚黑人士掛慮的，只是做出這種調整時，達到目標的迅速與準確的程度。

厚黑人士最善於夾縫中生存。雖然說夾縫中最難生存，但厚黑人士卻往

往喜歡在夾縫中尋找機會，他們有時候還往往能夠在「夾縫」中左右逢源，飛黃騰達。

唐玄宗天寶年間，李林甫、楊國忠、安祿山這三個亂世奸雄相繼登臺表演。他們之間為了爭權奪利而大打出手、相互傾軋。一些卑劣厚黑人士乘時而出，因緣競進，在三奸鉤心鬥角的混戰中推波助瀾，從而加劇了大唐統治集團內部矛盾的尖銳和政局的混亂。吉溫正是這些卑劣厚黑人士當中表演最為充分、也最為醜惡的一個。

吉溫是個手辣心狠的酷吏，而這又與他貪圖功名且急於求成的品性有直接的關係。正是由於他的功名之心太切、權勢之欲太強，所以他才會淪落成為一個不顧一切、不擇手段往上爬的官迷，成為一個不問是非、不計親疏、見風轉舵的厚黑人士 —— 小人。

天寶初年，吉溫擔任了萬年縣尉，大宦官高力士的私宅就在其轄境之內。當時高力士經常留居禁中，很少出宮還家，但每次只要他回到家裡，吉溫必然要親往其府拜訪探望，極盡殷勤。高力士對他十分喜歡，兩人「握手稱兄弟」，又「愛若親戚」。吉溫靠著高力士的關係，不僅化解了與頂頭上司的舊怨，而且還被「引為首官，薦之於林甫」。

吉溫依附李林甫之時，正是李林甫一手遮天的階段。他扮演著李林甫的心腹親信與打手的角色。當時李林甫起大獄，誅逐貴臣，收張其勢，吉、羅二人治獄案，皆隨林甫所欲深淺，無能自脫者。時人謂之「羅鉗吉網」。靠了這樣的努力，李林甫很快就提拔他做戶部郎中兼侍御史，對他「掩以爪牙」。

吉溫曾向李林甫表白忠心說：「若遇知己，南山白額虎不足縛也。」他以為，只要抱緊了李林甫的粗腿，出將入相乃是指日可待之事。但他鞍前馬後辛苦了幾年卻官職依舊，他既對李林甫不肯「越級提拔」自己而深懷怨恨，更為自己升遷太慢而憂心如焚。情急之下，便生出改換門庭、另尋靠山的念頭。當時楊、李二人「交惡若仇敵」，相對虎視，已成水火不相容之勢。吉溫見楊國忠日益貴幸，步步高升，便毫不猶豫的「去林甫而附之」，成為楊國忠手下的一員戰將。吉溫

背叛之後，立刻就竭盡全力去為楊國忠建功立業。他一面「教其取思」，藉玄宗之力壓迫李林甫，一面協助楊國忠四處搜尋證據，接連把李林甫的黨羽治罪貶官，趕出京城，使李林甫喪失了心腹親信，元氣大傷。他還出面遊說安祿山，讓安氏與楊國忠聯手，誣告李林甫謀反。他的這一番行動，很快就使李林甫陷入被動境地，在憂愁恐懼之中死去。由此，吉溫就成為楊國忠跟前的大紅人。

不過，吉溫這次投靠楊國忠可與上次依附李林甫不同。從一開始，他就一邊與楊國忠打得火熱，一邊又對安祿山暗送秋波，與安氏「約為兄弟」，呼之「三兄」。天寶十載，安祿山又加任河東節度使，吉溫曾與他密謀說：「若三兄奏溫為相，即奏兄堪大任，擠出林甫，是兩人必為相矣。」此計後來雖然因故未行，但兩人的感情和關係卻由此更加密切起來。安祿山因此宴請玄宗，委任吉溫為河東節度副使、知留後，「河東事悉以委之」。

吉溫腳踩兩條船，本是出於狡兔三窟的考量。他同時受寵於楊、安二主，也曾經自以為得計，高興一時。但在李林甫死後，楊國忠與安祿山之間的矛盾日益加劇，又成不能兩立之勢。楊國忠為了留住吉溫，便將他召回京師，委以御史中丞的重任。但吉溫卻不領情。他以為安祿山是楊貴妃的乾兒子，在玄宗面前又很受寵，加上重兵在握，將來一定能取代楊國忠。所以他雖然表面上與楊國忠虛與委蛇，實際上卻是身在曹營心在漢，成為安祿山安插在朝廷中的耳目和坐探，「朝廷動靜，輒報祿山，信宿而達」。天寶十三載正月，叛心已決的安祿山入朝，為了能更加發揮吉溫的內應作用，他又奏請玄宗任命吉溫為武部侍郎、兼御史中丞及四副使。楊國忠由此而知吉溫已經叛他而去，又惱又恨。安祿山離京師不久，楊國忠就藉故將吉溫罷官，貶出京師。天寶十四載正月九日，吉溫被楊國忠杖殺於獄中。這個一生都在夢想高官顯祿的投機分子、跳梁小丑，最終也沒有實現他出將入相的願望。

隋唐之際的封德彝，所以能夠有幸成為蒙蔽李世民的大奸臣，除了他「多揣摩之才」外，還得益於他的「附托之巧」，即根據形勢變化進行政治投機。

隋煬帝時，權臣楊素病死後，封德彝投靠在權臣虞世基的門下，為他「密為

指畫」，教他「諂順主心」。虞世基成了煬帝的寵臣，他也隨之成為煬帝面前的紅人。但當煬帝、虞世基等人困守江都、坐以待斃之際，封德彝卻早有打算，一頭栽進隋煬帝的「男妾」（龍陽，同性戀伴侶）宇文化及的懷抱，成為江都兵變的積極參與者。

他唯恐宇文化及信不過自己，所以總想露上一手，以博得新主子的賞識。隋煬帝被抓獲後，封德彝不待宇文化及吩咐，就氣勢洶洶的走上前來，指著煬帝開口欲罵，誰知煬帝搶先發問道：「卿是士人，何為亦爾？」你是一個讀書人，為何也這樣趨炎就勢，這麼無恥呢？

做賊心虛的封德彝頓時面紅耳赤，張口結舌，「赧然而退」。但不管怎樣，總算讓宇文化及留下了好印象。

封德彝跟著宇文化及沒有多久，便看出此公難成大氣候，於是找了個藉口，拉著宇文化及的弟弟宇文士及轉而投向反宇文化及的另一個大貴族李淵（即後來的唐高祖）。李淵初見他時，連諷刺帶挖苦，難聽話講了一大堆，封德彝厚著臉皮洗耳恭聽，「殊無愧色」，又向李淵獻上「祕策」以示效忠，終於哄動了李淵，被封為內史舍人。

封德彝雖然搖身一變成為大唐朝臣，但仍然惡習難改，「資險佞內挾，數刺人主意，陰導而陽合之」，熱衷於狡兔三窟的投機鑽營。

唐初，太子李建成與秦王李世民各植黨羽，二虎相爭，高祖李淵則態度曖昧，搖擺不定。封德彝看出這父子、兄弟三人最終將成水火之勢，便採取首鼠兩端、陽奉陰違的卑鄙手段，一面向李淵父子三人分別表示效忠和親附，一面在三人之間挑撥離間、煽風點火。最初，他曾向李世民「效進忠款」，很快就騙取了李世民的信任。但他又看到李世民親黨太多，擔心自己將來不受重用，於是暗中向李建成大送秋波，並在李淵面前竭力維護李建成。

「玄武門之變」爆發前的緊要關頭，封德彝依然不肯放棄投機立場，居然一面力勸李世民搶先下手爭取主動，一面則在李淵面前大肆攻擊李世民「不服居太子之下」，鼓動李淵早下決心，除去李世民；同時又對李建成說：「夫為四海者，

不顧其親。漢高乞羹，此之謂也。」挑動他及早動手。

沒有明確的政治信仰和基本的政治立場、沒有真情實感、沒有起碼的道德觀念，完全從個人利益出發而大行朝三暮四之計，這是一切政治投機家的共同特徵，但像封德彝這樣膽大妄為的無恥之人，在歷史上還是不多見的。他之所以敢於如此冒險投機，正在於其自恃「所為祕隱，時人莫知」。

李世民奪取帝位之後，把封德彝當作功臣行賞，提拔他為尚書右僕射。封病死，李世民還「深悼之」，為他廢朝三日，直至貞觀十七年時才被迫劾其罪。以李世民之英明，尚且蒙受封德彝的欺蔽，「彼中材之主，求不惑於佞，難哉」。

民國時期的山西軍閥閻錫山，也是一個善於隱蔽立場、有想法、有政治頭腦的軍閥。閻錫山主要是從傳統文化中吸取了一些對自己有用的東西，總結自己的實際經驗，又結合當時一些流行的思潮，提出所謂「中的哲學」。

1912 年 3 月，袁世凱剛剛當上大總統，任命閻錫山為山西都督。為討好袁世凱，閻便任命袁的門生董崇仁為晉南鎮守使，又讓與袁世凱有親戚關係的陳鈺任民政長。這時，袁世凱對閻錫山還是不放心，打算把閻錫山調任黑龍江省都督。閻錫山得知消息後，連忙派人進京，重金賄賂袁的親信梁士詒，向袁轉達他對袁的忠誠恭順之意，總算打消了袁世凱將他調任的念頭。

1913 年 3 月，袁世凱主謀刺殺了宋教仁，「二次革命」爆發。一開始，閻錫山既不敢得罪袁世凱，又不願脫離孫中山領導的革命黨人的關係，於是便雙方都不得罪。他先是主張以所謂法律手段解決「宋案」，又與黎元洪聯絡，請黎出面調停南北紛爭。在南北大戰一觸即發之際，他還發電報給袁世凱，把袁世凱吹捧成英雄。等到戰事爆發，閻錫山看到國民黨敗局已定，便立刻拋開了中立的面目，站在了袁世凱一邊。不過，他在依附袁世凱的同時，也沒有忘記整頓軍隊，積蓄力量。

為了獲得袁世凱的信任，閻錫山有時到了不擇手段的地步。他為了向袁世凱表示自己絕無二心，讓自己的父親和繼母到北京居住，名義上說是讓父母開開眼界，實際上是作為人質放在袁世凱眼皮底下。

抗日戰爭期間，閻錫山據守晉西南，無心對日作戰。但大敵當前，只要他不真的投向日本人，共產黨不會來進攻他，蔣介石也要籠絡他。因為，如果把他逼向日本，對誰都不利。閻錫山正是看清了這一點，才敢與日本人勾勾搭搭。在這椿交易中，閻錫山達到了緩和矛盾、穩定局勢、保存實力的目的。這期間，他與蔣介石鉤心鬥角；與共產黨合作抗日，又發動「十二月事變」；追隨蔣介石積極反共；他鼓吹「守土抗戰」，也與日本人眉來眼去，暗中勾結，向日本人要人、要槍、要裝備，就是不投入日本人的懷抱，對各方採取什麼態度，則完全取決於他生存及利益的需求。閻錫山確實是一位「平衡大師」，竟然在「三顆雞蛋」上一直跳到了抗戰勝利。

第十二招：首鼠兩端，模稜兩可

在截然相反的兩種意見面前，不做明確表態。此亦是之，彼亦是之。不即不離，不偏不倚。貌似公允之至，實則圓滑至極。此種手段，既是庸官俗吏不可離身的「護身法寶」，又是野心家們常用的投機手段。

當爭鬥雙方勢均力敵、爭鬥前景尚不明朗之際，介於雙方之間的第三者常常從明哲保身的意圖出發，採用「首鼠兩端，模稜兩可」的手段，力圖避免過早陷入是非紛爭，以便保留充分的選擇餘地。漢武帝時期，丞相田蚡因私怨構陷失勢的將軍灌夫。灌夫之友魏其侯極力為之營救。在當眾廷辯時，魏其侯「盛推灌夫之善」，田蚡則「盛毀灌夫所為橫態，罪逆不道」。漢武帝詢問朝臣：「兩人孰是？」御史大夫韓安國極盡「首鼠兩端」之能事，做出了一番「模稜兩可」的回答。他首先重複了魏其侯的發言，然後表態說：「魏其言是也。」接著他又重複了丞相田蚡的發言，再次表態說：「丞相言亦是。」最後他又把「皮球」踢回給漢武帝：兩人言俱是，「唯明主裁之」。在中國古代歷史中，韓安國之類的圓滑官僚比比皆是。

他們從容身保位的私利出發，對於政治風向極為敏感，在沒有確定勝負前景

之前，絕不肯將「賭注」輕易押向任何一方。

「首鼠兩端，模稜兩可」的政治態度，往往與政治投機行為有著極為密切的關聯。當爭鬥前景趨於明朗、爭鬥雙方的實力對比產生明顯差距之後，那些貌似公允者們便會改變不偏不倚的立場，極力擠入勝利者或強盛者的一方，政治「天平」也就開始出現明顯的傾斜。例如那位「魏其言是也」「丞相言亦是」「唯明主裁之」的韓安國，在丞相田蚡占據上風之後，立即改變了模稜兩可的態度，不僅不再堅持原來的立場，而且積極為田蚡出謀劃策、主動參與了陷害魏其侯和灌夫的行動。在實際政治爭鬥中，「首鼠兩端，模稜兩可」往往表現為政治投機行為之前的準備與過渡階段。經過窺測風向、掂量輕重、觀察事態之後，態度曖昧的過渡階段便會過去，終將做出立場明確的政治抉擇。

萬曆四十一年（西元 1613 年），春闈大試剛剛落下帷幕，參加會試的四方學子焦急的等待著考試結果，放榜後，名列榜首的是宜興才子周延儒。按照科舉規定，接下來便是殿試，這位周延儒又獨占鰲頭，由皇上欽定為頭名狀元。當周延儒披紅掛彩、身騎高頭大馬遊歷京城、招搖過市之時，人們方親眼看見這位狀元郎的風采，竟是位二十來歲的少年書生。

周延儒少年得志，機敏過人，他本人也自視甚高，一心想在官場中混出個名堂來。他的仕途也還一帆風順，一直官運亨通。天啟年間，周延儒被派往南京掌管翰林院，他為人機巧，善辨風色，在處理與東林黨和閹黨的關係時，他左右逢源，兩面不得罪，雖與東林黨人時有往來，卻從未受到閹黨的排擠，因而烏紗帽一直穩戴頭頂；就是後來的東林黨禍和閹黨逆案，他也都圓滑的逃過了。

熹宗在位只有七年，便短命而死。崇禎皇帝登基後，堅決查處黨私之徒，整頓朝綱，在懲治魏忠賢逆黨之時，唯恐網疏有漏，凡是與魏忠賢集團有過一兩次來往的人，一概連坐罷黜，一下子牽連進去百十餘人。由於閹黨一案懲罰的官員過多，造成朝官嚴重缺員，於是，崇禎將南京的一大批官員調回京都，各派其職。就在此時，周延儒也被召進京，升任禮部右侍郎。地位改變了，官職提高了，使他有機會能夠接觸皇上，他便利用這絕好的機會，察言觀色、伺機而動，

積極創造條件，為實現其奪取朝中大權的野心做準備。

崇禎元年（西元 1628 年）的冬季，錦州邊防軍發生譁變。撫臣袁崇煥聞訊調查後得知，因軍官們層層剋扣糧餉，士兵們忍無可忍才採取這種激烈行動，以引起朝廷的重視。袁崇煥在奏章中詳細匯報了事件的起因、性質和危害性，建議朝廷從速補發糧餉，以解燃眉之需。

邊地軍心不穩，自然事關重大，崇禎皇帝緊急召集朝中大臣，在文華殿論證此事，商議辦法。大臣們一致贊同袁崇煥的建議，請求皇上速發內帑，以解救邊地之急。聽了大臣們的意見，崇禎臉色陰沉，只是一言不發。崇禎雖然雄心勃勃、勵精圖治、致力於振興朱明王朝、一心做個賢明君主。但是，他生於王朝的末世，已從小在鉤心鬥角的皇宮內長大，目睹了一齣齣奪權爭寵的醜劇，心裡留下了濃重的陰影，從而養成他敏感多疑、剛愎自用的性格，加之他初登帝位，年紀輕、閱歷淺，不善識人，所以處理朝政時往往失於明察，但他卻偏要自作聰明。此時此刻，崇禎對錦州邊防兵鬧事的成因仍然疑竇叢生。

周延儒最是老謀深算，他非常瞭解崇禎的脾氣，他見崇禎對大臣們的意見不表態，早已揣摸透了皇上的心思。於是，他不慌不忙的站出朝班，發表了與眾不同的意見，陰陽怪氣的說：「朝廷設立邊防，旨在防禦敵兵。不想，如今敵兵未犯，邊防先亂。寧遠譁變，連忙發餉，錦州譁變，又急忙給餉，倘若各處邊關都來效仿，該當如何是好呢？」崇禎一聽周延儒說出了自己所想，大為高興，便問他有何上策，周延儒只回答道：「此事有關邊防安危，糧餉不得不發。只是，須得謀求一經久之策。」細想周延儒的話中意思，也不過是贊同發餉以息兵怒，並沒有什麼特別的高見。不同的是，他提出了一個「經久之策」的說法，就顯得與眾不同。其實，那個沒有一點實際內容的說法，不過是他譁眾取寵的藉口，就這樣，周延儒騙取了崇禎的好感，在皇上心裡留下了一個急公負責、站得高看得遠，能處理事情的好印象。崇禎當場褒獎了周延儒，而責怪了眾朝臣。

過了幾天，崇禎又把周延儒召到宮中單獨密談，商量給餉一事，現在他非常信任這位深謀遠慮、見識出眾的周延儒。周延儒再一次替皇上分析說：「軍餉首

先是糧食，而山海關並不缺糧，那麼軍兵譁變，是為缺銀，其中必有原因。恐怕是下屬軍官從中作梗、煽動鬧事，以此要脅袁崇煥，迫袁崇煥向朝廷要銀。」崇禎聽後，大為賞識，感到周延儒分析情況真是入木三分。周延儒又一次受到皇上的青睞。

其實，此事與袁崇煥毫無關係，戍兵譁變，是由遼東巡撫畢自肅措置失當釀造的，三個月後，袁崇煥才到達山海關，著手處理了善後事務。他以撫為先，罷斥了幾個有責任的將領，斬處了十幾個破壞性最大的肇事者，畢自肅引罪自殺。由此看來，周延儒的分析完全是自作聰明，毫無根據。

時隔不久會推閣臣，周延儒與溫體仁早已覬覦入閣，但由於資歷較淺，未被推薦，二人心中十分不滿，便相互勾結，結成政治聯盟，先由溫體仁發難在先，繼之以周延儒從中協助，舊案重翻，借題發揮，矛頭所指，集中攻擊錢謙益，使崇禎疑心此次會推摻有結黨營私之嫌，從而否定了全部會推名單，並罷黜了錢謙益。透過此次事件，周延儒又進一步獲得了崇禎帝的好感，不到一年，周延儒被「破格」任命為禮部尚書兼東閣大學士，准許參與機務，從此擠入了最高決策層。

但是，野心勃勃的周延儒並不以此為滿足，為了達到獨攬大權，奪取首輔地位的目的，他又施展了一系列的陰謀詭計，竟然可以不顧國家、民族的利益，勾結溫體仁、利用皇太極的反間計殺害了大將袁崇煥，其真正目的在於除掉權勢居於自己之上的錢龍錫、成基命等人，以便奪取內閣首輔的榮耀權位。

果然，袁崇煥一案了結後，周延儒的異己力量也被消滅，不久，他被加官晉爵，當上了太子太保，閣階由東閣改為文淵，最後到武英殿大學士，真可謂一路順風、青雲直上，崇禎朝廷的大權，盡在周延儒手中。

周延儒一朝大權在握，便迫不及待的引用私人，安插親信，他所薦用的大同巡撫張廷拱、登萊巡撫孫元化等人都屬私親之流。他還讓自己的哥哥周素儒冒籍錦衣衛，並授以千戶之職，周延儒還荒唐的把家人周文鬱委任為副總兵，這簡直是一人得道，雞犬升天。

周延儒在政治上玩弄權術，在生活上腐化墮落，他又奸又貪，是個酒色之

徒；穢行醜聞，幾乎人所共知。周延儒五毒俱全，臭名昭著。連同他的子弟們也近墨者黑，在家鄉橫行霸道，胡作非為，欺壓百姓，萬人指背。

周延儒當上內閣首輔後，只顧沉湎於權力所帶來的快樂，而忘乎所以，自以為老謀深算、位高寵固，不成想被他親手提拔的溫體仁一腳踢翻，慣於玩弄權術，耍弄陰謀的周延儒栽倒在另一個更為奸詐陰險的厚黑人士溫體仁手中，在這齣黑吃黑的醜劇中，周延儒灰頭土臉的退場了，從而中斷了他不可一世的政治生涯。

幾年後，隨著溫體仁的垮臺，周延儒又靠著陰謀手段東山再起，官復原職，再度把持朝綱。遂使朝政一誤再誤，加速了明王朝的滅亡。就在周延儒機關算盡之時，崇禎帝終於發現了這個誤國奸臣的真實面目，於是將他逮捕入獄，最後降旨賜死。

空字篇：大智若愚，明哲保身

恭字篇：溜鬚拍馬，有奶是娘

就是卑恭折節，脅肩諂笑之類，分直接、間接兩種，直接是指
對上司而言，間接是指以上司的親戚朋友丁役及姨太太等類而言。

—— 李宗吾《厚黑學》

第一招：想之所想，急之所急

在厚黑處世法則中，首先必須找準上司的「心窩」所在，以便有的放矢。這就是古人所說的，「善刺上意」和「善養君欲」，兩者相互協同，共同發揮作用。「知彼知己，百戰不殆」，只有善於刺探對方的心意，才能有所針對的加以吹捧；只有善於滿足對方的欲望，才有可能得到對方的賞識。

第一，所謂善刺上意，也就是想辦法瞭解上司的想法。

例如，玄宗晚年自恃承平，以為天下已無憂慮之事，便深居禁中，專以聲樂自娛，將其政事委託於李林甫，李林甫實際上掌握了朝權。李林甫深知，只有迎合上意，才能固其寵。若要迎合上意，必得對上意瞭若指掌。如何才能對上意瞭若指掌呢？善於巴結權貴的李林甫，又在玄宗左右的身上打主意。「每奏請，必先餂遺左右，審伺微旨，以固恩信，至饗夫御婢皆所款厚，故天子動靜必具得之。」這就是《厚黑學》所講的「善刺上意」。李林甫為了固寵，連御婢都討好，堂堂的宰相不惜屈尊到如此地步，可謂厚顏至極。

第二，所謂善養君欲，也就是想辦法滿足上司的欲望，迎合上司的想法。

例如，李林甫看出玄宗厭倦外出巡幸，「乃與牛仙客謀增近道粟賦及和糴以實關中；數年，蓄積稍豐。」李林甫用增加賦稅之策來增加蓄積，實際上是用盤剝人民血汗來炫耀自己的功業。玄宗非但未察其奸，反而非常高興，對寵幸的大宦官高力士說：「朕不出長安近十年，天下無事，朕欲高居無為，悉以政事委林甫，何如？」高力士認為不可。玄宗頓時不悅，高力士急忙認錯，從此不敢多言。十分受寵的大宦官以至如此，足見李林甫在玄宗面前已受到無比信任了。

厚黑之人溜鬚拍馬的目的最終是要「好處」或「替自己辦事」。同樣，對於李林甫來說，固寵也不是最終的目的，弄權才是他所覬覦的，為能專權於朝，李林甫竟然膽大妄為到「蔽其天子耳目」，不准群臣正言進諫的程度。補闕杜黃裳不聽邪，固執的向玄宗上書言事。李林甫當即將其貶為下部令，並對群臣說：「明主在上，群臣將順不暇，亦何所論？君等獨不見立仗馬乎，終日無聲，而飫三品

芻豆。一鳴，則黜之矣。後雖欲不鳴，得乎？」李林甫藉立仗馬嘶鳴之得失，威脅群臣勿再上言政事。面對李林甫的奸惡行為，總會有人挺身而出揭發的。天寶八年，咸寧太守趙奉璋獲得李林甫隱惡 20 條，欲告其罪。林甫為了防範被人揭發，早已安置爪牙在各地廣布耳目。趙奉璋之狀未到，李林甫已搶先得知了消息，派御史將趙奉璋逮捕，誣其妖言惑眾，杖殺之。李林甫殺一儆百，朝野震懾，「由是諫爭路絕」。群臣皆明哲保身，不再直言。

李林甫一方面緘封群臣之口，另一方面又控制了朝廷文武官員的增補控選大權。唐代從太宗始，就有皇帝面試取士之策，並形成制度。天寶六載，唐玄宗「欲求天下之士，命通一藝以上者皆詣京師」。李林甫擔心這些初出茅廬的草野之士不像九臣那樣畏懼他，說不定還會在與皇帝對策時論其罪惡，斥其奸惡，他便向玄宗建議說：「舉人多卑守賤愚聵，恐有俚語汙濁聖聽。」玄宗居然深信不疑，輕易將控選權交給了李林甫，李林甫本來就無心選拔人才，但他還是煞有其事的命令各郡各縣的地方官精加試練，將卓然超群的人具名送省，委託尚書令複試，並讓御史中丞監督，取其名實相符者奏明皇上。表面上，李林甫對此事極為關注，而且規則嚴格，銓選公正；實際上，李林甫不過是虛張聲勢，做做樣子而已。到尚書複試時，「至者試以詩、賦、論，遂無一人及第」。李林甫反而向玄宗「表賀野無遺賢」，玄宗被李林甫所矇騙，竟高興不已，對之更加寵愛有加。

第二招：練好絕活，投其所好

厚黑學所講的拍馬屁獻媚不是泛泛而談的，是需要有一定的「絕活」為基礎。平頭百姓，要想一步登天，青雲直上，位列九公大臣之上，或者想處世辦成大事，必須有一技之長，否則那真是癩蛤蟆想吃天鵝肉，痴心妄想。

例如，北齊有個叫和士開的人，精於一種類似於現在的象棋的遊戲──「握槊」，這為他提供了發跡的機會。

和士開父親和安，仕於東魏，「恭敏善事人」，為人非常狡猾，很有一套恭

維討好皇帝的手腕。有其父必有其子，和士開沒有辜負和安的期望。他一方面秉承了父親的先天遺傳，「幼而聰慧，解悟捷疾」；一方面又勤於後天的學習，樂於接受父親的耳提面命，結果青出於藍而勝於藍，和士開拍馬屁的功夫又遠遠超過其父。

北齊天保初年，高湛得寵，被晉爵為長廣王，拜尚書令，不久又兼司徒，遷太尉，地位顯赫，權勢很大。高湛是齊高祖高歡第九子，雖然在諸子中年紀尚幼，排序較遠，但由於他「儀表堂堂」，所以高祖非常鍾愛，因而被封以高位，委以重權。和士開見高湛未來當皇帝的可能性很大，便想方設法接近巴結高湛。

高湛喜歡玩「握槊」，於是和士開便找機會與高湛遊戲。二人棋逢對手，總是鬥得難分難解，越玩越上癮，次數也越來越頻繁。

高湛還喜歡音樂，恰好和士開又善於彈胡琵琶，他經常為高湛彈曲，興致高時，還往往邊彈邊唱，那清歌妙曲，使高湛著迷。

高湛還喜談笑，恰好和士開生就一副伶牙俐齒，於是便經常陪高湛胡扯閒說，和士開的甜言蜜語和淫詞穢談，更使高湛開心，二人越談越投機，親狎無比。和士開吹捧高湛說：「殿下非天人也，是天帝也。」高湛也對他說：「卿非世人也，是世神也。」於是，高湛任用和士開為府行參軍。

和士開與高湛這兩個浪蕩子，如同前世有緣，一拍即合，合則難分，形影難離。到後來，高湛的兄長齊顯祖文宣帝高洋對此實在看不下去，譴責高湛與和士開「戲狎過度」，不許高湛過多接近和士開，將和士開遠徙長城。但高湛不斷在文宣帝面前為之求情，後又授和士開為京畿士曹參軍。

北齊孝昭帝駕崩，高湛繼承大位，是為武成帝。和士開長期企盼的日子終於來到了。本來，高湛在繼位之前與和士開的關係已經非常好，即位之後，和士開對他更是「奸諂百端」，因而武成帝高湛視之如心腹，寵愛一日勝似一日。和士開得寵的程度，簡直是空前絕後的。高湛剛一即位，和士開便加官晉爵。後來，那高湛簡直到了一刻也離不開和士開的地步，前後賞賜，更是「不可勝數」。

和士開「遭母劉氏憂，帝聞而悲惋，遣武衛將軍呂芬詣宅，晝夜扶持，成服

後方還。其日，帝又遣以犢車迎士開入內，帝見，親自握手，愴惻下泣，曉喻良久，然後遣還，並諸弟四人並起復本官」。老母病逝，本人之常事，可武成帝竟如此鄭重其事，如同死了自己的親娘。

可見，想做一個厚黑之士還是得下點功夫，有目的的掌握一些「絕活」，一旦這些「絕活」被人賞識，也就為你鋪就了處世的坦途。這是一種高境界的「投其所好」。

第三招：摸準脾氣，著手糊弄

對於厚黑之人來說，在對方身上下功夫，絕不是真心為對方著想，他的真正目的還是為自己，否則就不算是厚黑了。因此，在他們看來，對方有缺陷才好呢！如果對方缺乏政治家的謀略，卻有一些特殊愛好和藝術才華，這樣的人非常好侍奉。只要摸準他的脾氣，那比起伺候有雄才大計的人來，可就好糊弄得多了。

童貫在太監中是個很特殊的人物，他雖是太監，但卻沒有一點太監的模樣。據說他身軀高大，聲如洪鐘，「其勁如鐵」，而且不知怎麼弄的，他的嘴唇上居然還長出了幾根鬍子。有這個得天獨厚的條件，童貫就極容易討到妃子、宮女的歡心。再加上童貫生性豪爽，不惜財物去結納眾人，而且度量很大，不計較小是小非，所以，宮廷內部上上下下都很喜歡他，他贏得了「良好的人際關係」。

童貫善於察言觀色，拍馬屁奉迎的本領直到宋徽宗即位後，才發揮得得心應手，淋漓盡致。他看準機會，一拍即準，終於在徽宗時期發了跡。童貫主持樞密院，掌握兵權達二十年，與宰相蔡京互為表裡，狼狽為奸，權勢之大，其實還在宰相之上。

蔡京是男人，被世人稱為公相；童貫是閹人，所以人們稱他為「媼」相。

宋徽宗趙佶即位之後，自認天下再也無人能夠「壓抑」他的「藝術才華」了，就派遣童貫四處搜羅天下名畫，以供他觀賞。當時，書畫藝術最為發達的地區

是在東南沿海，尤其是江浙蘇杭一帶，於是，童貫就來到了杭州。童貫辦這趟差使，真是千載難逢的好機會，他知道宋徽宗酷愛書畫藝術，只要能投其所好，肯定會受到寵信。童貫不愧是富有經驗而又深諳人情世態的官場老手，他的分析是極有道理的，藝術家往往不顧其他理性因素，只要能在情感上相通，便置一切於腦後。童貫在蘇杭一帶，把歷史名畫和時人傑作源源不斷的送到宋徽宗的面前，徽宗在大飽眼福之後，對這位使者的盡心盡力也十分感激。

不久，童貫在杭州遇到了逐臣蔡京，蔡京是個奸詐狡猾的投機分子。宋神宗時，他投機於變法派；後來，司馬光當權，罷除新法，當時開封知府的蔡京又積極回應司馬光，迅速廢除了新法，由此獲得了司馬光的賞識；紹聖年間，哲宗又恢復新法，新黨上臺得勢，蔡京就又積極支持新法。這隻行為沒有定軌的政治「變色龍」，終於在徽宗剛剛即位時，被向太后趕出了朝廷，到杭州任知州去了。童貫此次來到杭州，便與蔡京來往起來，沒想到二人竟是一見如故，十分投機，童貫就想藉此機會薦舉蔡京。

恰巧，蔡京也精於書法，還通繪畫。在中國書法史上，北宋有蘇、黃、米、蔡四大書法家，蘇指蘇軾，黃指黃庭堅，米指米芾，蔡就是蔡京，只是後人因為蔡京是奸臣，不願把書法家這一桂冠套在他的頭上，把姓蔡的換成另一個人。童貫就利用蔡京的這一特長，每次送給徽宗的書畫中都帶有蔡京的作品，並附上吹噓蔡京的奏章。徽宗見了蔡京的書畫，本就喜歡，再加上童貫的吹捧，就決定拜蔡京為相。正巧，朝內新、舊兩派爭鬥不休，徽宗即藉調和兩派關係之因由，免了宰相韓彥忠，於西元 1102 年 7 月，任蔡京為宰相。

第四招：持之以恆，直到成功

看準了對方的「胃口」投其所好，不一定就能一投即中。這時如果知難而退，也可以算得上是一個聰明的人，但絕不是一個厚黑之人。對於《厚黑學》沒

有辦不成的事，再難也要迎難而上，關鍵就是要有恆心，看準目標，一次不中再來一次，直到成功。

明朝歷史上第一大奸臣、中國歷史上可以與秦檜並稱的大奸臣嚴嵩，他本以為憑才學見地競爭，便可出人頭地，結果卻敗得一塌糊塗。年輕的嚴嵩再也無法忍下去了，於是遞上報告，病休十年。

十年中，嚴嵩表面上苦讀於書房，暗中卻關注著政治形勢。經過研究，他知道獲得高位必須有進身之階，除了本身的資格，還要有靠山。沒有別人的肩膀，就沒有自己的高位。於是，他一面寫文章，結交文人墨客，一面利用一切機會巴結在他前後進士及第、已經掌握權柄的人，隨時準備投身於政治漩渦裡去拚殺一番。

機會終於來了。劉瑾垮了臺，一夜之間從天堂跌入地獄，但錢寧和江彬繼續劉瑾的把戲，政局日益混亂。於是，這位苦苦修行的不安分者，在正德十四年離開了伴他苦思冥索的紅木椅，正式宣告回朝。嚴嵩從此邁上了陰謀家政治舞臺的第一步。此時，他已 40 歲。

嚴嵩回朝以後，施展了他多年鑽研的進宮之術，對內對外，一團和氣，極大的野心包藏在柔媚的外衣中。回朝一年，由七品編修升任六品侍講。經過不懈努力，又過幾年，熬上了南京翰林院掌院學士，屬正五品。嘉靖六年，48 歲的嚴嵩被召為國子監祭酒，屬正四品。升遷雖然不慢，但嚴嵩仍不滿足。想想自己的年齡，強烈的「急迫感」促使嚴嵩決定加快入閣的進程。

嘉靖帝有一個特殊的愛好：迷方術，崇道教。他少年即位，政事、女色使他的健康大受影響。「只緣多病，故求長生」，嘉靖帝一邊服長生藥，一邊齋醮祈禱鬼神賜壽，於是方士道士常出入帝王宮殿，宮內也設牌立位，到處道氣仙風。

齋醮活動，需要焚化一篇青絲紅字的駢字體表章，奏報「玉皇大帝」，叫作「青詞」。「青詞」既要表現對玉皇大帝的奉承景仰，又要表明祈求願望，多出自大學士之手，不少人因此獲得了皇帝的恩寵。張道從翰林到入閣不過六年；桂萼竟打破「故事」，全不按提拔規矩，以「禮部尚書兼翰林學士」入內閣，也和「青

詞」的寫作大有關聯。

皇帝的「胃口」被嚴嵩瞧準了，他千方百計的把自己寫的「青詞」奉給嘉靖帝，一次不中再來下一次。終於，嘉靖帝感動了，召見了嚴嵩。看著這位乾巴巴、眉毛都已經發稀的老頭，嘉靖帝覺得找到了一匹溫順恭謹的老馬，肯做、樸誠。於是嘉靖帝給了他一個禮部右侍郎的名銜，並「開恩」委派他代表自己去祭告父親的顯陵。

嚴嵩知道不能丟掉這次機會。他大張旗鼓的「隆重」了一番，還覺不夠，居然撒起瀰天大謊，回朝真真切切的向嘉靖匯報：「祭祀那天，開始細雨，天都替陛下灑淚。待到臣恭上寶冊奉安神床時，忽然雲開日朗。臣在棗陽採來的碑石，多少年來一直群鶴繞飛護持，可見定是塊靈寶。果真，載碑石的船進入漢江，水勢突然驟漲，真真百神護佑。此皆陛下孝思、顯陵聖德所致。請令輔臣撰文刻石，記載上天的恩眷。」

嘉靖帝聽完，真是肝舒脾泰，覺得自己果然認准了人。高興之後，自然是提升封賞，即傳口諭提嚴嵩為吏部左侍郎，再進南京禮部尚書。不久，又改南京吏部尚書。嚴嵩一次大謊，竟在仕途上邁了三大步。

為了到京師去，嚴嵩進一步施展了奴顏婢膝、俯首貼耳的「功夫」。當時的官場風氣論資排輩十分講究，而內閣閣老中一般人的資格都不如嚴嵩。西元1536 年，嚴嵩以祝賀皇帝壽辰的名義到了京城，夏言為報跪請之誼，以首輔的身分向嘉靖皇帝說了嚴嵩一大堆好話，為他謀得了一個更高的職位，使其進入了和內閣基本持平的權力機構。

只要能夠達到自己的目的，必須誰的馬屁都能拍，什麼手段都敢使，而且一以貫之，堅持到底。

第五招：機會方式，慎重把握

對於想透過投其所好達到自己目的的人來說，機會是非常重要的。和珅登上

政治舞臺之前的第一聲叫喊，便引起了乾隆帝的注意，正是由於他把握住了這瞬間的機會，才能順利的爬上了夢寐以求的高位。

清朝的乾隆皇帝愛新覺羅・弘曆，在中國歷史上是一個赫赫有名的人物，其文治武功，彪炳史冊，開創了大清帝國的全盛之世。但在其後期統治中，清帝國逐步進入了衰落時期。在這個由盛轉衰的過程中，被人稱為「乾隆朝第一權臣」的和珅之專權亂政，產生了不可忽視的作用。

和珅，鈕祜祿氏，滿洲正紅旗人。其父常保本是不知名的副都統，和珅少年時貧窮而無所依恃，至乾隆中葉，還不過是八旗官學生，只中過秀才。以這樣的基礎，和珅要出人頭地幾乎是不可能的。乾隆三十四年，和珅卻沾了祖上的光，開始擺脫困境。他的高祖尼雅哈納有軍功，故他在父親死後承襲了三等輕車都尉之爵。這一世爵為和珅帶來了相當可觀的收入。三等輕車都尉的歲俸為銀 160 兩，米 180 石，和珅有了這筆固定的收入，就可以安享中等以上的生活了。但這還不是主要的，這一世爵替和珅在政治上帶來了更大的好處，為他提供了一條接近萬歲爺的便捷之徑。因為他的高祖是開國功臣，其後人就有可能隨侍帝君，因此和珅襲三等輕車都尉不久，便於乾隆三十七年間受三等侍衛，其職責是協助侍衛處扈從皇帝。

乾隆四十年是和珅一生中的重要轉捩點。在這一年，和珅巧逢機緣，得見天顏，奏對稱旨，甚中上意，從此便攀龍附鳳，飛黃騰達。

一日，乾隆帝大駕將出，倉促間黃龍傘蓋沒有準備好，乾隆帝發了脾氣，喝問道：「是誰之過？」皇帝發怒，非同小可，一時間，各官員瞠目相向，不知所措，而和珅卻應聲答道：「典守者不得辭其責！」他聲音洪亮，口齒清晰，語言乾脆。

乾隆皇帝不禁一怔，循聲望去，只見說話人儀態俊雅，氣質非凡，乾隆不僅更為驚異，嘆道：「若輩中安得此解人！」問其出身，知是官學生，雖然學歷不高，但畢竟乃讀書人出身，這在侍衛中也屬鳳毛麟角了。乾隆皇帝一向重視教育，尤重四書五經，對一些讀過四書五經的滿族生員，當然更加另眼相看。所以

一路上便向和珅問起四書五經的內容來。這和珅原本不學無術，可對四書五經倒稍能記憶，居然「奏對頗能稱旨」。至此，和珅進一步引起了乾隆帝的好感，遂派其總管儀仗，升為侍衛。從此和珅官運亨通，扶搖直上。一次偶然的機遇，便為和珅鋪平了升遷之路。

耐人尋味的是，和珅登上政治舞臺之前的第一聲叫喊，便是整人之語。倉促間一時未能找到黃龍傘蓋，這本來是小事一樁，然而和珅卻小題大做，以一副義正詞嚴的架勢指責起「典守者」來。「典守者不得辭其責」，一語雙關，它不僅是對「典守者」的指控，也有自薦其能的含義。

當然，每一個脾氣品性不同的人都有不同的好惡，這就是為什麼要投其所好的原因了。但是有一個喜好是所有上司或主子共有的，就是喜歡顯示自己的高明。厚黑處世過程中，要投對方所好，一定要多給他提供顯示其高明的機會，這是比直接吹捧更管用的「吹捧」。

清乾隆皇帝非常喜歡談文講史，對文史的整理工作非常重視。相傳刊印二十四史時，乾隆怕有謬誤，常親自校核，每次校核出一件差錯來，覺得是做了一件了不起的大事，心中很是痛快。

大臣們為了迎合他的心理，就在抄寫給他的書稿中，故意於明顯的地方抄錯幾個字，以便「勘正」，這實際上是變著方法讓乾隆高興。這樣做，比當面奉承他學識高深，能收到更好的效果。當然，書稿中也有乾隆改正不到的，但經他改定的書稿，就沒有人敢再動了。所以，今天見到的殿版書常訛解，有不少就是這樣形成的。可是像和珅這樣的大臣，只顧變著方法討乾隆的歡心，卻不會管這些，以致謬種流傳，貽害後人。

和珅之流最瞭解乾隆的這個特點，他在任何事情上都曲意奉迎，選擇最恰當的方式，博取乾隆的歡心。

和珅除了對乾隆曲意奉迎外，對乾隆身邊的人，特別是對乾隆喜歡的人，也百般討好。

第六招：誘其參與，事半功倍

　　當你採取投其所好的辦法獲得了對方的信任後，接著就要使對方為你辦事了！最好的辦法就是誘導。一旦將對方誘導進你的計畫之中，還可以進一步鞏固你們之間的關係，為下一步打下基礎。第一，在獲得對方信任的前提下，從奉托小事入手，一步一步的誘導對方為你辦大事。

　　例如，美國人雷特是格里萊創辦的《紐約論壇報》的總編輯，身邊正缺少一位精明幹練的助理。他的目光瞄準了年輕的約翰，他需要他幫助自己成名，幫助他成為成功的出版家。而當時約翰剛從西班牙首都馬德里卸下外交官職，正準備回到家鄉伊利諾州從事律師職業。

　　雷特看準了約翰是個好手，可是他如何使這位有為的青年拋棄自己的計畫，而在報社裡就職呢？雷特請他到聯盟俱樂部去吃飯。飯後，他提議請約翰到報社去玩玩。從許多電訊中間，他找到了一則重要消息，那時恰巧國外新聞的編輯不在，於是他對約翰說：「請坐下來，為明天的報紙寫一段關於這消息的社論吧。」約翰自然無法拒絕，於是提起筆來就做。社論寫得很棒，格里萊看後也很讚賞，於是雷特請他再幫忙頂缺一星期、一個月，漸漸的乾脆讓他擔任這一職務。約翰就這樣在不知不覺中放棄了回家鄉做律師的計畫，而留在紐約做新聞記者了。

　　雷特憑著這一策略，獵獲了他物色好的人選，而約翰在試一試、幫朋友忙的動機下，毫無壓力的、興致很高的扭轉了他人生航船的方向。事前，雷特一點也沒洩露他的意思，他只是勸誘約翰幫他趕寫一篇小社論，而事情很圓滿的成功實現了。

　　由此可以得出一條處世的規律，那就是：央求不如婉求，勸導不如誘導。

　　在運用這一策略的同時，要注意的昮；誘導別人參與自己的事業的時候，應當首先引起別人的興趣。

　　當你要誘導別人去做一些很容易的事情時，先得給他一點小勝利。當你要誘導別人做一件重大的事情時，你最好給他一個強烈刺激，使他對做這件事有一個

要求成功的希求。在此情形下，他的自尊心被激發起來了，他已經被一種渴望成功的意識刺激著了，於是，他就會很高興的為了愉快的經驗再嘗試一下了。

凡是領袖人物，都懂得這是使人合作的重要策略。但有的時候，常常要費許多心機才能運用這個策略，有時候又很容易，像雷特獵獲約翰一例，他只是稍許做了些安排。

第二，如果能誘導對手參與一項不可告人的祕密計畫，你與他的關係會更加深入，甚至會逐漸的誰也離不開誰。

例如，戰國時期，楚平王看到本國人民安居樂業，屬國諸侯都已臣服於他，便自以為天下太平無事了，可以安逸享受了。他和所有荒唐的君王一樣，非常喜歡人奉承。他特別喜歡善於溜鬚拍馬的費無忌，並讓費無忌做太子建的老師。

太子建看不慣費無忌的為人，在父王面前不斷反映費無忌的醜事醜聞，提醒父王注意。

轉眼間，太子建到了該娶妻成家的年紀。為了加強與秦國的聯合，楚平王決定派費無忌攜金銀珠寶等聘禮，到秦國去為太子建迎接新娘子孟嬴。

秦哀公看到豐厚的聘禮非常高興，遂讓公子滿護送孟嬴到楚成婚。陪嫁禮物裝車百輛，隨從侍女數十人。

費無忌見到孟嬴長得眉清目秀，便產生了壞念頭。回到楚國之後，就立即去向楚平王報告，並特別向楚平王形容秦女孟嬴是如何如何的漂亮，如何如何的動人。

楚平王向來貪求女色，聽費無忌這麼一說，心裡就癢癢的，迫不及待的想將孟嬴弄到自己宮中。可是，孟嬴畢竟是為自己的兒子要來的，納入自己宮中，不僅不合情理，有亂倫之嫌，更重要的是有可能從此傷害父子感情，於己於國都不利。平日裡很有主意的楚平王，這時左思右想卻不知怎麼辦才好。

最後還是詭計多端的費無忌向楚平王出主意說：「大王，陪同孟嬴來的侍女裡有一個齊國女子，長得也不錯。我已經與她商量好，讓她冒充孟嬴，嫁給太子，將孟嬴留給大王。您看行嗎？」

楚平王聽後喜出望外，眉開眼笑說：「太好了，你用心去辦吧！」楚平王偷偷的娶了孟嬴為妻，自以為沒人知曉，但外邊已吵吵嚷嚷，閒話滿天。

費無忌擔心一旦太子建發覺新婚妻子被調了包，對自己不利，於是就又向楚平王出主意，派太子建到城父（河南省寶豐縣）去鎮守。

楚平王聽到費無忌的這個建議，頓時覺得眼前一亮，深深感到讓太子建到邊境上鎮守比在自己身邊更好，遂下令讓太子建到城父去。

太子建一行離去之後，楚平王就把原來的夫人，也就是太子建的母親蔡姬送回蔡國去了，立孟嬴為夫人。陰險的費無忌也因此來到了楚平王的身旁，成為他的謀士。

第七招：溜鬚拍馬，終得馬騎

溜鬚拍馬者如果沒有一點實力，就只有全靠對方的恩賜了，而這種情況是處世中最常見的，這時就必須加倍溜鬚拍馬，堅信只要堅持這樣做，終究會得到馬騎的。的確，在生活中，一個實際工作越無能的人，越要盡力巴結靠攏「主子」以爭取自己的地位，這種例子不勝枚舉。

唐朝有個宦官叫田令孜，進宮後一直未得要職，只是替諸王養馬。但此人讀過一些書，知道一些古人巴結權貴的厚黑之術，於是他把主意打在小皇子李儇的身上。李儇容貌端莊，智性卻遲鈍傻呆。田令孜絞盡心計，利用養馬職權之便討好李儇，和他建立起了親密的感情。憑著多年的宮廷生存經驗，田令孜判定極有可能立李儇為帝，因為他年幼無知，昏庸軟弱，是最理想的人選。後來，事情的發展果然如此，田令孜自然也如願以償，成了歷史上有名的大奸臣。

秦公子異人透過呂不韋的牽線，認華陽夫人為母。華陽夫人是楚國人，異人第一次見她時，特意穿了一件楚國人的服裝。華陽夫人不勝感嘆，說：「我兒也知道我是楚國人，一定喜歡楚服，才做了這樣的打扮吧，真是個孝子啊！」她又說：「我一看到這種服裝就引起對故國的思念，你就叫子楚吧！」自此，異人

就改名叫子楚。後藉華陽夫人之力當上了秦國的國君。他的兒子就是大名鼎鼎的秦始皇。

美國總統老羅斯福任滿之前，塔虎脫到處放風聲，吹捧羅斯福。他逢人便說：「我是羅斯福內閣中最忠實的成員，我十分敬佩羅斯福，他的政策之英明更令我佩服。老實說，在我未與羅斯福謀面之前，他的政見就是我的政見了。」他還更肉麻的諛媚老羅斯福：「歷史上，只有兩位總統可以和您相提並論，一位是華盛頓，另一位是林肯。」果然，老羅斯福被塔虎脫捧得飄飄然了，完全相信塔虎脫久經考驗，是自己人。於是，他全力舉薦塔虎脫繼任下屆總統候選人。在老羅斯福的大力支持下，塔虎脫可以說是毫不費力的擊敗了民主黨的候選人布萊恩，成為第二十七屆美國總統。做完了這一切，老羅斯福歡天喜的放心去非洲打獵了，因為他完全有理由認為塔虎脫是他的化身，一切都會像他在任時一樣。殊不料，風雲突變。塔虎脫一上臺就扔了敲門磚，踢了墊腳石。羅斯福剛剛離開，他就迫不及待的排擠政府內羅斯福的人，安插自己的親信。

第八招：送高帽子，平步青雲

俗話說得好，「高帽子不嫌多」，但這只說對了一半。這樣做是在進行一種人情鋪墊，在為為人處世埋設伏筆，所以說才可能「終得馬騎」。但是使用這一計策還有一情況需要特別注意，即在關鍵時刻對症下藥的送上一頂真正管用的「高帽子」，可以獲得立竿見影的效果。

唐貞觀八年，劍南道巡省大使李大亮出巡，發現一個叫李義府的人，才學出眾。於是舉薦其才，對策中第，補為門下省典儀，由此，李義府便躋身於朝廷。在此期間，又得到黃門侍郎劉洎和侍御史馬周的賞識，此二人又合力向唐太宗舉薦。唐太宗召見他，令他當場以「詠鳥」為題，賦詩一首。李義府脫口吟道：「日裡揚朝彩，琴中聞夜啼。上林如許樹，不借一枝棲。」李義府的詠鳥詩充分流露出他想做朝官的急切心情。唐太宗聽後頗愛其才，便說：「與卿全樹，何止一

枝。」授予他監察御史，並侍晉王李治。晉王立為太子，他又被授予太子舍人。因其文翰不凡，與太子司議郎來濟被時人並稱為「來李」。李義府曾寫《承華箴》上獻，文中規勸太子「勿輕小善，積小而名自聞。勿輕微行，累微而身自正。」還說：「佞諛有類，邪巧多方，其萌不絕，其害必彰。」

看來，李義府正是一個厚黑大師，自己本就是一個佞邪之輩，卻能大義凜然的發表一篇宏論，這正是在自己的「黑心」上蒙一層仁義道德的做法。太子將此箴上奏，太宗很欣賞，下詔賜予李義府帛四十匹，並令其參與撰寫《晉書》。其實這是一種最高明的「捧」和「恭」，因為這裡隱藏著這樣一種邏輯，我是一個正人君子，主子非常敬重我這樣的正人君子，那麼，你的德行修養自然也很高了。

太子李治繼帝位，李義府升為中書舍人。後兼修國史，加弘文館學士。李義府的青雲直上，頗引起朝臣們的注意，特別是他由劉洎、馬周引薦而來，又與許敬宗等相連結，虛美引惡，曲意奉迎，長孫無忌奏請高宗貶他到壁州做司馬。詔令尚未下達，李義府已有所聞，急忙向中書舍人王德儉問計。王德儉是許敬宗的外甥，其貌不揚，詭計多端，善揣人意。他向李義府獻計說：「武昭儀方有寵，上欲立為后，畏宰相議，未有以發之。君能建白，轉禍於福也。」

於是，李義府馬上行動，當王德儉在中書省值宿時，李義府代替王德儉值夜，立即上表高宗，謊稱立武昭儀為皇后是眾望所歸，請廢王皇后，立武昭儀為后，高宗聞後正合心意，馬上召見了李義府，不僅賜給他寶珠一斗，還將原來貶斥到壁州的詔令停止不發，留居原職。武昭儀也祕密派人向他表示感謝。不久，李義府與許敬宗、崔義玄、袁公輸等人結為武昭儀的心腹。是年七月，李義府又越級升為中書侍郎；十月，王皇后廢為庶人，立武昭儀為皇后，十一月，李義府又自中書侍郎拜為中書門下三品，監修國史，並賜爵廣平縣男。

向皇上奏報「立武昭儀為皇后是眾望所歸」，這頂「高帽子」送的正是時候，真是一條妙計得逞，立即青雲在上。

厚黑教主李宗吾曾說過，切不可只聽到「厚黑」兩字，便卻實行，這樣會碰

得頭破血流，如此，還不如做個升斗小民更自在了。這裡最重要的是取決於你的臉皮的厚度，因為，拍馬獻媚確實有侮自己的人格，所以很多人無法堅持到底。看來，這一策略能否管用，關鍵看你能否徹頭徹尾的「厚臉黑心」。唐朝最初是嚴禁宦官干政的，但到了唐中宗時，宦官人數急劇增多，達數千人。由於中宗無能，韋后干政，宦官中開始出現有權力的人，大宦官開始干政。到了唐玄宗開元末年，宮中的宦官竟多至三千人，其中五品以上的宦官就有一千多人，其中還有人到了三品將軍的職位。唐玄宗李隆基早年英明勇武，頗有明君風度，但到了晚年，昏庸霸道，只圖享樂，不思進取，多任用宦官把持實權，政治日趨腐敗。

尤其是高力士，由於從小就與唐玄宗有交情，後又得以親自服侍唐玄宗，再加上十分乖巧，深受唐玄宗的寵信，以至須臾不離，言聽計從。開元末年以後，百官奏章都要經高力士過目，朝中小事悉委高力士全權處理，大事才奏知唐玄宗。李林甫、安祿山、高仙芝等人的將相之位，都是靠高力士一人薦舉而得。高力士簡直成了唐玄宗權力的化身，太子稱他為「二兄」，諸王公稱他為「阿翁」，駙馬稱他為「阿爺」。高力士財產之多也極驚人，京城內外最好的田地和房屋，幾乎一半屬高力士私人所有，不要說公卿，就是王侯也無法與他相比。

高力士雖是太監，卻硬要過娶「妻」之癮。一次，他看到京城小吏呂玄晤的女兒特別美貌，就要「娶」她為妻。呂玄晤一聽，真是喜從天降，呂玄晤在做了高力士的「岳父」後，果然吉星高照，官運亨通，自己升了大官，兒子們也紛紛沾光，占有了肥缺要職。只是苦了他的女兒，在屈辱和壓抑下，很快就香消玉殞了。

「高夫人」的死訊傳出，真如喪了國母一般，舉國為慟，爭相前往，祭弔的人們相望於路。舉行喪禮這一天，從高力士的家到墓地，路上擁得水洩不通，真可謂是千古一景！

高力士權傾朝野，巴結他的人也就不絕於途。但因想投靠他的人太多，一般人就很難引起高力士的注意力。於是，一名叫程伯獻的金吾大將軍想出一條妙計，在高力士生母死時，他披麻戴孝，號啕大哭，其悲痛欲絕之狀，真乃感天地

泣鬼神。高力士被這飛來的「孝子」所感動，不久就升了他的官。

「多送高帽子」不是沒有風險的：送的時機對不對？「帽子」大小合不合適？等等，都可能導致無法預料的後果。常言說，伴君如伴虎。晚唐時，沙陀部落酋長李克用，出生時即瞎了一隻眼睛，他生性殘酷，人稱「獨眼龍」。一天，他叫一位名叫孫源的畫家替他畫一幅肖像。畫家想了想，畫成一幅右臂執弓，左手捻箭，歪著頭，閉著一隻眼，好像正在檢查箭桿彎直的樣子。這張畫一則表現了他威武的神情，二則掩蓋了他一隻瞎眼的缺陷。由此可見，厚黑處世者必須懂得乖巧，必須學會腦筋急轉彎，必須有應變之才。

高士奇，浙江錢塘人，出身微賤，人很聰明，學問也很好。他在科場不得意，僅僅是個秀才，因為成績優異，隨後又獲得了監生的名分。但他既沒有考上舉人，更談不上考取進士，又沒有什麼親戚朋友當了大官為他援引。在這種情況下，他想在封建官場中飛黃騰達，是非常困難的，甚至是不可能的。然而就是他，後來竟成了康熙皇帝的寵臣，勢傾朝野，招權納賄，累積了萬貫家財。他的發跡一方面靠的是機運，另一方面是他的學問，但最重要的還是他的乖巧。

康熙初年，高士奇這個窮監生自己背著行李來到北京。他想找個家庭教師當當，維持生活。但他根本無法接近那些達官貴人，於是想了一個辦法。自己寫了幾十副對聯，分送給那些達官貴人的僕人。這一招果然見效。當時有一個滿洲貴族，姓納蘭，名明珠，任內務府總管大臣。高士奇寫了副對聯送給明珠的門房，這個門房見高士奇的字寫得很好，又是一個窮監生，要求不高，於是就請高士奇到家裡教自己的兒子。有一次明珠要寫幾封信給外省的官員，匆促之間找不到代筆的人，這個門房就向明珠介紹了高士奇。明珠對高士奇的文筆非常欣賞，於是就讓高士奇到內務府充當書寫。以後 20 年間，明珠的官職由總管而尚書，由尚書而宰相；高士奇也隨著明珠的升遷而升遷，由充任書寫事務，而正式供奉內廷，由供奉內廷又被任命為詹事府錄事，由錄事再升任內閣中書。他不是進士出身，卻被康熙特授為額外翰林院侍講，又轉正式翰林院侍講學士，入值南書房，兼《大清一統志》副總編。

　　康熙特別喜歡高士奇的捷才敏思，善解人意。有一次，高士奇護駕南巡，隨康熙來到杭州西湖靈隱寺，靈隱寺的和尚請求康熙寫一塊「靈隱寺」的廟名匾額。康熙提筆寫「靈」字。

　　「靈」字，上邊是個「雨」字頭，康熙把上面的「雨」字頭寫大了，下面的筆畫又多，不好寫下去。康熙正在躊躇，高士奇在自己的手掌上寫了「雲林」兩個字，假裝上前為康熙磨墨，偷偷的把掌心向著康熙，於是康熙就寫成：「雲林」。「雲」字下面筆畫少，當然好寫多了。所以後來靈隱寺又稱雲林禪寺，實際上是高士奇所擬，康熙所書，至今匾額猶存。

　　康熙來到靈隱寺的大雄寶殿，當時宰相明珠也陪侍在側。康熙笑著對明珠和高士奇說：「今兒個咱們像什麼？」明珠衝口而出，說：「三官菩薩」。高士奇馬上跪奏說：「高明配天」。康熙對高士奇的回答滿意極了，對明珠說：「你還要多讀書呢！」「三官菩薩」指福、祿、壽三星，明珠的回答很不得體，把自己與皇帝等同起來。高士奇的回答卻是說：「我，高士奇，他，明珠；共同在陪侍你這位天子。」所以叫「高明配天」。高士奇的回答很巧妙，很有學問，而且語帶雙關，反應敏捷，奉承皇上，不露媚意，當然贏得了康熙的喜愛。

　　康熙來到鎮江的金山寺，寺僧也請求賜一塊匾額。康熙想了好久，沒有想出恰當的題字。高士奇用紙條寫了四個字送呈給康熙，康熙展開一看，上面是「江天一色」。康熙點頭稱讚，就照高士奇所擬寫上。後來康熙遊蘇州的獅子林，見獅子林結構巧妙，風景幽勝，奇山異石，曲廊流水，亭臺樓閣，層出不窮，不禁隨口說了一聲：「真有趣！」他又想題幾個字，但懶得去想了，回頭對高士奇說：「你看這裡題幾個什麼字好？」高士奇跪奏道：「皇上剛才已經題過了，臣不敢再擬。」康熙說：「我哪裡題過了？正因為沒有題，才要你代擬。」高士奇說：「皇上剛才不是說『真有趣』嗎，去掉中間的『有』字，保留『真趣』兩個字，不是很好嗎？」康熙大喜，立賞高士奇金如意一只，白銀 500 兩。

　　高士奇受到康熙的寵愛，不僅是由於他的學識，他的機敏，更是由於他的乖巧奉承。有一次，他陪侍康熙在南苑打獵，康熙的坐騎突然亂蹦亂跳，險些把

康熙摔下馬來。眾侍衛連忙上前勒住馬，扶康熙下來，到行宮休息。康熙一肚子不高興，滿臉慍色。高士奇知道了，故意把自己的衣服弄上許多汙泥濁水，一副狼狽不堪的樣子，來到康熙身旁侍立伺候。康熙問他：「你怎麼這副模樣？為什麼衣服這麼髒不換洗。」高士奇跪奏道：「剛才臣被馬摔下來，跌到汙水溝裡，現在還心有餘悸。」康熙聽了不覺大笑你們南方人如此文弱，我的坐騎剛才亂蹦亂跳，我不僅沒有摔下來，還控住了呢！」高士奇就是這樣善揣君意，他使康熙感覺到自己的騎術還是挺不錯的，沒有被馬摔下來，於是就由不高興轉變為高興了。

高士奇在康熙身邊 30 多年，他所做的官都沒有什麼政治實權，只是跟皇上很親近，因此政治上他沒有做什麼大壞事。這一點說明康熙畢竟還是一個英明的君主，他只是喜歡高士奇的學問和聰明，把他當成一個文學侍從之臣而已。高士奇卻利用康熙對他的寵愛，結交大臣，接受賄賂，收羅黨羽，獨立門戶。這樣自然引起別人的嫉恨和大眾的譴責，結果他遭到了左都御史的彈劾。彈章中列舉了高士奇四大罪狀，請求康熙將他明正典刑。其中有一條是很有說服力的：「高士奇以一個窮監生的身分，隻身來京師，現在只要問他擁有的財產有多少，就可以知道他招權納賄的實情。」康熙果真拿這些問題來問高士奇。高士奇免冠磕頭跪奏：「臣蒙聖上洪恩，位居近侍，因此地方上的總督巡撫，朝廷內的部院大臣，許多人都送來許多禮物。臣收受這些禮物之後，從沒有在皇上面前為這些送禮的人講過一句話。因此這些禮物對送禮的人來講，沒有產生到應有的作用；而對臣來講，臣認為這些禮物都是皇上洪恩所賜，所以臣受之而無愧，望皇上明察。」

於是，康熙對他未加處分，沒有免他的官，沒有抄他的家，僅僅勒令退休，讓他回到杭州那所豪奢的別墅西溪山莊享清福去了。相對於口頭吹捧來說，文字上的吹捧更有效果。

蔣介石當上國民黨總裁、國民革命軍總司令後，一下子顯貴起來，但他不知自己的祖先是誰，自己的老家在哪裡，還不時有人攻擊他，說他本不姓蔣，是他母親帶他到姓蔣家的，來歷不明，無意間，蔣介石成了雜種。蔣介石急於弄清自

己的祖先是誰，一時間，他手下的文人忙了起來，但他們找出的東西，蔣介石不太滿意。

宜興縣的縣長蔣如鏡是個有心人，他翻閱古籍，走訪民間，決心幫蔣介石弄出個祖宗來。皇天不負苦心人，他終於考證到一條線索。

宜興有一蔣姓大族，始祖函亭鄉侯蔣澄是東漢光武時的婺州刺史，而蔣澄的父親蔣橫，光武時為將軍，後被誣害而死，他的幾個兒子降徙到宜興。後蔣橫冤案得到昭雪，各子都受封，顯赫一時。蔣澄死後，在宜興城內的東廟巷及官林鎮附近的都山各有侯祠一所。

蔣如鏡考證出奉化蔣氏與宜興蔣氏是一脈相傳，同從根出。於是上書蔣介石並呈上家譜。

蔣介石一看，高興萬分，祖上有一個蔣將軍，還被封侯，有這樣顯赫的祖宗，蔣介石就成了將門之後，正符合自己總司令的身分，而且不僅有文字記載，並且有兩所侯祠作證，比空口說話好得多。

蔣介石馬上去認祖宗。1948 年 5 月 17 日，蔣介石偕宋美齡親自到宜興去「尋根」了。蔣如鏡這個小小的縣長自然身價百倍。

第九招：選準對象，大膽投資

上文談到，「送高帽子」時機和內容非常重要，但是更重要的還在於選擇對象。選錯了投資對象，後果自然是血本無歸。大商人呂不韋正是選中了公子異人，在他身上的投資才得到了極大的回報。

清朝咸豐時，安德海入宮後，就認清了黃承恩是個舉足輕重的關鍵人物，要想在宮內站穩腳跟，非討得黃公公歡喜不可。能討人喜歡，安德海有這套本事，他有幾個得天獨厚的條件。第一，他與黃公公是老鄉，都是青縣人，又有陳公公的推薦；第二，安德海長了一副好模樣，天生的笑臉；第三，安德海聰明過人，很伶俐。加之他面對黃公公一個頭磕在了地上，認了個恩師，師徒之間如同

父子，安德海那點本事算是施展開了。他百般殷勤，小心伺候，早晚不用指使便主動替師傅鋪床疊被倒便盆，端飯打水洗衣衫，一口一個老師，哄得黃老太監是滿心高興，心說：這孩子果然是棵好苗子，於是對他格外關照，把宮中的禮節、稱呼、規矩、忌諱等都一一告訴了安德海，就連最常用的知識也告訴了他，如對皇上應稱「萬歲」，皇上和后妃吃飯要說「用膳」，飯後問好要說「進得好」，起床問安要說「歇得好」；凡皇上家族裡的人最忌諱提名字，音同字不同也不行，一旦觸怒主子，輕則遭頓毒打，重則招來殺身之禍……所有這些，安德海都一一記在心裡，他怕忘記，反覆背誦，反覆練習，為了討得主子的歡心，他真下了功夫。

且說這道光皇帝，他共有九個兒子，前面三個都死了，第四個皇子便是奕詝，若論長幼排序，應立四皇子為太子，可六皇子奕訢無論是口才、文才、武功都比四皇子強，因此道光一直拿不定主意，多次對四皇子和六皇子掂量考驗。

道光三十年春，這天風和日麗，道光要帶領六個皇子去南苑打獵，意在考驗皇子們的文才武略和應變能力，以便確立皇儲。

皇上要選太子，這已是公開的祕密了。因此六個皇子各做準備，都想獲得父皇的歡心，以便將來撈得皇位，尤其是四皇子和六皇子奕訢，更是爭奪的對手。

四皇子的老師名叫杜受田，此人足智多謀，他在四皇子身上下的工夫很大，希望他能登上皇位，自己也跟著沾光。可他也掂量過，四皇子與其他皇子比較起來，除了排行第四占了個有利的位置之外，其他方面都平常，甚至略遜一籌，如若稍一讓步，這皇位定然被六皇子奪去，為此急得他直轉。

安德海看出了門道，上前問道：「杜老大，你老人家滿臉愁容，定有為難之事，莫不是為明日行圍採獵之事？」

四皇子一旁喝道：「不許胡說！」

杜受田心想，這孩子能看出我的心事，看來是個有心計的孩子，隨口道：「不，讓他說下去！」

安德海道：「我曾聽人講過，三國時曹操的二兒子曹丕和三兒子曹植也有與

現在相似之處，不過奴才記不太清楚了。」

杜受田眼睛一亮，把手一擺道：「好了，不必往下說了，你說得很好，很有道理。」

四皇子不解其意，問師傅：「這是怎麼回事呀？」

杜受田道：「你到時候就如此這般，這般如此，這麼做，這麼辦！」

四皇子聽罷點頭稱是。

次日，道光帶領六個皇子來到南苑，傳旨開始圍獵。諸位皇子各顯身手，直追得那些飛禽走獸東奔西跑，亂蹦亂飛，其中最數六皇子奕訢，幾乎箭無虛發，滿載而歸，而四皇子卻是兩手空空，一無所獲。道光帝不由龍顏大怒，大聲喝斥。

四皇子因有老師提前指導，不慌不忙的奏道：「兒臣以為，目前春回大地，萬物萌生，禽獸正是繁衍之期，兒臣不忍殺生害命，恐違上天好生之德，是以空手而回，望父皇恕罪。」

道光聽罷，心想這倒是我沒有想到的，他卻想到了，倘若讓他繼位，必能以仁慈治天下，不禁轉怒為喜，當下誇獎了四皇子的仁慈之心。

又過了幾年，道光帝憂慮成疾，自知不久人世，急喚諸皇子到御榻前答辯。消息傳開，四皇子和他的老師杜受田都知道這是最關鍵的一次較量了，能否登基在此一舉，必須做好充分準備，但兩人對坐半日卻苦無一策。安德海又獻上一計說：「萬歲爺病重，到御榻前之後什麼不用說，只說願父皇早日康復就行，剩下的就是流淚，卻不要哭出聲來。」

二人一聽大喜。次日，六位皇子被詔至龍床前。果然，道光提出了一些安邦治國的題目讓諸皇子回答，六皇子答得頭頭是道，道光甚為滿意，卻發現四皇子一言不發。道光一問，他頭一扭，淚如雨下說：「父皇病重，龍體欠安，兒臣日夜祈禱，唯願父皇早日康復。此乃國家之幸，萬民之福。此時兒臣方寸已亂，無法思及這些。倘父皇遇有不測，兒臣情願伴駕而行，以永侍身旁。」說完淚水漣漣，越擦越多。

道光聽了心中深受感動，心想此真孝子仁君，於是決心立四子為太子，這就是二十歲登基的「咸豐」皇帝。安德海因為關鍵時候立了大功，因此深得咸豐喜愛，身價越來越高。

於厚黑之人來說，奉承話多說點固然重要，但是不能僅僅停留在口頭。如果有機會為自己的主子立一兩次大功，這樣才能真正打動對方，使他對你視為真正的心腹，這時要想辦什麼事情就非常簡單了。

第十招：以柔克剛，因勢利導

人都願意幫助弱者，因為這樣可以顯示出自己的強大，滿足自己的虛榮心。有鑑於此，厚黑處世者就可以因勢利導，採用「以柔克剛」之計，準確掌握強硬對手的心理願望，從滿足對手心理願望的角度，大使其柔，盡量把自己弄得可憐兮兮的，你就有可能成功。

鮑爾溫交通公司總裁法蘭克，在年輕的時候因巧妙處理了一項公司的業務而青雲直上。他當時是一個工廠的普通職員，由於他的建議，公司買下了一塊土地，準備建造一座辦公大樓。在這塊土地上的 100 戶居民，都得因此而遷移他方。

但是居民中有一位愛爾蘭的老婦人，卻首先跳出來與工廠作對。在她的帶領下，許多人都拒絕搬走，而且這些人抱成一團，決心與工廠一拚到底。

法蘭克對工廠主管說：「如果我們建議透過法律途徑來解決問題，就費時費錢。我們更不能採用其他強硬的辦法，以硬對硬，驅逐他們，這樣我們將會增加更多仇人，即使建成大樓，我們也將不得安寧。這件事還是交給我來處理吧！」

顯然，面對如此局勢，最好採取「以柔克剛」的計策。聰明的法蘭克所選擇的也正是這種辦法。

這一天，他來到了老婦人家門前，看見她坐在石階上，他便故意在這老婦人面前走來走去，做出憂心忡忡的樣子，心裡好像盤算著什麼。他自然引起了

她的注意。良久，她開口發問：「年輕人，有什麼煩惱嗎？說出來，我一定能幫助你。」

法蘭克趁機走上前去，他沒有直接回答她的問題，卻說：「您在這時無事可做，真是天大的浪費呀！我知道您有很強的領導能力，實在是應該把握時間做出一番大事業的。聽說這裡要建造新大樓，您是不是準備發揮您的超人才能，做一件連法官、總統都難以做成的事：勸您的鄰居們，讓他們找一個快樂的地方永久居住下去。這樣，大家一定會記得您的好處的呀！」

從第二天開始，這個強硬頑固的愛爾蘭老婦人便成了全費城最忙碌的婦人了。她到處尋覓房屋，指揮她的鄰人搬走，並把一切辦得穩穩妥妥。

辦公大樓很快便開始破土動工了。而工廠在住房搬遷過程中，不僅速度大大加快，而且所付的代價竟只有預算的一半。

法蘭克裝出一副無能的樣子，滿足了老婦人的心理，使她心甘情願的為法蘭克辦成一件大事。

第十一招：紆尊降貴，易得死士

這一策略也適用於上司求下屬辦事時。一旦身分高貴的人紆尊求下人為他辦事，一般是無法拒絕的。荀子的《勸學篇》說過：「假輿馬者，非利足也，而致千里，假舟楫者，非能水也，而絕江河。君子生非異也，善假於物也。」生活中的人，善假物者，可以致千里，那麼，善假於人者怎麼樣？回答是，善假於人，則可以幫助展宏圖，立大業。三國中的劉備，要算是善假於人的典範，這也是他能成大業的訣竅。

在前半生，劉備的勇不如人，常用關、張、趙以自輔，發揮了不小的作用；但智不如人，雖也用孫乾、糜竺之輩以自輔，產生的作用卻不大，致使其前途處於窮途末路。但也正是在這個時候，劉備領悟了一個道理：決策人才是創業的關鍵。他思賢若渴，終於招來了徐庶；徐庶走了之後，三顧茅廬請出了「萬古雲霄

一羽毛」的諸葛亮。諸葛亮一來，劉備絕處逢生了。無論事物怎樣複雜，到了高才者的手裡，就會變得頭緒朗然，迎刃而解。諸葛亮看準了曹、孫之間的尖銳對立，助孫抗曹，卻乘機占據了荊州，一下子就初步解決了劉備朝思暮想的問題──立足之地。劉備心服了，從此他把權力全部交給諸葛亮，自己安心作一方之主。從赤壁之戰的前夕起，約 40 年的時間裡，他從不干擾諸葛亮的部署，對於諸葛亮所提的意見，幾乎是百分之百的聽從。

劉備與諸葛亮的關係，在名分上是主與臣的關係，但是在各種政治與軍事的行動中，則是主為從，臣為主。這是一種很特殊的關係，其他各個集團，都沒有這樣的關係。曹操重視人才，尤其對郭嘉更是十分重視，郭嘉英年早逝，曹操每每想起還痛哭流涕，但郭嘉在世之時，曹操仍以下屬視之。而劉備對諸葛亮不只是重視，而且敬重，事之如師。即使是司馬遷筆下的劉邦，他對張良、陳平、韓信也沒有這樣的待遇。而三國中的劉備與諸葛亮，卻著實存在著這種特殊關係。例如當年東吳想用「美人計」陷害劉備，答應將孫權的妹妹嫁給劉備為妻，實則想藉招親之名扣留劉備為人質。諸葛亮將計就計，同意這門婚事，整個過程簡直把劉備「指揮」得團團轉。這次婚事由諸葛亮一手操持，劉備對這次的特大冒險，本身是感到非常害怕的，他對諸葛亮說：「周瑜定計欲害劉備，豈可以身入危險之地？」可是諸葛亮卻偏偏要他去，既不把預定的密謀告訴他，也不經過他同意，竟教孫趕往江南說合親事。劉備也只得懷著「不安」的心情出發前往。這時上、下級的位置，簡直顛倒過來了。我們這裡不談諸葛亮的什麼神機妙算，只說劉備依賴諸葛亮，該是到了何等程度。這種依賴，固然表示了智謀的不足，但是劉備之所以能做到這點，決定的因素還是由於他是一位厚黑大師，為了實現自己宏圖大志，不過是善於利用諸葛亮罷了。

第十二招：賣傻裝憨，獲取好感

厚黑處世者，為了達到貶低自己以抬高對方來獲取對方的好感的目的，必要

時就必須「賣傻裝憨」，即使受到汙辱，臉上也絕對看不出一絲一毫的不滿，甚至還要做出滿心歡喜的樣子。

安祿山在發起攻擊之前，用了整整 10 年時間來進行「賣傻裝憨」，可謂用心良苦，他因此可稱得上是一位厚黑大師。但是由於「厚臉黑心」還不徹底，修練的境界還不夠高，最終還是沒有逃脫失敗的命運。

安祿山故意裝出憨直、篤忠的樣子，贏得唐玄宗百般信任，對他毫不防備。西元 743 年，安祿山任平盧節度使，入朝時玄宗常常接見他，並對他特別優待。他竟乘機上奏說：

「去年營州一帶昆蟲大嚼莊稼，臣即焚香祝天：我如果操心不正，事君不忠，願使蟲食臣心；否則請趕快把蟲驅散。下臣祝告完畢，當即有大批大批的鳥兒從北飛下來，昆蟲無不斃命。這件事說明只要為臣的效忠，老天必然保佑。應該把它寫到史書上去。」

如此謊言，本十分可笑，但由於安祿山善於逢迎，玄宗竟信以為真，並更加相信他憨直誠篤。安祿山是東北混血少數民族人，他常對玄宗說「臣生長若戎，仰蒙皇恩，得極寵榮，自愧愚蠢，不足勝任，只有以身為國家死，聊報皇恩。」玄宗甚喜。有一次正好皇太子在場，玄宗與安相見，安故意不拜，殿前侍監喝問：「祿山見殿下何故不拜。」安佯驚道：「殿下何稱？」玄宗微笑說：「殿下即皇太子。」安覆道：「臣不識朝廷禮儀，皇太子又是什麼官？」玄宗大笑說：「朕百年後，當將帝位託付，故叫太子。」安祿山這才裝作剛剛醒悟似的說：「愚臣只知有陛下，不知有皇太子，罪該萬死。」並向太子補拜，玄宗感其「樸誠」，大加讚美。

西元 747 年的一天，玄宗設宴。安祿山自請以胡旋舞呈獻。玄宗見其大腹便便竟能作舞，笑著問：「腹中有何東西，如此龐大。」安祿山隨口答道：「只有赤心。」玄宗更高興，命他與貴妃兄妹結為異姓兄弟。安祿山竟厚著臉皮請求做貴妃的兒子。從此安祿山出入禁宮如同皇帝家裡人一般。楊貴妃與他打得火熱，玄宗更加寵信他，竟把天下一半的精兵交給他掌管。

安祿山的叛亂陰謀許多人都有察覺，一再向玄宗提出。但唐玄宗被安祿山「賣傻裝憨」所迷惑，將所有奏章看作是對安祿山的妒忌，對安祿山不僅不防，反而予以同情和憐惜，不斷施以恩寵，讓他由平盧節度使再兼范陽節度使等要職。

安祿山的計策得手，唐玄宗對他已只有寵信毫不設防，便緊接著採取「乘疏擊懈」的辦法，突然襲擊。他的戰略部署是傾全力取道河北，直撲東西兩京長安和洛陽。這樣，安祿山雖然只有 10 餘萬兵力，不及唐軍一半，但唐的猛將精兵皆聚於西北，對安祿山毫不防備，廣大內地包括兩京只有 8 萬人，河南河北更是兵稀將寡，且平安已久，武備廢弛，面對安祿山一路進兵，步騎精銳沿太行山東側的河北平原進逼兩京，自然是驚慌失措，毫無抵抗能力。因而，安祿山從北京啟程到襲占洛陽只花了 33 天時間。

唐朝畢竟比安祿山實力雄厚，驚恐之餘的倉促應變，也在潼關阻擋了叛軍鋒銳，又在河北一舉切斷了叛軍與大本營的聯絡。然而無比寵信的大臣竟突然反叛，唐玄宗無比震怒，又被深深的刺傷自尊心，變得十分急躁。而孫子曰：「主不可以怒而興師，將不可以慍而致戰。」安祿山的計謀，足以使唐玄宗失去了指揮戰爭所必需的客觀冷靜，又怒又急之中，忘記唐朝所需要的就是穩住陣腳、贏得時間以調精兵一舉聚殲叛軍之要義，草率的斬殺防守得當的封常青、高仙芝，並強令哥舒翰放棄潼關天險出擊叛軍，哪有不全軍覆滅一潰千里的呢？

安軍占領潼關後曾止軍十日，進入長安後也不安排追擊，使唐玄宗安然脫逃。可見安祿山目光短淺，他只想鞏固所占領的兩京並接通河北老巢，消化所掠得的財富，好好享受大燕皇帝的滋味，並無徹底搗碎唐朝政權的雄圖大略。然而，就是這樣一個目光短淺的無賴之徒，竟然把大唐皇帝打得潰退千里，足見「賣傻裝憨」計謀的效力了。

古語云：「水至清則無魚。」人過於精明，過於完美，常常會帶來麻煩，為此，聰明人有時要裝作糊塗，並表現出有人格的缺陷，這樣才能保全自己，達成目的。怎樣來表現自己的「不完美」呢？這也要因時而定。

第一，可以透過貪圖小利來顯示自己的胸無大志。

例如，戰國末期王翦奉命出征，出發前，向秦王請求賜給大量的良田房屋，秦王說：「將軍放心出征，何必擔心呢？」

王翦道：「做大王的將軍，有功最終也得不到封侯，所以趁大王賞賜我臨別酒飯之際，我也及時的請求賜給我田園，作為子孫後代的家業。」

秦王大笑，答應了王翦的請求。

王翦到潼關，又派使者回朝請求良田，連續派了五人，而秦王爽快的一一應允。

心腹愛將私下勸告王翦。王翦支開旁人，悄悄說：「我並非貪婪之人。因秦王狡詐多疑，現在他把全國的軍隊交給我一人統率，心中必有不安。所以我請求賞賜，名讓子孫安居樂業，實以安秦王之心。」

無獨有偶，像王翦這樣用心良苦的侍君者，蕭何也是一個。

第二，可以透過有意的「不得人心」來顯示自己毫無野心。

有野心的人，為了達到自己的宏圖大業，一般都會收買人心，因此，常言說：「得人心者得天下。」正是由於這一點人人皆知，它也就成為了檢驗你是否有野心的一項標準。

例如，漢高祖時，呂后採用蕭何之計，謀殺了韓信。人曰：成也蕭何，敗也蕭何。高祖正帶兵征剿叛軍，聞訊後派使者還朝，封蕭相國，加賜五千戶，再令五百士卒、一名都衛做護衛。

百官都向蕭何祝賀，唯陳平表示擔心，暗地裡對蕭何說：

「大禍由現在開始了。皇上在外作戰，您掌管國政。您沒有冒著箭雨滾石的危險，皇上卻增加您的俸薪和護衛，這並非表示寵信。如今淮陰侯（韓信）謀反被誅，皇上心有餘悸，他也有懷疑您的心理。我勸您辭封賞，拿所有家產去輔助作戰，這才能打消皇上的疑慮。」蕭何依計而行，變賣家產犒軍。高祖果然喜悅，疑慮頓減。

這年秋天，英布謀反，高祖御駕親征，其間派遣使者數次問候蕭何。

回報說：

「因為皇上在軍中，相國正鼓勵百姓拿出家財輔助軍隊征戰，正如上次所做。」

這時有個門客對蕭何說：

「您不久就會被滅族了，你身居高位，功勞第一，便不可再得到皇上的恩寵。可是自您進入關中，一直得到百姓擁護，如今已有十多年了；皇上數次派人問及您的原因，是害怕您受到關中百姓的擁戴。現在您為何不多買田地，少撫恤百姓，來自損名聲呢？皇上必定會因此解除疑心的。」蕭何認為有理，又依此計行事。

高祖得勝回朝，有百姓攔路控訴相國。高祖不但沒有生氣，反而高興異常，也沒對蕭何進行任何處分。

第三，要聰明一些，但不可顯得過於精明，不要「聰明反被聰明誤」。

人生活在社會中，面對的是紛繁多變的世界，與之打交道的是形形色色的人物，要想立身於世，不得不精明些。但是，精明、技巧要因人因地而異，有時候就不能太聰明。

「聰明反被聰明誤」，這樣的人屢見不鮮；過於方正，深得人心而引來殺身之禍者，史書上不勝枚舉，善辯者不能信任，這已是很多人心中十分牢固的觀念。

因此在談話時，一定要注意顧及別人心理，不要處處顯示自己的聰明。必要時不但要把自己的聰明歸於別人，而且要善於自損形象。要做出一副「大智若愚」的形象來，既顯示自己的謙遜，又不致使對方相形見絀。

世界上沒有不愛聽讚美話的人。這是由於人類內心深處的弱點所致。人活在世上，需要同情關心、愛護和尊重，沒有這些，人類的心靈就會像沙漠一樣乾枯寂寞。

讚美別人，就是給予別人同情、關心和愛，就是對別人的尊重，因此，讚美對於人類心靈的重要性，猶如陽光和生命。

學會讚美別人，會使你成為處處受歡迎的人，甚至能幫助你逢凶化吉。深

諂讚美之道，能使你順利的消除與他人的隔閡，剷除顧忌和疑慮，助你走上成功之路。

秦國有位能言善辯之士名叫中期。有一天他應召入宮，和秦王討論政事，結果秦王被駁得體無完膚。

秦王大怒，心想：你怎能一點不顧全我這一國之君的臉面！

而中期卻不理不睬，緩緩走出宮去。秦王恨恨的說：

「不殺你這賊子我誓不甘心！」

中期回去後，明白秦王不會為此事而放過自己，便託一位朋友進宮對秦王說：

「中期真是個粗人！剛才他是遇到聖明的君主了，大王您沒有責怪他。假如換了夏桀或商紂那樣的暴君，早把他殺了。我要向人們宣傳此事，讓大家都知道大王的豁達大度，禮賢下士。」

秦王頓時覺得飄然：

「先生過獎了。中期的話是很有道理的，我還要獎賞他呢！」

中期的高明在於：原則上毫不讓步，但懂得在危險關頭如何想方設法，運用讚美之辭使自己逃避災禍。

越是身居高位的人，越需要別人的稱譽和讚美。因為身居高位，難免產生自高自大、唯我獨尊的心理，同時，由於屬下的敬而遠之，也會使身居高位者感到寂寞孤獨。

因此，學會對那些居於高位的人予以讚美，分擔他們那份沉重的孤獨，用你的愛心去關心和溫暖他那包裹著冰雪的心靈，他就會對你另眼看待，倍加重視。

第十三招：強驢上套，順著毛摸

愛撫寵物最基本的方法就是順著牠的毛輕撫，每當主人有這個動作時，貓就會瞇起眼睛，並發出滿足的叫聲；狗呢，就快樂的搖起尾巴，甚至回過身來舔你

的手和臉，作為對你的回應。如果逆著毛摸呢？貓狗因為感覺不舒服，就算不咬你抓你，也會不高興的跑開。

人其實也是如此，喜歡別人順著「毛」摸，如果你能這麼做，那麼必然會與倔強的人建立良好的人際關係。

人當然沒有一身的「毛」讓你撫摸，人的「毛」就是性情、脾氣，你如果能順著對方的脾氣和他互動，不去違抗他，他當然會和你成為好朋友。

不過，這不是要你凡事順著別人，做一個沒有「自我」的人，如果你真的如此，那你就成為別人的影子了。「順著毛摸」只是方法，而不是目的，你如果能成熟的運用這個方法，別人就會在不知不覺之中受到你的影響，甚至接受你的意志。

「順著毛摸」就是一種特殊的「捧」，它可以用在平時與人相處，可以用在說服別人，也可用在帶領部屬，也可以用在推銷商品，可說事半功倍，脾氣再大，城府再深，主觀再強的人也吃不消這一招的。

美國一家專賣大尺寸女性服飾的商店，其所賣服裝的設計與一般設計完全相同，但卻生意興隆，受到體型較胖的女性的青睞。其訣竅就是在銷售技巧上採取了不傷害女性自尊心的做法，即把一般服裝店使用的尺寸換個說法，將小、中、大號改為嬌小玲瓏型、魅力女性型和公爵夫人型。使女性購買時，心裡特別舒服。

第十四招：妙用激將，變相吹捧

除了「順著毛摸」的方法之外，還有一種方法就是人們常說的激將法。激將法又分正面激勵和反面激勵二種，二者運用於不同的對象、場合和目的。激言勵志中，莊辛激楚襄王可算是正面激勵；而在軍事戰爭中，多採用反激法。如果對方是自己人，就用反面的刺激性的話語去激勵對方，以喚起他那受到壓抑的自尊心。因為每個人都有自尊心、榮譽心，但有時由於某種原因，這種自尊心、榮譽

心受到了自我壓抑，此時開導與說服往往不能使之振奮。如果有意識的運用反面的刺激性語言「將」他一軍，便會使其自尊心從自我壓抑下解脫出來，產生新的興奮。俗話說：「水激石則鳴，人激志則宏」就是這個道理。這種以激燃自尊火花為目標的遊說藝術，往往能在短時間內激發極大的動力。

例如，唐天佑年間，叛臣朱全忠用計誘騙五路兵馬反對駐守太原的唐晉王李克用。叛軍中有一猛將高思繼異常勇猛，善用飛刀，百步取人。後來被晉王李克用的十三太保李存孝生擒。本意留他在帳前聽用，可高思繼卻執意要回山東老家過「苦身三頃地，付手一張犁」的田園生活以為改惡從善。後來李存孝被奸臣康立君、李存仙所害。朱全忠聞李存孝已死，又發兵來犯，帳前王彥章不僅勇猛蓋世，且智謀過人，晉王將士聞風喪膽，畏敵如虎。晉王問何人願意出戰，眾多王子、許多壯士皆啞然相對，無人請戰。晉王見狀，痛哭一場。還是長子李嗣源說道：「昔日降將高思繼閒居山東，何不請他迎敵。」晉王聞言大喜，遂命李嗣源前往山東求將。

李嗣源來到山東農村，直奔高家莊尋高思繼。提起前事，高思繼說道：「自勇南公存孝擒我，饒了性命，回到老家，『苦身三頃地』與世無爭，今已數年，早把兵家爭戰之事置之身外。今日相見，別談這些。」這時李嗣源如果運用一般的吹捧方法，說他如何武功蓋世云云都不會管用。李嗣源見高思繼已無出山之意，心想，自古道，「文官言之，武將激之」。對高將軍好言相求，難以收效，必須巧用激將之法，激其就範。於是，編出一通謊言，說道：「天下王侯，各鎮諸侯，皆聞將軍之名，如雷貫耳，稱羨不已。我與王彥章交兵被他趕下陣來，我對王彥章說：今來趕我，不足為奇。你如是好漢，且暫時停戰，我知道山東渾鐵槍白馬高思繼，蓋世英傑，有萬夫不當之勇，待我請來，與你對敵。王彥章見我陣前誇耀將軍，憤然大叫：就此停戰，待你去請他來，不來便罷，若到我這寶雞山來，看我不把他剁成肉醬！……」高思繼經此一說，不禁激得心頭起火，口中生煙，大叫家丁：「快備白龍馬來，待我去生擒此賊！」遂披掛上馬，辭家出山，往寶雞山飛馳而去。

　　高思繼和李嗣源快馬加鞭，日夜兼程，趕到唐營，不但晉王喜出望外，三軍將士亦是異常振奮。第二天，王彥章又來挑戰。晉王引高思繼出馬迎戰，高思繼與王彥章廝殺起來，連鬥三百回合，難分勝負，直戰到天黑，雙方見天色已晚，才鳴金收兵。這次戰個平手，但卻是唐營軍士出師以來的第一次，軍威大振，信心大增，個個摩拳擦掌，準備來日再戰。

　　高思繼本來已經看破沙場紅塵，決心棄武從耕，安度田園生活。李家雖對他有再生之恩，但正面動員他出山，重返軍旅時，他卻以自己「與世無爭」加以拒絕。然而，當李嗣源借用謊言激他時，他卻毅然披掛上馬，重返戰場，一鬥就是三百回合。可見，這種激將法就是一種變相的「吹捧」。

第十五招：隱藏目的，細雨無聲

　　如果你所求之事從根本上與對方的心意背道而馳，這時你絕不能說出真實的目的，「強驢子」發起脾氣來，吃不了是要兜著走的。你必須把你的真實目的偽裝起來，而且要偽裝成對方非常想達到的一個目標，使他在不知不覺中為你辦成了事。

　　例如，皇帝身邊如果有奸人，國家大事會常被他們干擾。要整肅國政的話，就必須清除這些奸人，這叫「清君側」，但是，社鼠城狐是不容易清除的，因為老鼠可以憑恃社神的威靈，狐狸可以借助城垣的保護。瓷盤上蹲一隻老鼠，你敢輕易去撲打嗎？這叫「投鼠忌器」。如果直接提出讓皇帝趕走他身邊最信賴的人（奸人往往都是皇帝最信賴的人），不但不會成功，而且還可能會帶來殺身之禍。

　　宋真宗時的王欽若是有名的奸相，為人陰險奸詐，而又善於逢迎獻媚，深得真宗信任。他常常在真宗面前進讒言，中傷其他正直的人士。而被中傷者卻為他的假心假意所蒙蔽，多數不知自己已被他所中傷。

　　契丹逼近南宋時，王欽若藉口局勢危急，力勸宋真宗向江南逃跑，到他的老家去建立小朝廷。寇準以其驚人的膽識和指揮若定的雄才，堅決挫敗了王欽若的

逃跑主義，簇擁真宗親征，直抵前線。由於王欽若也跟隨真宗到了前線，仍舊在真宗面前嘮叨這，嘮叨那，事事掣肘寇準，干擾他抗擊契丹的軍國大計。寇準一直在捕捉機會，想把王欽若這個奸相從真宗身邊趕走，以清君側。

有一天，真宗正在為人事安排發愁。他對寇準說：「現在，契丹直逼城下，天雄軍被隔絕在敵後。天雄軍若有不測，河朔全境便會淪入敵手。你看，該讓誰去鎮守天雄軍呢？」寇準回答說：「當前這種形勢下，沒有什麼妙計可施。古人說，智將不如福將。參知政事王欽若仕途順利，長得白白胖胖，真是福星高照。讓這樣一位有名的福將去鎮守天雄軍的話，定會吉人天相，可保萬無一失。」

真宗歷來看重王欽若，今天難得寇準也這樣看重他，心中特別高興，便欣然同意寇準的意見，命令寇準草擬詔書，通知王欽若上任。當寇準把真宗的旨意傳達給王欽若時，王欽若嚇得臉色慘白，說不出話來，他原本是個膽小鬼，只會溜鬚拍馬，挑撥離間，哪有深入敵後去固守孤城的本領？此去準是白白送死。

寇準見他可憐兮兮的模樣，便對他說：「國家危急，皇上親自掛帥出征，你是皇帝一貫倚重的執政大臣，現在正宜體貼皇上心意，為國效力。」並說：「護送你上任的部隊已經集合待命，皇上指示免去了上朝告辭的禮節，讓你馬上出發，不可耽誤軍機。」說罷，舉杯為王欽若餞行，祝他早日奏凱歸來。

王欽若沒辦法，只得硬著頭皮到天雄軍去上任。他來到駐地一看，田野全是契丹兵，王欽若哪有退敵良謀？只好堵死城門，固守待斃。

趕走了王欽若，上下齊心，一致對敵，迫使契丹退兵求和，解除了宋朝開國以來最大的一次軍事危機。天雄也因契丹撤軍而得以解圍。

第十六招：巧妙暗示，心甘情願

再倔強的人只要有利可圖，也會上鉤的。要想達到自己的目的，就必須刺激起對方的欲望，暗示只要能辦成事，好事就在後頭，並不時給些甜頭，讓人相信你所說的並非是空話。求對方幫忙時，因為對方要付出一定的辛勞和精力，你

就得付出一定的報酬。具體付出多少，最好不要過早講出來，也不要講得那麼具體。既然你可以求對方幫忙，說明雙方關係還可以，儘管對方心裡也想過報酬的事，但你率直的講出來，他會認為你太不義氣了。再說，事情還沒開始做，究竟應付多少報酬也說不太準確，誰能事前瞭解這件事做起來的難度，說得少，對方會認為不值，不願多花精力；說得太多，當發現能輕易完成，又會後悔不該給這麼多，給的時候，你就捨不得往外拿，對方會認為你不講信用。

假如事前把數額說得太具體，對方沒辦成，會產生一種損失感，好像失去了什麼似的。如果事前沒具體允諾，他就不會有這樣的感覺。

當然，閉口不提報酬也不行，所以一定要讓對方知道將有相應的報酬，而且讓他感覺出將要給的報酬的大概數目，這個數目不應是具體的，而是一種雙方之間的默契，或者他可以根據你的某種暗示猜測，這樣就有利於雙方的配合。

對方給你幫忙，並得到相應的報酬，這是雙方心領神會的事。可到底報酬是多少呢？對方最關心的是這個問題，而一般又不好意思去問。你呢，又不便說得太具體，具體了對你今後不利。但對對方來說，不能把握你所能支付的報酬數額，他做起來就缺乏積極性。

你想事情辦成，需要對方密切配合，配合就需要滿意，所以你首先要想辦法使對方滿意。為了將來，你要用合適的方式做些暗示，吊起對方的胃口。而且，合作一開始就要出手大方一些，讓對方相信你是有實力的，從而賣力幫你的忙。

一般請人幫忙，一開始總要請對方吃一頓飯，這頓飯就是表現你實力的機會，應該把這頓飯辦得像樣一點。對方看你如此大方，定會相信事成之後不會受虧待的。這麼大方的請他吃飯，使他覺得欠著一份人情，辦事就有動力了。

一個重要的技巧就是要千方百計吊對方的胃口，一開始要出手大方一些。

另一個重要的技巧就是利用彼此共同的興趣，使所求之事盡量達到心靈默契。

每一個人都有某個方面的興趣，利用這種興趣，常常可以在彼此之間建立超常的關係。可是有許多人對他的業務以外的某種事情，比對他們的本業更有興

趣。通常一個人所做的工作，不是出於自願，而是為了謀生。但在業餘時間，他所關心的事情，則是他自己所選擇的。換句話說，他最感興趣的是在他的辦公室之外。因此，從業務之外與某人接近，比在業務上與他聯絡更容易，更有效果。

一般人都希望和他相處的人，有許多不同的特殊興趣。有的他特別喜歡，有的比較淡薄。如果可能的話，你應盡量找出他最感興趣的事，然後再從這方面去接近他。倘若沒有機會或者這種機會不容易得到，那麼也該盡可能去選擇他最大的興趣供你利用，主要的目的是要使他對你發生興趣。

欲與別人的特殊興趣建立一種特殊關係，你必須記住，必須把你的真實的興趣表現出來，單單說一句很感興趣的話是不夠的，在對方的詢問下，如果你不能掩飾你缺乏真正的興趣，就會弄巧成拙。

問題在於你怎麼能使他人瞭解你在某件事情上真的和他有同樣的興趣。因此，你必須在這方面具有相當的知識，足以證明你是有過相當研究的。

越是值得你與他接近的人，你就越應該努力對他所感興趣的事情做進一步的深入瞭解，使你能夠充分應付他，使他樂意提供你所想得到的幫助。

用這種方法去接近別人時，必須懂得誠懇的價值。如果你說你的嗜好和別人相同，不過是一句假話，那麼不久你的假話便會被人看穿。

一旦你與對方由於有共同的興趣而達成了心靈的默契，你在運用暗示時就會非常有效，比如具體的報酬數量，你不用明說，對方也會心領神會。

第十七招：營造氛圍，酒逢知己

為人處世，說話技巧有著不可估量的作用，它可使你更順利或以更小些的代價來達到目的。人都有覓求同類或知音的傾向，要想使對方將你納入知音之列，必須投其所好，而千萬不能惹人反感，叫人生厭。

處世時只一味的談自己的事，並不停的說「請你幫忙，請你幫忙」這類的話，會讓人感到萬分的厭惡、不耐煩的。假如想把自己的請求向對方說明，就應

該先擺出願意聽取對方講話的姿態來，有傾聽別人言談的誠意，別人也才會願意聽你說話。

談話的話題應該視對方的情形而定，再好的話題，若不能符合對方的需求，就無法引起對方的興趣，最好是想辦法引出彼此共通的話題來，才能聊得投機，然後再設法慢慢的把話題引導進自己所要談論的範圍裡。

談話的內容不要總是老生常談，或是在家長裡短的範圍打轉；如此不但容易使對方厭倦，同時也是畫地自限。無法拓展談話的範疇，就不能進一步的使對方瞭解自己，更不必說與對方深入的交往了。

無論談到什麼問題，都要把自己目光所及、腦中所思的傳達給對方，對任何問題都能發表獨到的見解是最重要的。但也不要誇誇其談，顯示自己什麼都懂。

在日常談話中，一般人都是說些身邊瑣事，這或許是想向對方表示親切。在正式的交談中，希望你不要把老婆、兒女當作談話的話題。有些人習慣性的講幾句正經話後，就把話題扯到老婆、兒女的身上，像這種特別把老婆、兒女掛在嘴邊的人，總不免給人軟弱和不務正業的感覺。像這樣盡說家務事，不能算是好的談話內容。

談話也可以先從社會、經濟等比較嚴肅的題目開始，然後再涉及到文學、藝術、個人的興趣方面等比較輕鬆的話題。總之，將自己的觀點見解堂堂正正的公布出來，使得彼此都能有共通的思想，才是最好的談話。

談話的語言要視對方的修養而選擇，做到能雅能俗，才不會有格格不入的反感。

一個善於處世的人，一定很注重禮貌，用辭考究，不致說出不合時宜的話，因為他知道不得體的言辭往往會傷害別人，即使事後想再彌補也來不及了。相反的，如果你的舉止很穩重，態度很溫和，言辭中肯動聽，雙方自然就能談得投機，分別後也會彼此懷念不已。

所以為了要使對方對你產生好感，必須言語和善，講話前先斟酌思量，不要不動腦筋，想到什麼說什麼，以致引起了別人反感自己還不知道為什麼。那些心

直口快的朋友平時要多培養一下自己的深思慎言作風，切不可像隨地吐痰似的不看周圍是何處就脫口而出，那樣是會被人瞧不起的。

工作生活出現了困難和危機，比如家人生病、婚姻不睦、事業不順等等，這些因素都會使人心力交瘁，喪失信心，不僅影響情緒，而且影響和周圍人的互動。在處於情緒低潮時，請求別人能寄予關懷，伸出援助之手。但千萬記住，不要把過度沮喪的情緒帶到別人面前。為人處世，總是一副哭喪臉，會使人感到晦氣。

第十八招：隨鄉入俗，到山唱歌

在辦事過程中，談話時要善於尋找話題。有人說：「交談中要學會沒話找話的本領。」所謂「找話」就是「找話題」。交談，有了好話題，就能使談話融洽自如。好話題，是初步交談的媒介，深入細談的基礎，縱情暢談的開端。好話題的標準是：至少有一方熟悉，能談；大家感興趣，愛談；有展開探討的餘地，好談。

面對眾多的陌生人，要選擇眾人關心的事件為話題，把話題對準大家的興奮重心。這類話題是大家想談、愛談、又能談的，人人有話，自然能說個不停了，以致引起許多人的議論和發言。

還可以巧妙地借用彼時、彼地、別人的某些內容為題，藉此引發交談。有人善於借助對方的姓名、籍貫、年齡、首飾、住所等等，即興引出話題，常常獲得好的效果。「即興引入」法的優點是靈活自然，就地取材，其關鍵是要思維敏捷，能做由此及彼的聯想。

與陌生人交談時，還可以先提一些「投石」式的問題，在略有瞭解後再有目的的交談，便能談得更為自如。如在聚會時見到陌生的鄰座，便可先「投石」詢問：「你和主人是老鄉還是老同學？」無論問話的前半句對，還是後半句對，都可循著對的一方面交談下去；如果問得都不對，對方回答說是「老同事」，那也可談下去了。

如果能問明陌生人的興趣，循趣發問，便能順利的進入話題。如對方喜愛象棋，便可以此為話題，談下棋的情趣，車、馬、炮的運用等等。如果你對下棋略通一二，那肯定談得投機。如果你對下棋不太瞭解，那也正是個學習機會，可靜心傾聽，適時提問，藉此大開眼界。

引發話題方法還有很多，諸如「借事生題」法、「即景出題」法、「由情入題」法等等，可巧妙的從某事、某景、某種情感，引發一番議論。

如果是想託陌生人辦事，這時必須在縮短距離上下工夫，力爭在短時間內瞭解得多些，縮短彼此的距離，力爭在感情上融洽起來。有句成語「一見如故」，陌生人要能談得投機，要在「故」字上做文章，變「生」為「故」。為此，首先，要看準情勢，不放過應當說話的機會，適時插入交談，適時的「自我表現」，能讓對方充分瞭解自己。其次，要尋找自己與陌生人之間的媒介物，以此找出共同語言，縮短雙方距離。最後，還要留些空缺讓對方接話，使對方感到雙方的心是相通的，交談是和諧的，進而縮短距離。因此，和陌生人的交談，千萬不要把話講完，把自己的觀點講死，而應歡迎探討。

俗話說：「到什麼山唱什麼歌。」說話不看對象，不僅達不到處世的目的，往往還會傷害對方的面子。反之，瞭解了對方的情況，即使發表一些大膽的言論，也不會對對方造成傷害，從而達到自己的目的。

第一，要根據對方的身分，確定說話的方式和內容。

例如，《世說新語》有這麼一則故事：有個叫許允的人在吏部做官，提拔了很多同鄉人。魏明帝察覺之後，便派虎賁軍去抓他。他的妻子趕出來告誡他說：「明主可以理奪，難以情求。」讓他向皇帝申明道理，而不要寄希望於哀告求饒。

於是，當魏明帝審訊許允的時候，許允直率的回答說：「陛下規定的用人原則是『舉爾所知』，我的同鄉我最瞭解，請陛下考察他們是否合格，如果不稱職，臣願處罰。」

魏明帝派人考察許允提拔的同鄉，他們倒都很稱職，於是將許允釋放了，還賞了一套新衣服。

　　許允提拔同鄉，是根據封建王朝制定的個人薦舉制的任官制度，不管此舉妥不妥當，它都合乎皇帝認可的「理」。許允的妻子深知跟皇帝打交道，難於求情，卻可以「理」相爭，於是許允以「舉爾所知」和用人稱職之「理」，來抵消提拔同鄉、結黨營私之嫌。這可以說是善於根據說話對象的身分來選擇說話的絕好例子。

　　第二，處世說話，除了要考慮對方身分以外，還要注意觀察對方的性格。

　　一般來說，一個人的性格特點往往透過自身的言談舉止、表情等流露出來，如：那些快言快語、舉止簡捷、眼神鋒利、情緒易衝動的人，往往是性格急躁的人；那些直率熱情、活潑好動、反應迅速、喜歡互動的人，往往是性格開朗的人；那些表情細膩、眼神穩定、說話慢條斯理、舉止注意分寸的人，往往是性格穩重的人；那些安靜、憂鬱、不苟言笑、喜歡獨處、不善互動的人，往往是性格孤僻的人；那些口出大言、自吹自擂、好為人師的人，往往是驕傲自負的人；那些懂禮貌、講信義、實事求是、心平氣和、尊重別人的人，往往是謙虛謹慎的人。對於這些不同性格的談話對象，一定要具體分析，區別對待。

　　例如，在《三國演義》第六十五回中，馬超率兵攻打葭萌關的時候，諸葛亮對劉備說：「只有張飛、趙雲二位將軍，方可對敵馬超。」

　　劉備說：「子龍領兵在外回不來，翼德現在這裡，可以急速派遣他去迎戰。」

　　諸葛亮說：「主公先別說，讓我來激激他。」

　　這時，張飛聽說馬超前來攻關，大叫著要請求出戰。諸葛亮佯裝沒聽見，對劉備說：「馬超智勇雙全，無人可敵，除非往荊州喚雲長來，方能對敵。」

　　張飛說：「軍師為什麼小瞧我！我曾單獨抗拒曹操百萬大軍，難道還怕馬超這個匹夫。」

　　諸葛亮說：「你在當陽拒水斷橋，是因為曹操不知道虛實，若知虛實，你怎能安然無事？馬超英勇無比，天下的人都知道，他渭橋六戰，把曹操殺得割鬚棄袍，差一點喪了命，絕非等閒之輩，就是雲長來也未必戰勝他。」

　　張飛說：「我今天就去，如戰勝不了馬超，甘當軍令。」

諸葛亮看「激將」法發揮作用了，便順水推舟的說：「既然你肯立軍令狀，便可以為先鋒！」

結果，張飛與馬超在葭萌關下酣戰了一晝夜，鬥了二百二十多個回合，雖然未分勝負，卻打掉了馬超的銳氣，後被諸葛亮施計說服而歸順劉備。

在《三國演義》中，諸葛亮針對張飛脾氣暴躁的性格，常常採用「激將法」來說服他。每當遇到重要戰事，先說他擔當不了此任，或說怕他貪杯酒後誤事，激他立下軍令狀，增強他責任感和緊迫感，激發他的鬥志和勇氣，掃除輕敵思想。

諸葛亮對關羽，則採取「推崇法」，如馬超歸順劉備之後，關羽提出要與馬超比武。為了避免二虎相鬥，難避一傷，諸葛亮寫了一封信給關羽：我聽說關將軍想與馬超比武別高下。依我看來，馬超雖然英勇過人，但只能與翼德並驅爭先，怎麼能與你「美髯公」相提並論呢？再說將軍擔當鎮守荊州的重任，如果你離開了造成損失，罪過有多大啊！

關羽看了信以後，笑著說「還是孔明知道我的心啊」。他將書信傳給賓客們看，打消了比武的念頭。

雖然被求者的情況有種種不同，如對方的興趣、愛好、長處、弱點、情緒、想法觀點等，這些都是需要注意的內容，但身分與性格無論如何是很重要的「情況」，不得不優先注意。

戰國時期著名的縱橫家鬼谷子，曾經精闢的總結出與各式各樣的人交談的辦法：「與智者言依於博，與拙者言依於辯，與辯者言依於要，與貴者言依於勢，與富者言依於豪，與貧者言依於利，與賤者言依於謙，與勇者言依於敢，與愚者言依於銳。」「說人主者，必與之言奇，說人臣者，必與之言私。」

上面兩段話意思是說，和聰明的人說話，須憑見聞廣博；與見聞廣博的人說話，須憑辨析能力；與地位高的人說話，態度要軒昂；與有錢的人說話，言辭要豪爽；與窮人說話，要動之以利；與地位低下的人說話，要謙遜有禮；與勇敢的人說話，不能稍顯怯懦；與愚笨的人說話，可以鋒芒畢露。與上司說話，須用奇

特的事打動他；與下屬說話，須用切身利益說服他。

對於運用語言來為人處世，還有一個需要注意的問題，就是一定要集中精力聽對方的話。有些人在處世時，自己滔滔不絕的嘮叨個沒完，一遍遍的訴苦，沒完沒了的恭維對方，以為這樣就能博取對方的好感，殊不知這樣適得其反。因此，為人處世，要管住自己的嘴巴，豎起你的耳朵。要想達到目的，首先要當個好聽眾。當你在認真的聆聽別人講話的時候，你的認真、你的全心全意、你的鼓勵和讚美都會使對方感到你很尊重他，當然你也會得到善意的回報。這就是「捧」的實質。

怎樣才能成為一個好聽眾呢？

第一，要保持耳朵的暢通，閉上自己的嘴巴。

在與人交談時，盡量的使對方談他所感興趣的事，並用鼓勵性的話語或手勢讓對方說下去，並不時的在無關緊要處說一兩句讚嘆的話，對方會認為你在尊重他。並全心全意的聆聽。輕敲手指或頻頻用腳打拍子，這些動作是會傷害對方的自尊心的。眼睛要看著對方的臉，但不要長時間的盯住對方的眼睛，因為這樣會使對方產生厭惡的情緒。只要你全神貫注，輕輕鬆鬆的坐著，不用對方將音量加大，你也可以一字不差的聽進耳朵裡。同時還要善於協助對方把話說下去。別人說了一大堆以後，如果得不到你的態度，儘管你在認真的聽，對方也會認為你心不在焉。在對方話語的無關緊要處，不妨用一些很短的評語以表示你在認真的傾聽，諸如「真的嗎！」「太好了！」「告訴我是怎麼回事？」這些話語會使對方興趣倍增。

有些人有一種錯覺，以為在處世時，越能說話越能訴苦，越能不斷的吹捧別人，就越容易成功，事實上並非如此。在你滔滔不絕講話的時候，注意也要把說話的機會奉還給別人。在別人講話的時候，如果你自作聰明，用不相干的話把別人的話頭打斷，這會引起對方的憤怒的。

第二，是要學會聽出弦外之音、言外之意。

通常除了說話以外，一個眼神，一個表情，一個動作都能在特定的語境中表

達明確的意思。就是同一句話也可以聽出其弦外之音、言外之意。

第十九招：遍撒淚珠，哭者無敵

哭似乎是女人的專利，但男人若肯放下臉面，大流眼淚，效果一定不亞於女人，搜尋古今歷史，善哭的男人倒有幾個，哭得妙的哭出了天下，次一點的也哭出官運亨通。

常言道：「男兒有淚不輕彈。」男子漢大丈夫哭哭啼啼實在不雅，有失風度，因此，男子漢若哭必須臉皮厚。

男子哭自有哭法，不能像潑婦一樣，一屁股坐到地上，雙手握住腳踝，像狼叫一樣哭。男子漢的哭，要高昂著頭，任眼淚直往下流，若淚水少，千萬不能擦，眼淚就是讓人看的，此時不要不好意思，要以哭為榮，要哭出感情，哭出特色，哭出風度，要讓人們為自己的哭而傾倒。

政治家們是最善用眼淚的，他們有的是裝出一副誠懇的樣子，讓人們同情他。劉備就是最典型的例子。

哭的方法千奇百怪，哭的效果也奇妙無窮，巧於用哭的，可以達到事半功倍的效果。

民國年末，谷正綱當著文武大臣的面，為蔣介石下野痛哭流涕，雖然大失臉面，但卻哭出了後半生的官運亨通。

1949 年 1 月 21 日，蔣介石就宣布第三次下野問題，在黃埔路總統官邸召集國民黨中央委員臨時會議，到會的有李宗仁、孫科、童冠賢、吳忠信、邵力子、陳立夫、谷止綱、蔣經國等人。到會眾人，一個個表情陰鬱，會場氣氛冰冷，蔣介石出示了他和李宗仁的聯名宣言，指明「由李副總統代行總統職權」。

蔣介石首先發言，將局面做詳細分析，最後表示他個人非引退不可，只要和平能實現，則個人的進退，絕不縈懷，而唯國民的公意是從。

蔣介石聲音低沉似有無限悲傷，與他平時訓話時的激昂慷慨，截然不同。

接著張群又唸了蔣的一篇文告。張群唸完後，會場一片沉默。

突然有人放聲大哭：「總統不能下野呀！總統！」

是誰在號啕，人們舉目望去，原來是谷正綱在淚流滿面，哭聲不止。

「我認為發表這篇文告，將對士氣、人心產生不良影響。」谷正綱的弟弟谷正鼎也馬上附和其兄。

蔣介石極力控制著自己的情緒，說：「事實已不可能，我已做此決定了，我今天就要離開南京。」

谷正綱這一哭真正哭出與眾不同來，在關鍵時刻以眼淚向蔣介石效忠，使蔣介石把他記在心中。

為了表示忠心，蔣介石下野後，谷正綱以「辭職」抗議，離開南京跑到上海。

蔣介石兵敗撤離大陸到臺灣後，對國民黨實施大手術，排除種種舊有的派系，重新組建，以形成對國民黨的絕對控制權，成立了十五人組成的中央改造委員會。這十五人都是蔣氏父子一再精心排選的放心人物。谷正綱憑哭選上。國民黨撤到臺灣後，眾多元老、黨棍都政治失勢，谷正綱一哭，使那麼多人都黯然失色。

其實谷正綱這人不僅臉皮厚，心也黑，慣於見風轉舵，遵循的原則是：「有奶就是娘。」1929 年，谷正綱投入汪精衛的懷抱，在汪精衛的栽培下，當上了國民黨中央執行委員、組織部副主任委員。後來汪精衛漸漸失勢，蔣介石權力日盛，谷正綱就又投入蔣介石的懷抱。蔣介石第三次下野，谷正綱看到李宗仁只不過是走走過場，無兵無權，就又及時的對蔣表示忠心，留下後路。

人類天生就會同情弱者，這是人性的弱點。運用眼淚戰法，對人哀哀以求，動之以情，這種處世術，古今中外，屢試不爽，原因就在於此。當然，精通《厚黑學》的大師們除外，他們已看破了情關，對淚箭具有極強的免疫力。其他的人就很難不中招了。

例如，拿破崙的妻子約瑟芬是前博阿爾內子爵夫人，一向水性楊花，生活放蕩。當拿破崙在義大利和埃及戰場浴血搏鬥時，新婚不久的她卻與一個叫夏爾的中尉偷情私通，對拿破崙毫無忠貞可言。她原以為拿破崙會戰死在沙漠中，已經不再等待他回來，而要像沒有拿破崙一樣安排後事。

西元 1799 年 10 月，拿破崙從埃及回到法國，並受到人們熱烈歡迎的消息傳到巴黎後，約瑟芬驚呆了。拿破崙成了歐洲最知名的人物，法國的救星，前程無量。她欺騙了拿破崙，並想拋棄他，這時又後悔了。

於是她不辭辛苦，坐著馬車，長途跋涉，去法國南部的里昂迎接拿破崙。她想在拿破崙與家人見面前見到他，並趁著他的興奮矇騙住他，不使自己的醜事曝光。

她好不容易到達里昂，可是拿破崙從另一條路走了，並與家人會合。拿破崙對妻子的不貞早有耳聞，當他確信約瑟芬對他不忠時，他暴跳如雷，下定決心與其離婚。

約瑟芬知道大事不好，日夜兼程趕回巴黎。

拿破崙吩咐僕人不讓她走進家門。她勉強進了門，不知如何來應付與丈夫見面的場面。片刻之後，她靜下神來，決定壯著膽子去見丈夫。

約瑟芬來到拿破崙的臥室門前，輕輕敲門，沒有回答。

她再次敲門，並溫柔而哀婉的呼喚，拿破崙沒有理睬。

她失聲大哭，短促呻吟，拿破崙無動於衷。

她哭著，用雙手捶打著門，請求他原諒，承認自己一時的輕率、幼稚而犯下了錯誤，並提起他們以前的海誓山盟……說如果他不能寬恕，她就只有一死。這仍然打動不了拿破崙。

約瑟芬哭到深夜，不再哭了，她忽然想起孩子們，眼睛一亮，燃起了希望之光；她知道，拿破崙愛他的兩個孩子奧坦絲和歐仁，尤其喜歡歐仁，這是打動拿破崙心腸的好辦法。倘若孩子們求他，他可能會改變主意的。

孩子們來了，天真而笨拙的哀求著說：「不要拋棄我們的母親，她會死的……

還有我們，我們怎麼辦呢？……」

　　人心都是肉長的，約瑟芬這一招終於成功。拿破崙雖然懷疑約瑟芬已背叛了他，然而她的哭聲在他的腦海裡泛起他們相愛時的美好回憶。奧坦絲和歐仁的哀求聲衝破他心中設下的防線，他已熱淚盈眶。

　　於是，房門打開了，拿破崙與約瑟芬重歸於好了。後來拿破崙登基時，約瑟芬成了皇后，榮耀之至。

　　據說，凶殘的鱷魚在吞噬別的動物前，總要流下一串串「傷心」的眼淚，這就是所謂「鱷魚的眼淚」。這也許正是鱷魚的狡詐之處。在官場政壇上，有人為了升官發財，剷除政敵，竟然也用哭來達到目的。另一方面，電影裡經常有這樣的場面，女孩撒嬌似的哭了，背對著女孩的戀人忽然轉過身來，用驚訝憐愛的表情注視著她，接著把被眼淚浸濕的臉拉過來，熱烈的吻著。這也是女性征服男性的一種方式。這樣，女性透過眼淚就既可以達到「快感」，又可以戰勝對手，還可以獲得「利益」。足見哭的威力。

　　但是，這裡所說的哭，並不是說處世者一定要擺出一副可憐兮兮的樣子，流下幾滴眼淚。關鍵是設法激起對方的同情心，使聽者首先從感情上與你靠近，產生共鳴，這就為你問題的解決打下了基礎。人心都是肉長的，只要你將受害的情況和你內心的痛苦如實的說出來，對方是會動心的。

　　同情心可以促進當權者對處世者的理解，但這並不等於說馬上就會下定為你辦事的決心。因為他要考慮多方面的情況，有時會處於猶豫之中，甚至會抱著多一事不如少一事的態度，不想過問。這時候，處世者的「哭」就是要努力激發對方的責任感，要使對方知道，這是在他職責範圍以內的事，他有責任處理此事，而且能夠辦好此事。

繃字篇：裝腔作勢，軟硬兼施

即俗語所謂繃勁，是恭字的反面字，以下屬及老百姓而言，分兩種：一種是儀表上，赫赫然大人物，凜不可犯，二是言談上，儼然腹有經綸，槃槃大才，恭字對飯甑子所在地而言，不必一定是在上；繃字對非飯甑子所在地而言，不必一定是下屬和老百姓。有時甑子之權，不在上司，則對上司，亦不妨厚；有時甑子之權，操之下屬或百姓，又當改而為恭。吾道原是活活潑潑地，動用之妙，存乎一心也。

—— 李宗吾《厚黑學》

第一招：不經意間，震撼消息

如果你到處宣揚你與某大人物是「好兄弟」、是「一個戰壕裡的戰友」，別人一定首先打個問號，這是人人都有的一個防禦心理。由於，你本來就是「吹牛」，所以一旦對方有了懷疑，再想消除就難了。因此，「拉大旗作虎皮」的方法能否成功，取決於別人會不會相信你真的很有背景。為此：

第一，在交往過程中，態度不卑不亢，使對方對你產生與眾不同的感覺。

一般人在求人時，態度一定會低聲下氣，讓對方可憐，這種人對方可能見得比較多，但是，如果你一反常規，態度不卑不亢，從氣勢上並不輸給對手，對方很自然的會想到「這小子可能有些來路」。

例如，1981 年，國際市場需要潤滑油基礎油，一家石油化工公司看準這一行情，不惜工本，按照國際標準生產出 8 種牌號的潤滑油基礎油，打入國際市場後，名聲大震。可是，好景不長，由於國際石油市場競爭激烈，油價下跌，繼續堅持出口，公司將一年要虧損 100 萬元。面對危機，公司經理黃先生認為，參與國際交易，我們是後起者，在強手如林的情況下，要擠進去不容易，我們應想辦法站住腳。如果一遇風浪就退出來，那麼，想再占領市場就會更困難。他決心帶領公司同仁從夾縫中衝出去。為此，他親自到歐美一些國家做市場調查，搜集資訊，尋找合夥對象，開闢新市場。

在美國北部，黃先生找到美國一家著名的石油公司國際銷售部。黃經理開門見山的說，希望你們能買我們的產品。對方經理說，你憑什麼讓我們把別的公司的產品砍掉，而買你們的產品？黃經理就不卑不亢的列舉了自家石化公司的三大優勢：一，我們公司的產品品質保證，有很高的信譽。二，我們可以長期合作，保證長期供貨。三，我們公司有自備碼頭，保證交貨及時，並有良好的服務，產品資料齊備，保證信守合約。

第二，在不經意之中，流露出你與強大的第三者之間的關係，不由得對方不信，事也就好辦了。

黃經理在大談了自己公司的三大優勢後，不急不徐的告訴對方經理，貴國的某家知名公司已經購買了我們的產品。

最後的不經意正是點睛之筆，該石油公司在美國享有盛名，是世界第六大工業公司。這位經理聽說某公司已購買了黃先生公司的產品，立即放下架子，同意洽談生意，並對黃先生公司的產品做了品質評定。經檢驗，潤滑油基礎油全部指標達到規定要求。他們很快向世界各地分公司發放了准予購買的許可證。就這樣，黃先生的公司開闢了新的市場，其產品終於在國際石油市場上占有了一席之地。

第二招：故布疑陣，順水推舟

為了使對方相信你的背景，上面所講的採用「不經意」的方式使對方知道，還不是最好的辦法。因為，畢竟還是你自己說出來的。如果能製造一個假象，讓對方自己透過判斷得出結論，效果會更好。為此：

第一，無論內心多麼著急，多麼迫切的希望對方答應自己的請求，表面上還要裝出若無其事，一點不著急的樣子，這叫「欲而示之不欲」或「欲擒故縱」。

例如，有一次，日本一家公司面臨著破產的威脅，必須把公司的全部產品盡快賣出去。公司經理山本不得不飛往美國，與急需他公司產品的某公司談判。不料美方已探明日本公司的底細，竭力壓價。山本只有兩種選擇：不賣，聽憑公司資金無法周轉而步入絕境；或者以低價賣掉，忍受元氣大傷甚至一蹶不振的痛苦。山本於是施展開「厚黑絕學」，儘管內心十分痛苦，表面上卻照樣談笑風生。

第二，「故布疑陣」，使對方對你產生判斷錯誤，誤以為你還有更強的後臺，他只是其次。

例如，山本對美方談判代表的各種要求，似乎都沒有加以鄭重考慮，卻一遍又一遍的問祕書：「你再去看看飛往南韓的機票是否已經準備好了。如果已拿到機票，我們明天就走，那裡的生意可是一分鐘也耽擱不起的。」這就是在「故布

123

疑陣」。

就這樣，美方代表「堅信」自己的判斷：山本對於與美方的這椿生意興趣不大，成不成對他都無所謂。極有可能，他還會突然離開美國前往南韓。

美方代表急忙撥電話報告總裁，詢問怎麼辦。總裁馬上下令：「按正常價格盡快談成這筆生意。」結果，這家日本公司立即從崩潰的邊緣重新振作起來了。

第三招：移花接木，眼見為實

除了利用「故布疑陣」，使對方產生錯覺之外，還可以用「移花接木」辦法，利用人們「眼見為實」和「先入為主」的慣性思維，達到使對方相信的目的。

第一，巧妙利用「耳聽為虛，眼見為實」。

例如，倫敦一家曾經門可羅雀的珠寶店，為了擺脫岌岌可危的困境，老闆決定採用移花接木的辦法，要把他的珠寶店與王妃黛安娜關聯起來。

一天傍晚，這家珠寶店突然張燈結綵，老闆衣冠楚楚站在臺階上恭候嘉賓。沒多久，一輛高級轎車在門前停下，黛安娜王妃緩緩的從車裡走了出來，她嫣然一笑，親切的向行人點頭致意。人們見此情景便蜂擁而上，爭先恐後的想一睹王妃的風采，久久不願離去。有的年輕人還大膽擠上前去吻了她的手。路邊的警察急忙過來維持秩序，防止圍觀者影響王妃的正常活動。

老闆笑容可掬，感謝王妃光臨本店，隨即引王妃向櫃檯走去。店員拿出項鍊、鑽石、耳環、胸針等最貴重的首飾任其挑選。黛安娜王妃面露喜色，愛不釋手，連聲稱好。

預先早有安排的攝影機將此情景一一攝入鏡頭，第二天便在電視臺廣為播放。雖然自始至終沒有一句解說詞，更沒有誘導廣告，但珠寶店名、地址卻是相當醒目的。這家珠寶店立即轟動了整個倫敦。

那些好趕時髦的年輕人，那些「愛屋及烏」的黛安娜王妃迷們，立即蜂擁而來，珠寶店立時門前車水馬龍，人們競相搶購黛安娜王妃所讚賞的首飾。老闆滿

面春風，親臨櫃檯，應接不暇，僅幾天的營業額就超過開業以來的總營業額，而且生意一天比一天更好。

很顯然，老闆把珠寶店強行「嫁接」到黛安娜王妃身上，藉此來賺大錢的移花接木之計大獲成功。

第二，只做不說，提供想像空間，由對方自己去想像。

或許有人要問：並不是每家商店都會有王妃光臨的時機呀？這裡要說，如果王妃主動光臨，那麼商店與王妃之間的關係是「自然」形成，而不是因「嫁接」才得來的，也就談不上使用「計謀」了。只有本無關係而變成了有關係的「嫁接」，才可稱得上是用計施謀。我們說這家珠寶店的老闆使用了移花接木之計，是因為還有下文。

珠寶店的生意越來越好，也成了街談巷議的重要新聞，於是震動了王室。皇家發言人不久鄭重聲明：「經查排程，王妃在那天絕沒有去過珠寶店。」

人們都以為珠寶店的老闆要被起訴上被告席了。然而老闆卻鎮定自若。他承認從未有過王妃來過本店。那天盛情接待的女貴賓，是他煞費苦心找來的。她的氣質、神態、舉止、身材都酷似黛安娜王妃，經過美容師化妝，其髮型等等也都與黛安娜王妃一模一樣。但她畢竟不是黛安娜王妃。電視臺所播的影像從頭到尾只有音樂，而未置一詞，因此，珠寶店並未構成欺騙罪，人們想當然的誤認為此「黛安娜」為彼黛安娜，那是他們自己的事。

人們自己把珠寶店「嫁接」到王妃身上，珠寶店則只是知道盡可能的推銷珠寶。老闆的「嫁接」技法何等高明！老闆的說辭何等冠冕堂皇！

第四招：善用誤會，推波助瀾

善於交往者會善於利用一些誤會，自己不去捅破，甚至還要推波助瀾。在下面的故事裡，一位小姐並沒有親自去求人，只因為一場誤會，小姐揣著明白裝糊塗，各種好處不求自來，小姐坐享其成。如果你在求人不成，上天無路，入地無

門之際，碰上這樣的便宜，可千萬不要捅破。

粘小姐在某公司工作五、六年了，以前交了幾個男朋友，都嫌她工作環境太差而告吹。如今，粘小姐一躍而成了大齡女孩，一堆人都為她著急起來。半年前，姑媽又為粘小姐介紹了一個對象，對方長得挺帥，而且並沒有嫌棄她的工作。兩人進入熱戀之中，商討怎樣辦婚事。然而好事多磨，沒有房子。男生的工作不能解決，要她自己想辦法，而粘小姐父母又都是平常百姓，要有間房子，不知是何年何月的事。後來決定還是先辦結婚登記，排隊等社會住宅，一旦有了房子，馬上舉行婚禮。

粘小姐去辦理證明，剛好所長值班，就一邊開證明，一邊與粘小姐話家常。看到粘小姐姓粘，所長問道：「妳這姓很少啊！」粘小姐無心閒扯，答道：「唔。」所長接著說：「縣長也姓粘，那妳和他是親戚囉。」粘小姐又未置可否，因為她沒有心思與他閒扯，只等所長開完證明她就要走。

所長進一步推理說：「縣長沒有女兒，那妳一定是他的侄女了。恭喜妳，粘小姐。」所長十分俐落的把證明開完，又熱情的把粘小姐送了出去。

經所長之口，縣長侄女結婚的消息，在當地很快傳播開來。

粘小姐回到公司，主管馬上找她，說：「妳是粘縣長的侄女，為什麼不早說？現在的年輕人像妳這樣的實在很少，不錯，不錯。」接著又說：「考慮到妳一貫工作認真、負責，決定替妳換一個工作，調妳到局裡辦公室，人事命令不久就會下來，好好工作吧，粘小姐，前途無量啊！」

沒有多久，一位副局長親自找到粘小姐，說：「對不起，粘小姐，我們的工作實在太忙，要房子的太多，所以沒有及早替妳辦理好。我們討論、研究了很久，現在沒有很好的房子，只有江邊新建的一間兩房一廳的房子，妳看合意的話……這是房子的鑰匙。粘縣長那裡還望小姐以後多多美言幾句。」說罷起身告辭。

粘小姐真是喜出望外，最難解決的房子問題已不成問題。工作已經調動了，房子又解決了，真是雙喜臨門。看來，這縣長的面子可真大！

有了房子，粘小姐的婚事如期舉行，參加的人很多。除了親戚，還有各局室、各部門的負責人，他們拿著禮品，早早的來了。因為他們想：縣長的侄女結婚，縣長肯定會參加。他們當然不願放棄一個當面向縣長討好的機會。自然，禮品就相當豐厚了。粘小姐的婚禮在當地算是辦得風風光光。

等待像上文中的「誤會」這種天上掉下的「餡餅」有點太消極，而單純的「說謊」又有被捅破的風險。真正的「厚黑之士」是絕不會蠻幹的，他們會在99%的「謊言」中加上1%的「真實」，製造這種「真實的謊言」，就不由得你不信了！

漢桓帝時，宦官張讓權傾朝野。張讓有個奴僕為他管家，扶風郡的富人孟陀使盡錢財結交這個奴僕。奴僕很感激孟陀，問他有什麼要求，願為他促成。孟陀說：「只希望你們一班人迎拜我一次。」那時去求見張讓的公卿大夫很多，車馬每每堵滿門前。孟陀有一天去謁見張讓，被堵住前行不得。那個管家的奴僕遠遠看見，便率領家奴到路上去迎拜，與他同乘一車進宅。當時賓客們非常驚訝，以為張讓很看重孟陀，於是便爭著去賄賂他。很快，孟陀便積聚了好幾萬錢財。

孟陀並沒有真正結交上張讓，但是透過管家奴僕等人的迎拜，其造成的假象已達到了目的，眼見為實，此便是孟陀用心之所在。

第五招：臉上貼金，冠冕堂皇

「繃」的要旨就是「吹」和「騙」。在求人的理由上做文章，「臉上貼黃金」就是把本來非常自私的目的，卻說成是為了「全人類的幸福」，只有提高到這樣的高度，才能使對方不能拒絕，甚至不敢拒絕。

二次大戰期間，由於湯普森的努力，從而使因戰爭而陷入困境的可口可樂起死回生。

戰爭與飲料，似乎風馬牛不相及。但善於經營的湯普森卻從一位正在菲律賓服役的同學那裡得到啟發。他的那位同學告訴他，在南洋那麼熱的地方，如果能喝到可口可樂，那真是舒服極了。湯普森一聽，心想，如果前線都能喝到可口可

樂，那不是可口可樂很好的銷路嗎？而且當地老百姓知道了可口可樂，不是間接做了廣告嗎？興奮的湯普森立即找到美國國防部，將自己的想法和盤托出。不料五角大廈的官員根本就不把這種想法當一回事，甚至懷疑湯普森是「痴人說夢」。

湯普森並沒有因此退卻，他想盡辦法，讓國防部知道可口可樂對前線將士的重要。於是，他召集了三人小組，寫出了一份關於可口可樂對前線將士的重要性及密切關係的宣傳資料，經他修改後，成了一份圖文並茂的精美小冊子。內容特別強調：戰士在戰場上，在可能的情況下，必須有生活的調劑。如果一個完成任務的戰士，在精疲力竭、口乾舌燥之時，能喝上一瓶可口可樂，該多麼愜意。

知難而上的湯普森，為把可口可樂推銷到前線，還特別召開了一次擴大的記者招待會，特邀了國會議員、士兵家屬和國防部官員。會上，他不斷強調：可口可樂是軍需品，可口可樂是為了對海外浴血奮戰的兄弟表達誠摯的關懷，為贏得最後的勝利貢獻一分力量。

他的話，贏得了士兵家屬的支持。一位老婦人緊緊的抱著湯普森說：「你的構想太偉大了，你的愛心能夠受到上帝的支持。」在輿論的支持下，在士兵家屬和國會議員的促請下，國防部的官員終於同意了他的想法。

不僅如此，五角大廈乾脆好人做到底，宣布不僅把可口可樂列為前線將士的必需品，而且還支持湯普森在前線設廠生產可口可樂，以便供應士兵的需要。但是，戰時受炮火影響很大，設廠投資冒險性太大，所以這種龐大的投資，也就自然由國防部負責。

當供應前線可口可樂的消息傳出後，士兵們反應強烈。雖然這樣使國防部無形中增加了一大筆支出，但考慮到前線將士的渴望和士氣，國防部索性宣布：不論在世界任何一個角落，凡是有美國軍隊駐紮的地方，務必使每一個戰士，能以5美分的價格喝到一瓶可口可樂。這一供應計畫所需要的一切費用和設備，國防部將全力給予支持。

自此以後，可口可樂的銷路迅速發展到遠征軍中，海外市場也隨之迅猛發展，特別是東南亞炎熱地帶，可口可樂更是成了人人羨慕的飲料。大戰結束

後，可口可樂隨著美軍登陸日本，立即掀起可口可樂熱，使整個日本飲料界大為震驚。

你想往自己臉上貼金還不一定有機會，如前所述，「傻等」絕不是「厚黑之士」所為，這時，你必須會自己創造「貼金」的機會，一旦機會出現，就不顧一切的撲上去，緊緊抓住。

「東北王」張作霖就曾自導自演了一齣好戲，成功的為自己挖好了一條地道，巧妙的向對方表了忠心，結果官運亨通，扶搖直上。

張作霖是個野心勃勃的人，雖說已經是土匪大頭目，但他朝思暮想要弄個朝廷官來做做。

奉天將軍增祺的姨太太從關內返回奉天，此事被張作霖手下幹將湯二虎探知，急忙報告張作霖，張作霖一拍大腿，說：「這真是把貨送到家門口了。」

湯二虎奉張作霖之命在新立屯設下埋伏，當這隊人馬行至新立屯時，被湯二虎一聲吶喊阻截下來，隨後把他們押到新立屯的一個大院裡。

增祺的姨太太和貼身侍者被安置在一座大房子裡，四周站滿了持槍的土匪，這時，張作霖已經接到報告，便飛馬來到大院。故意提高聲音問湯二虎：「哪裡弄來的馬子。」

湯二虎也提高聲音說：「這是弟兄們在路上做的一筆買賣，聽說是增祺將軍大人的家眷，剛押回來。」

張作霖假裝憤怒說：「混帳東西！我早就跟你們說過，咱們在這裡是保境安民，不要隨便攔行人，我們也是萬不得已才走綠林這條黑道的。今後如有為國效力的機會，我們還得求增大人照應！你們今天卻做這樣的蠢事，將來怎向增祺大人交代？你們今晚要好好款待他們，明天一早送他們回奉天。」

在屋裡的增祺姨太太聽得清清楚楚，當即傳話要與張作霖面談。張作霖立即先派人為增祺姨太太送來最好的鴉片，然後入內跪地參拜姨太太。

姨太太很感激的對張作霖說：「聽罷剛才你的一番話，將來必有作為，今天只要你保證我平安到達奉天，我一定向將軍保薦你這一部分力量為奉天地方

效勞。」

張作霖聽後大喜，更是長跪不起。

次日清晨，張作霖侍候增祺姨太太吃完早點，然後親自帶領弟兄們護送姨太太歸奉天。

姨太太回到奉天後，即把途中遇險和張作霖願為朝廷效力的事，向增祺將軍講了一遍。增祺十分高興，立即奏請朝廷，把張作霖的部分收編為巡防營，張作霖從此正式告別了「胡匪」「馬賊」生涯，成為真正的清廷管帶。

由於，身世和經歷是最容易打動別人的一個重要方面，因此，在求人過程中，如果能巧妙的改變自己的身世和經歷，「臉上貼黃金」的辦法就非常容易實現。

美國共和黨人麥卡錫就是一個十足的「厚黑之士」，他不但是一個素養低劣的政客，而且是一個惡棍和酒徒，一個罕見的撒謊能手。他靠一連串荒誕不經的謊言起家，並建立了自己的「功業」。1950 至 1954 年，他領導了所謂「抵制共產黨滲透美國政府機構的活動」，操縱美國參議員常設調查委員會，運用非法手段進行調查審訊，任意以親共和反美活動為藉口，大搞政治迫害，造成了大量冤案。他的這些行為，被稱為「麥卡錫主義」。麥卡錫主義的盛行，成為美國歷史上反共反民主最黑暗的一頁。

麥卡錫 1908 年出生於美國的威斯康辛州，1935 年畢業於馬凱特大學，後來從事律師職業。30 歲那年，他第一次競選州法官，與當時在職的一位 66 歲的法官競爭。麥卡錫為了在競選中投機取勝，開始玩弄撒謊的手段，在他們兩人的年齡都有依據可查的情況下，麥卡錫居然不顧事實，竟把對手說成 73 歲，有時還說成 89 歲，並將自己的年齡減少了 1 歲。麥卡錫的謊言竟然獲得了成功，他當選為州法官。這使初出茅廬的麥卡錫嘗到了撒謊的甜頭。

二戰期間，麥卡錫應徵召入伍，在海軍陸戰隊中服役。他在服役期間，並沒有參加過戰鬥，是在辦公室裡度過整個第二次世界大戰的。他是偵察轟炸機第 235 中隊的情報官，任務是在辦公室內聽取執行任務回來的飛行員的匯報。在二

戰期間，他的確受過一次傷，但並不是參加戰鬥負的傷，而是在一次水上飛機供應艦上的宴會上喝醉了酒，從梯子上摔下來，跌斷了一條腿。

麥卡錫從海軍陸戰隊退役後，於 1945 年當選為巡迴法庭的法官。到任伊始，麥卡錫立刻制定了一個競選威斯康辛州國會議員的計畫。他提出的口號是「威斯康辛州在參議院裡要有個機尾炮手」。為了成功，他重操舊業，故伎重演，用謊言來吹噓自己在二戰期間的「英雄業績」。他吹噓自己當過機尾炮手，曾多次執行戰鬥任務，在太平洋戰爭中出生入死，英勇戰鬥，立下了汗馬功勞，他還吹噓自己如何在戰壕和掩體裡度過了一個又一個難熬漫長的夜晚，如何替他領導下的陣亡戰士的家屬寫信，表示他一定信守對烈士做出的諾言，把一團糟的國內政局清理一新，因為這種局面使「我的戰士們從內心中感到厭惡」。他為自己的受傷而自豪，為了向人們展示他曾「光榮的負過傷」，炫耀自己是二戰中的英雄，他有意的用他那條跌斷過的腿跛著走路，然而有時沒有留意，又用他那條沒有跌斷過的腿跛著走路。

1946 年，這位善於撒謊的能手在沒有半句真話的競選中，居然當選為美國參議院的參議員，麥卡錫再一次嘗到了撒謊的甜頭，並且從中悟出了一個哲理，那就是謊言可以出人頭地，可以飛黃騰達。從此以後，麥卡錫更加嫻熟更加自覺的把撒謊作為手段了。在製造謊言的過程中，麥卡錫不但面不改色，而且繪聲繪色，說得活靈活現，頗能欺騙一些人。

第六招：負負得正，沽名釣譽

一般說來，人性都是喜直厚而惡機巧的，而厚黑之人，要達到自己的目的，沒有機巧權變，又絕對不行，尤其是當他所處的環境並不如人意時，那就更要既弄機巧權變，又不能為人所厭戒。所以，厚黑之士都非常善於「沽名釣譽」，而且這招屢試不爽，求財得財，求官得官。

如唐初的重臣李勣，本是李密的部下；後隨故主投於李淵父子的麾下。此時

天下大勢已趨明朗。李勣懂得只有獲得李淵父子的絕對信任才有前途，於是他把「東至於海，南至於江，西至汝州，北至魏郡」的所據郡縣土地人口圖親自送到關中，當著李淵的面獻給李密，說既然李密已決心投降，那我所據有的土地人口就應隨主人歸降，由主人獻出去，否則自獻就是自為己功、以邀富貴而屬「利主之敗」的不道德行為。

李淵在一旁聽了，十分感慨，認為李勣能如此盡忠故主，必是一個忠臣。李勣歸唐後，很快得到了李淵的重用。但是李密降唐後又反唐，事未成而「伏誅」。

按理說，一般的人到了這個時候，避嫌猶恐過晚，但李勣卻公然上書，奏請由他去收葬李密，唯其「公然」，才更添他的「高風亮節」，假設偷偷摸摸，則可能會有相反的效果。「服衰絰，與舊僚吏將士葬密於黎山之南，墳高七仞，釋服而散。」這純粹是做給活人看的。表面看這似乎有礙於唐天子的面子，是李勣的一種愚忠，實際李勣早已料到這一舉動將收到以前獻土地人口同樣的神效。果然「朝野義之」，公推他是仁至義盡的君子。從此李勣更得朝廷推重，恩及三世。

李勣取的是一種「負負得正」的心理效應，迎合了人們一般不信任直接對己的甜言蜜語，而相信一個人與他人相處時表現出來的品質，即側面觀察的結果，尤其是迎合了人們普遍的喜愛那種脫離於常人最易表現的忘恩負義、趨吉避凶、奸詐易變的人性弱點而表現出來的具有大丈夫氣概的認同心理，看似直中之直，實則大有深意。

第七招：小事落好，大事造假

交往過程，往自己臉上貼金的一個目的，就是獲得別人的信任，由此達到辦事的目的。為了掩蓋你自己的真實目的，就要在一些「小事」上博取對方的信任，在「先入為主」的觀念下，到你真正求人時，你所要掩蓋的目的就非常容易蒙混過關。

石顯是西漢元帝時候的一個宦官，他聰明能幹，善於奉承、猜測皇帝的心

事，因而很受信任，被任命為中書令。中書令專管傳達、宣布皇帝的命令，地位重要，權力很大，石顯就利用這個機會，陷害那些反對過他的人，一批有才幹、有名望的大臣，被他害得有的砍頭，有的自殺，有的判刑，有的終身免職。

石顯知道自己得罪的人多了，生怕別人在皇帝面前說他的壞話，就看準時機，故意安排一些事情來獲得皇帝的信任。有一次漢元帝派他出宮辦事，他動身前先對元帝說：「今天要去的地方很多，恐怕回來太晚，宮門關了，請皇上命令守門人到時開門讓我進來。」元帝同意了。這天他故意拖到很晚才回來，宮門當然關了，他就大聲對守門人說：「皇上命令我出去辦事，允許我晚些回來的，快開門！」過了幾天，果然有人上奏章告發石顯假託皇帝的命令開宮門，漢元帝笑著把奏章拿給石顯看。石顯流著淚說：「皇上偏愛我，信任我，大臣們都非常嫉妒，想方設法陷害我。今天這件事幸虧皇上知道真相，不然我渾身是嘴也說不清啊，以後這樣的事情肯定還多，我官職小，地位低，哪是這些大臣們的對手！你還是免掉我的中書令，讓我做些粗活，免得得罪這些大臣，也好多活些日子，多服侍皇上幾年吧！」漢元帝看他說得那麼可憐，心裡很難過，幾次好言好語的安慰他，還賞了他很多財物。從此，漢元帝更加信任石顯，大臣們更不敢說石顯的不是了。

石顯就憑著這樣的巧妙安排，不斷的鞏固了自己的地位。

第八招：裝傻充楞，解除戒心

「繃」的關鍵，是要知道對方喜歡什麼樣的人，然後，按照他喜歡的標準來包裝自己。如對方本來對你充滿戒心，這時你求他辦事是最難辦成的。但是，「厚顏黑心」的人會這樣想，對我有戒心的人，最希望的就是我沒有任何野心，所以「投其所好」，就要「裝傻充楞」，表現出我不僅沒有野心，即使有一小點野心也不可能對其構成威脅，這時求人的目的就有可能達到。

劉備建立的蜀漢王朝只統治了 42 年，就被魏國滅掉了。後主劉禪做了俘

虜，他的一家和蜀國的一些大臣，都被東遷洛陽。劉禪受封為安樂公。當時，魏國雖是由曹操的後代做著皇帝，其實大權早落在了西晉的開創者司馬昭父子兄弟的手裡。

按說，當時的晉王司馬昭也應該是日理萬機的了，有一天，他卻抽時間和劉禪這個亡國之君聚宴，並且特地替他安排演奏蜀地的音樂。在座的其他人都表現出很感傷的樣子，可這劉禪卻顯得很高興，有說有笑的。司馬昭對他的心腹賈充說：「做人不動情感，竟然能夠達到這種地步！像這樣的人，即使諸葛亮活著，也不能保蜀國長治久安，何況才能遠不及諸葛亮的姜維呢？」賈充說：「如果不是這樣，您怎麼能夠吞併蜀國？」

另一天，司馬昭又來試探劉禪：「很想念蜀國嗎？」劉禪說：「在這裡很快樂，不想念蜀國。」跟隨劉禪來到洛陽的前蜀國祕書令邵正聽說這件事，連忙求見劉禪，說：「如果以後晉王（指司馬昭）還這麼問你，你應該流著眼淚回答說：『父母親的墳墓都遠在蜀地，一想起這事，心裡就難過，沒有哪一天不思念蜀國的。』然後你就閉上眼睛，做出深沉思念的表情。」不久，司馬昭又問劉禪想不想蜀國，劉禪就如邵正說的那樣對答，然後閉上眼睛。司馬昭說：「怎麼竟像是邵正說的話呢？」劉禪驚奇的睜開雙眼，望著司馬昭說：「正如您所說的。」周圍的人都大笑起來。就這樣，劉禪活到了西元 271 年，在洛陽去世。

據說，南唐後主李煜作為亡國君主被俘到汴京，宋太宗派人監視他，發現李煜寫了不少懷念故國的詞，又後悔不該殺了替他保江山的大將。宋太宗覺得這李煜「賊心不死」，就用毒藥把他毒死了。由此看來，劉禪當司馬昭一再跟他提起故國的時候，表現得如此無情，又毫無城府的樣子，說不定倒是他為了保全身家性命的一種韜晦與心機呢！

第九招：標新立異，自我推銷

在一個內向的民族中，一般說來，人們都不善於自我推薦。一提到別人，可

以滔滔不絕，把別人的優點或缺點分析得頭頭是道；一講到自己，特別是提到自己的優點，不是難以啟齒，就是藉講自己的缺點轉彎抹角的講出自己的成績，以為不這樣，就不能表現出自己的謙虛。這就成了我們為人處世的最大障礙，也與「臉上貼黃金」的厚黑求人術背道而馳。

按照《厚黑學》的觀點，在社會上生活的人，誰都要滿足自我的需要，都希望別人能承認、尊重、賞識自己的知識和才能。為了達到為人處世的目的，每個人都在不斷的想方設法，在他人面前表現或推銷自我，以使對方從心理上接受自己，為求人成功開通道路。

「自我推銷」是一種藝術。戰國時代，古人就以他們的智慧和經驗，創造出了「無敵的自我推銷術」。這種推銷術方法很多，方式也不一樣。說客們寄食於各國的權貴之門，穿梭於各國的權貴之間，抓住一切機會表現自己，推銷自己。如，張儀是「連橫」策略的創始人之一，他由魏國一名不起眼的說客，一躍成為秦魏的宰相，以滔滔辯才登上萬眾矚目的政治舞臺，執戰國政局之牛耳，可謂真正大丈夫。連司馬遷也不得不承認，他是一位「傾危之士」（十分危險的人），其實他還是一位「厚黑之士」。像張儀這種完全靠自己的遊說來謀得顯赫地位和財富的人，在戰國時為數不少。自我推銷要想獲得成功：

第一，「標新立異」要展現在自己有膽有識上。

例如，西元前 680 年，齊桓公奉周朝天子的命令統率陳、曹、齊三國兵馬討伐宋國。桓公命管仲為前部先行。管仲一行人到山腳下，遇到一個身穿短衣短褲，頭戴破草帽，赤著雙腳的放牛人。此人拍牛角而高歌。管仲觀看此人雖衣衫襤褸但相貌不凡，於是派人以酒肉慰勞。並把放牛人喚到跟前與之攀談，攀談中，得知此人名叫甯戚，衛國人。管仲問其所學，放牛人應對如流。管仲嘆道：「豪傑埋沒於此，如不引薦，他何時才能顯露才華？」遂修書一封，讓甯戚轉呈桓公。

三天後，桓公的車仗到此，甯戚又拍著牛角唱道：「南山燦，白石爛，中有鮮魚長尺半。生不逢堯與舜禪，短褐單衣才至骭。從昏飯牛至夜半，長夜漫漫何

時旦。」

桓公聽了很驚訝，問道：「你這個放牛人，怎麼敢毀謗朝政？」甯戚說：「小人怎敢毀謗朝政。我聽說堯舜之時，正百官而諸侯服，去四凶而天下安，不言而信，不怒而威。而今北地開會，宋國君臣半夜逃跑；柯地會盟，曹沫又來行刺。現在您假天王之命，以令諸侯，欺侮弱小的國家，如此以往，何時天下才得太平。」

桓公聽了勃然大怒，大聲喝道：「匹夫出言不遜！」喝令斬首。

甯戚面不改色，仰天嘆曰：「梁王殺了關龍逢，紂王殺了比干，今天您殺了我，我就是與關龍逢、比干齊名的第三條好漢了。」

齊桓公看到甯戚膽識過人，怒氣頓消，命人與之鬆綁。這時甯戚才將管仲留下的書信交給桓公。桓公大喜說道：「既有仲父的書信，為什麼不早呈寡人？」

甯戚答曰：「我聽說賢德的君主擇人而用，賢良的臣子亦擇主而仕，您如果不喜歡直言敢諫而喜歡逢迎，那麼我寧死也不會交出管相國的書信。」桓公當晚在蠟燭光下，拜甯戚為大夫，讓他和管仲一起同參國政。後來甯戚為桓公遊說宋國，宋國不戰而降，加入盟約。

第二，「標新立異」可以展現在思維敏銳、文采出眾上。

從戰國時期說客身上我們可以得到啟示，要求人者可能有很多，競爭也可能異常激烈，因此，要想使對方接納自己，並重用自己，或為自己辦事，必須使出全部招數，竭盡全力去遊說。在辯論方面，必須有創意，而且具有鮮明的印象，要讓對方，因感動而接納，這便需要相當奇妙的機智了。如果言辭不夠動聽，甚至技巧笨拙，不但自己推銷不出去，話語不被接受，反會替自己引來禍害。正因為如此，古時的說客們不得不殫精竭慮，想出最適宜的推銷自己的方法，拿出治理亂世的睿智，提出充滿處世智慧的說辭，來打動君主。這些對於今天想要求人者有著極大的借鑑作用。

例如，漢武帝劉徹即位後，熱衷於召集天下的賢能之士。告示貼出沒幾天，便有近千人上書自薦。

這些自薦者使用的平庸方式無法引起武帝注意，但當他看到東方朔的自薦書時，情況就大不一樣了。

當時還沒有發明紙張，推薦書都是抄寫在竹簡上的，而令人震驚的是：東方朔的上書長達 3000 多片竹簡，漢武帝閱讀著東方朔的上書，遇到中間停頓休息時，便在其間按印作記，然後再讀下去，這樣將近兩個月，才將竹簡讀完。

事實上，3000 張竹簡，最多不用十天便可看完，為何武帝竟看了兩個月呢？正因為東方朔的上書內容過於精彩，武帝覺得，一次讀完未免可惜，寧願分段逐次看完方過癮。

《漢書》中記載了東方朔上書中的一段：

「臣朔少失父母，為兄嫂所養。臣十三而學文史之用；十五學劍；十六學詩書；十九學孫武兵法，戰陣之具，鉦鼓之教，亦誦二十二萬言……臣朔年二十二，長九尺三寸，目若懸珠，齒若編貝，勇若孟賁，捷似慶忌，廉如鮑叔，信如尾生。若此，可以為天子大臣矣。」

由此可以看出東方朔臉皮是真夠厚了，勇於如此吹噓自己。

武帝讀完，說了一句：「真是有趣得很！」隨即下令召東方朔進宮，他的自薦戰術無疑獲得了最後成功。

日常生活中，自我介紹是求人的起點，然而如何透過自我介紹來表現出自己的價值和分量，如何溝通與對方的感情，使對方承認並接受，看來是一門並不簡單的學問。

東方朔從近千人中脫穎而出，固然因為他文采出眾，但更重要的是他思維敏捷，懂得使用技高一籌的自我介紹法，所以一舉獲得了成功。

第三，「標新立異」可以展現在對「主子」的忠誠上。

例如，齊國的大臣貂勃在沒有發跡以前，只是一個很普通的官吏，而那時大臣田單卻因屢立戰功，而被齊王封為安平君，齊國的人民對他十分崇敬。貂勃好像不知道這一點似的，他常常在眾人面前毀謗田單說：「安平君是個厚黑人士。」

安平君田單得知後，就設下酒宴，派人請來貂勃說：「我怎麼得罪先生了，

竟然常常在眾人面前被您誇獎呢？」

「盜跖的狗對聖堯狂吠，它並非認為盜跖高貴聖堯卑賤，狗本來就會對不是牠主人的人狂叫。如今，假如公孫先生有德，而徐先生無德，若是公孫先生和徐先生打起來，徐先生的狗，必將撲上去咬公孫先生的小腿肚。如果讓這狗離開無德的人而成為有德人的狗，那就不只是會咬人家的小腿肚了！」

「先生的意思我明白了。」

第二天，安平君田單就把貂勃作為自己的心腹，推薦給了齊襄王。於是貂勃靠田單而起了家。

後來，當有人在齊襄王面前毀謗田單時，貂勃竭力為他辯護，並透過他的善辯，使得齊襄王下令殺死了毀謗之人，重新恢復了對田單的信任。做出與眾不同的、富於創意的舉動，引起別人的困惑與好奇，使之不能無視你的存在。這樣做，即使不能像貂勃那樣立即得到重用，也會為將來的嶄露頭角奠定基礎。

無獨有偶，齊國有個叫馮歡的人，貧困得不能自己養活自己，然而他卻是一個足智多謀的人。他託人把自己推薦給仁慈而好客、門下食客三千的孟嘗君，情願寄居孟門下討一口飯吃。

孟嘗君問：「客人有什麼愛好？」

馮歡不是那種善於表白自己的人，他為了考察孟嘗君的為人與肚量，就對孟嘗君說：

「我沒什麼愛好。」

「客人能做什麼？」

「我沒什麼才能。」

「好吧。」於是孟嘗君笑了笑，同意接收他，左右的人以為孟嘗君很輕視馮歡，就把粗劣的飯菜送給他吃。

過了幾天，馮歡靠在柱子上，敲著自己的寶劍，唱道：「長長的寶劍啊，咱們回去吧！吃飯沒魚。」

左右的人把這事告訴孟嘗君，孟嘗君說：「給他魚吃，和中等門客同等

對待。」

過了幾天，馮歡又敲著他的劍唱道：「長長的寶劍啊，回去吧！出門沒有車。」左右的人都恥笑他，也把這事告訴孟嘗君。孟嘗君說：「替他備車，和門下有車的客人一樣對待。」

於是馮歡乘著他的車，高舉著寶劍去拜訪他的朋友說：「孟嘗君能把我當客人對待。」但又過了幾天，馮歡再次敲著寶劍唱道：「長長的寶劍，咱們回去吧！沒有東西養家。」左右的人都非常厭惡他，認為他貪心不足。孟嘗君透過別人問道：「馮先生有親人嗎？」答曰：「有位老母親。」於是孟嘗君派人供給她衣食費用，不讓她缺少什麼。

從此之後，馮歡對孟嘗君十分感激，而孟嘗君也對馮歡產生了深刻的印象。

後來，孟嘗君貼出一張告示，問門下客人：「誰熟悉會計，能為我到薛地收債呢？」

馮歡簽名說：「我能。」

當左右告訴孟嘗君，簽名人就是那個彈著寶劍唱歌的人時，孟嘗君馬上想了起來，認為馮歡真有含而不露的才能，於是就答應他。

馮歡到了薛地，把所有的契約都燒掉了，並說這是孟嘗君的意思。於是薛地的人民都對孟嘗君萬分感激。孟嘗君卻十分不快，馮歡就對他說：「我這是用債券替您買來仁義，是用您有餘的，收買您不足的，何樂不為呢？」

過了一年，新王即位，以「寡人我不敢把先王的大臣當作臣子」為由，把孟嘗君放回到自己的封地薛城去。可是，他在離薛百里時，百姓已扶老攜幼，在路上迎候孟嘗君了。孟嘗君回頭對仍然追隨他並為他趕車的馮歡說：「先生為我所買的仁義，竟在今日看到了。」

從此，孟嘗君把馮歡作為心腹看待。馮歡後又為孟嘗君營就三窟，孟嘗君便高枕無憂了。

所以，在「厚黑之士」看來，要想求人成功，從眾多求人者中脫穎而出，必須要讓別人注意自己，要用自己的言行影響別人，要懂得危言才能聳聽、個別才

能脫穎的道理。

第四，「標新立異」要展現在最關鍵的時刻，才能發揮化腐朽為神奇之效。

要想擺脫地位低下、不受人重視的現狀，別人的提拔、推薦與自己的資歷和聲望，都是至關重要的條件。可是當這一切你都不具備的時候，就需要靠你自己的努力，在關鍵時刻奮力一躍，一蹴而就，獲得成功。

例如，西元前 258 年，秦將白起兵圍邯鄲，趙孝成王讓其叔平原君向南方大國楚國求救。

平原君想帶家中 20 個文武雙全的食客同往，但只找到了 19 人，其餘的都不理想。這時的食客毛遂向平原君自薦。當時平原君並沒有看中他，說：

「有才能的人活在世上，好比錐子放在口袋裡，錐尖立刻就透露出來。如今先生在我門下已經三年，我身邊的人對您沒什麼稱道，我也沒聽說什麼，這表明先生沒有什麼能耐。您還是留在這裡吧。」

「我是今天才請求擱在口袋裡。」毛遂道，「如果我早先就能擱進去，就會連錐把都完全突現出來，豈止露出一個錐尖就算了嗎？」

平原君暗自稱奇，當下應允。而那 19 個門客卻對他投以嘲笑的目光。

到了楚國，平原君與楚王談論聯合抗秦的利害關係，從清早談到中午，還是沒有把楚國出兵救趙的事確定下來。

毛遂按劍登上大殿對平原君說：

「聯合抗秦的利害，兩句話就可以決定了。今天從早到午也沒決斷，這是怎麼搞的？」

楚王怒斥：「還不下去！我只跟你主人說話，你是幹什麼的！」

毛遂按劍走向前來：「大王之所以敢斥責我，只是仗著楚國人多。現在十步之內，大王就不能有所倚仗了！您的生命操在我的手上。我的主人在面前，你喝斥什麼？再則，我毛遂聽說商湯憑藉 70 里地而最終統治天下，周文王依靠百里之地而臣服諸侯，難道是因為他們的士兵眾多嗎？那是因為他們能夠根據形勢而制定策略，並且使自己聲名遠揚。如今楚地 5000 里，強兵百萬，這是稱霸稱王

的資本；憑著楚國的強大，天下無敵。白起，只不過是個小小的奴才而已，率領幾萬兵眾，頭一仗就拿下楚的鄢城，第二仗燒了夷陵，第三仗就凌辱了大王的先人。這種百世的仇怨，連我們趙國都覺得恥辱，難道大王竟無羞惡之情嗎？聯合抗秦的，首先應是楚國，而不是趙國！」

聽了毛遂的慷慨陳詞，楚王羞憤交加：

「是是，真像先生說的那樣，我鄭重的以整個國家來聽從趙王的命令。」

毛遂緊接著問：「聯合抗秦定了嗎？」

「定了！」

隨即，毛遂要楚王的侍臣奉上雞、馬、狗的血來，楚王與平原君歃血為盟。

最後，趙國在楚魏兩國的救援下，擊敗了秦軍。平原君回到趙國，感慨的說：

「我趙勝再也不敢說自己善於觀察天下的士人了。」自此之後，毛遂被奉為上等門客。

第十招：吹捧對方，抬高自己

單純的替自己臉上貼金，一是對方不一定相信，二是即使相信也不一定能得到對方的好感。在這兩種情況都拿不準的情況下，《厚黑學》還為我們求人指出了一條道路，就是吹捧對方，並在這個過程中巧妙的抬高自己身價，這是一種高級的「貼金」之法。

在英國南部海岸附近的一個工業地區，有一家小規模的電子工廠。這家工廠是由一名高階電子技術人員經營的。這位經營者發明了一種可以廣泛的運用於工業上的測定裝置。為了出售他發明的物品，他到處去推銷，並印刷了大量的宣傳單散發給大企業家，可是卻遭到對方的冷淡對待。後來，他又發明了另一種用途的新產品，並且挨家挨戶去推銷他的產品，結果這回比上次更慘，問津者很少，庫存量陡增。這時，他想起了前任經營者曾對他說過的一句話：「必須親自加入

產品的市場，專心一意的在其中經營，直到獨占市場鰲頭才行。」

受此啟發，他一改過去挨家挨戶推銷新產品的傳統做法，而是有計畫的到各地飯店舉行小型的發明新產品展示會。他先是在伯明罕的飯店舉行展示會，廣泛邀請當地有名的技術人員到飯店來。邀請的方式隆重而簡捷，由工廠派人派車專程接他們到飯店，準備簡單的午餐和葡萄酒。用餐完畢，他對這些客人說，他每次舉辦這種展示會，只限將新產品賣給六個客戶，多者不賣。成交對象，將選擇那些資金雄厚、技術力量強大、設備先進、經營管理良好的工廠，以保證產品的品質和本公司的信譽。他的話給來者很大的衝擊，不僅各自希望能成為當場的買主，而且，會後各公司的採購人員紛紛去人去函索取產品說明書，要求訪問、參觀他的工廠，談判交易。久而久之，他的產品的名氣大增，穩穩當當的建立了極高的信譽，比其他同行的銷售量大得多。

這家電子工廠的經營者一開始手中雖有新產品，運用傳統的推銷方法，使他的銷售活動屢遭失敗，造成了滯銷的不利局面，這就相當於求人不成功。後來，經營者因勢變通，透過小型發明產品展示會的形式，向當地有名的技術人員及客戶展示，並激起競買，這等於是說我賣給你產品，說明你的實力。這就是既抬高了自己，又吹捧對方。

第十一招：強人推崇，成功捷徑

《戰國策·韓策》裡記載了一個小小故事：

安邑的御史死了，他的副手想得到這個職位，又唯恐不能升任。輸地（安邑的地名）有個人便去替他周旋，這個人對安邑令說：「我們聽說公孫綦託人向魏王請求御史的職位，可是魏王說，那裡不是有個副手嗎？我難以改變他們的規定。」安邑令立即讓副手升任御史。

當我們推銷自己時，難免會遇到種種事先不可能瞭解的情況：上司為人如何？喜歡什麼？討厭什麼？另外，那位接受推銷的上司也難免心生疑竇：「這個

人究竟怎麼樣？才能如何？是否誠實可靠？」這時，如果有位作為中間人的「第三者」，互通情報，溝通資訊，那麼雙方間的障礙就很容易消除。有一位上司信賴的「第三者」，能夠替你在他面前美言力薦，那麼，你的推銷就成功一半了。

蘇代代替燕國遊說齊國，在沒見齊威王之前，先對淳于充說道：「有個賣駿馬的人，接連三天早晨站在市場上，而無人問津。他就去見伯樂說：我有匹駿馬想賣掉牠，接連三天早晨站在市場上，沒有哪個跟我說一句話，希望先生能繞著馬廄看一下，離開時回頭再看一眼，請允許我獻給您一天的費用。伯樂答應了，於是第二天伯樂繞著馬仔細看，離開時又回頭看了一眼，結果這一天馬價竟漲了十倍。現在我想把『駿馬』送給齊王看，可是沒有替我前後周旋的人，先生有意做我的伯樂嗎？請讓我獻上兩千四百兩金幣，用這些作為薦舉的酬金。」淳于充愉快的答應了蘇代的請求，入宮勸說齊王，齊王非常高興的接見了蘇代。

第十二招：畫餅充飢，遠利誘惑

在求人過程中，恰當的向對方提供有關長遠利益和前景的論據，往往可以使對方產生強烈的共鳴，激發對方進行交談的興趣和積極性，並且能夠在很大程度上影響求人的結果，改變對方的看法和立場，從而達到求人的目的。這種技巧可以叫作遠利誘惑。這種求人的技巧運用得好，有時可以產生不可思議的效果。

在西方某國，有一家製造電燈泡的公司。該公司處於初創階段，產品銷路不暢，價格也不滿意。他們的董事長到各地去做旅行推銷，希望代理商們積極配合，使他們生產的電燈泡能夠打入各級市場。

有一次，董事長召集各個代理商，向他們介紹新產品。董事長對參加活動的各代理商說：「經過許多年的苦心研究和創造，本公司終於完成了這項對人類大有用途的產品。雖然它還稱不上是一流的產品，只能說是二流的，但是，我仍然要拜託各位，以一流的產品價格，來向本公司購買。」

這位董事長的臉皮也真夠厚！在場的人聽了董事長的陳述不禁譁然：「咦！

董事長沒有說錯吧？誰願意以購買一流產品的價格來買二流的產品呢？那當然應該以二流產品的價格來交易才對啊！怎麼會說出這樣的話呢？難道……」大家都以懷疑和莫名其妙的眼光看著董事長。

「那麼，請你把理由說出來讓我們聽聽吧！」代理商們都想知道謎底。

「大家知道，目前製造燈泡行業中可以稱得上第一流的，全國只有一家。因此，他們算是壟斷了整個市場，即他們任意抬高價格，大家也仍然要去購買，是不是？如果有同樣優良的產品，但價格便宜一些的話，對大家不是種福音嗎？否則，你們仍然不得不按廠商開出來的價格去購買。」經過董事長這麼一說，大家似乎明白了一點。然後，董事長接著說：「就拳擊比賽來說吧！不可否認，拳王阿里的實力誰也不能忽視。但是，如果沒有人和他對抗的話，這場拳擊賽就沒辦法成立了。因此，必須要有個實力相當、身手不凡的對手來和阿里打擂臺，這樣的拳擊才精彩，不是嗎？現在，燈泡製造業中就好比只有阿里一個人，因此，你們對燈泡業是不會發生任何興趣的，同時也賺不了多少錢。如果這個時候多出現一位對手的話，就有了互相競爭的機會。換句話說，把優良的新產品以低廉的價格提供給各位，大家一定能得到更多的利潤。」

「董事長，你說得沒錯，可是，目前並沒有另外一位阿里呀！」董事長認為攤牌的時間已經到了。他接著話題繼續說道：「我想，另外一位阿里就由我來充當好了。為什麼目前本公司只能製造二流的燈泡呢？你們知道嗎？這是因為本公司資金不足，所以無法在技術上有所突破。如果各位肯幫忙，以一流的產品價格來購買本公司二流的產品，這樣我就可以籌集到一筆資金，把這筆資金用於技術更新或改造。相信不久的將來，本公司一定可以製造出優良的產品。這樣一來，燈泡製造業等於出現了兩個阿里，在彼此的大力競爭之下，毫無疑問，產品品質必然會提高，價格也會降低。到了那個時候，我一定好好地謝謝各位。此刻，我只希望你們能夠幫助我扮演『阿里的對手』這個角色。但願你們能不斷的支持、幫助本公司度過難關。因此，我要求各位能以一流產品的價格，來購買本公司的二流產品。」

話音剛落，一陣熱烈的掌聲掩蓋了嘈雜聲。董事長的發言產生了極大的迴響，收到了很好的談判效果。代理商們表示：「以前也有一些人來過這裡，不過從來沒有人說過這些話。我們很瞭解你目前的處境。所以，希望你能趕快成為另一個阿里。」為了另一個阿里的產品，代理商們不僅擴大訂單，而且願意出一流產品的價格購買。這裡，董事長是求人者，這些代理商是被求者，董事長的這次求人，可以說是獲得了極大的成功。

第十三招：可怕前景，敦促行動

為了掩蓋自己的真實目的，除了「遠利誘惑」之外，還可以向對方描述一個如果不迅速採取措施，可能會帶來一個可怕的前景，直接危害到其自身的利益，甚至身家性命。這樣與「遠利誘惑」同樣有效。

蘇秦遊說燕文侯獲得初步成功後，又來到趙國。這時奉陽君已經去世了，蘇秦便藉機勸說趙王說：「當今天下在位的卿相、人臣，以及一般有知識學問的平民，都非常推崇您是一個能行仁義的賢君，很久以來，大家都很希望能在您跟前效力，接受您的教導。雖然這樣，但是奉陽君忌諱您，使您無法執掌國事。所以一般賓客遊士，沒有誰敢到您面前來盡心效力的。現在，奉陽君已經死了，您從今以後又可與士民親近。因此，臣下我才敢向您盡忠。」

「為大王著想，沒有比使人民安寧、國家太平無事更為重要了。安民的方法在於選擇外交途徑。外交途徑選擇妥當，人民就能安定。外交途徑選擇不妥當，那麼，人民必將終生不能安定。現在，請讓我來分析說明趙國外患的情形：

「假如趙國與齊國、秦國兩面為敵，那麼人民勢必無法安定。又假如趙國倚靠秦國來攻打齊國，人民也同樣無法安定。又假如趙國倚靠齊國來攻打秦國，人民仍然是無法安守。

「您假如真能聽我的建議，必可使燕國獻上盛產毛氈、皮及狗馬牲畜的土地；齊國必獻上盛產魚鹽的海域；楚國必獻上盛產橘柚的田園；韓、魏都會獻上一部

分封地作為您的湯沐之邑。而您那些尊貴的親戚及父兄們，都可以被封侯。說起讓別國割地奉獻，而獲取極大利益的這種好處，是五霸拚著軍隊被消滅、將領被俘虜也要追求的。使自己的親戚都能封侯的這種好處，更是商湯、周武王去拚死征戰的原因。現在，您只要安坐不動，便能兩種好處都得到，這就是我最替您期望求得的事。

「如今，假如大王您與秦國相交，那麼秦國必可利用這優勢去削弱韓、魏；假如您與齊國相交，那麼齊國必定可利用這優勢去削弱楚、魏。魏國一旦衰弱了，就必定要將河外這地方割讓出去。韓國一旦衰弱了，就必定要將宜陽奉獻出來。宜陽送給秦國，那麼能通往上郡的道路便斷絕了。河外割讓給秦國，那麼往上郡的道路也同樣不能暢通。如果楚國衰弱，則趙國便沒有了外援。這三種策略，不能不詳細考慮清楚。假如秦國軍隊攻下軌道，那麼韓國的南陽便危險了。秦國若進而劫取韓國，包圍周都，則趙國便受到威脅。假如秦國據有衛地，進而獲得鄭城，那麼齊國在無法抵抗的情況下，必定屈服於秦國，秦國既已得到山東，就必然舉兵攻向趙國。秦國的軍隊一旦渡過大河，越過漳水，占據有番吾，那麼秦兵便攻打到了邯鄲城下。這就是我最替您憂慮的事。

「當今山東諸國，沒有比趙國更強大的。趙國地方二千餘里，軍隊幾十萬，戰車一千多輛，坐騎一萬多匹，存糧足夠支撐十年。趙的西面有常山，南面有黃河、漳河，東面有清河，北面又鄰接燕國。燕本是個弱國，沒有什麼值得懼怕的。在諸侯國中，秦國最畏懼的就是趙國，但是，秦國不敢舉兵攻打趙國，為什麼呢？就是怕韓、魏從後面圖謀它啊！既然這樣，那麼韓、魏就是趙國南邊的屏障。秦國要是攻打韓、魏，沒有名山大川的阻擋，可以漸漸的蠶食它，直到占有他們的國都為止。韓、魏不能抵擋秦國，必然向秦國臣服。秦國沒有韓、魏的阻隔後，災禍就臨到趙國了。這又是我為您所感到憂慮的地方。

「我聽說，堯沒有三百畝大的地盤，舜沒有一點點土地，而能擁有天下。大禹不到一百個部眾，卻能在諸侯間稱王。商湯、周武王的戰士不超過三千人，戰車不超過三百輛，卻能立為天子，他們實在很懂得平治天下的道理啊！所以，一

個賢明的君主，對外必能預測敵人的強弱，對內必能估算自己戰士的好壞。不必等到兩方的軍隊相抗擊，而勝敗存亡的謀略，已先在心中形成了。怎麼可以被眾人的言論所掩蔽，而糊里糊塗的去決定事情呢？

「我按照地圖來衡量現在的情勢：各諸侯國的土地合起來，有秦國的五倍大。各諸侯國的兵卒加起來，有秦國的十倍多。假如將六國聯合為一，盡所有力量向西邊攻打秦國，秦國就非敗不可。然而，現在大家卻不這樣做，反而向西面侍奉秦國，做秦國的臣屬。攻破別人與被人攻破，使別人稱臣和向別人稱臣，怎能同日而語！

「說起那些主張聯合六國去侍奉秦國的人，他們都希望分割各諸侯國的土地給秦國，來與秦國講和。假如秦國吞併天下成功，那麼他們便可得到很大的封賞，而將樓臺亭榭築得高高的，宮室建得很美麗，欣賞著竽瑟等各種音樂。既可以擁有樓閣宮闕以及漂亮的車子，又可擁有許多美女。一旦秦禍臨頭，主張連橫者卻不與諸侯共憂患。所以這些主張連橫侍秦的人，日夜都在進行著以秦國的權威來威懾各諸侯，以求取割地。因此，我希望大王能仔細的考慮！

「我聽說過：一個賢明的君主能決斷疑惑，去除讒言，屏阻厚黑人士散播流言的途徑，封塞亂臣結黨營私的門路，所以我才能在您面前抱著忠誠之心，來陳述種種使國君尊貴，使土地增產，使軍隊強大的計策。我私下為大王所籌畫的計策，最好是將韓、魏、齊、楚、燕、趙六合為一，合縱對抗秦國。並使天下各國的將相，在水上聚會，交換質子，殺白馬結盟誓。而彼此約定說：假如秦國攻打楚國，那麼齊國、魏國便各派出精良的軍隊助戰；韓國負責斷絕秦國運糧食的道路；趙國渡過洪河、漳河，從西南邊援助；燕國則固守常山的北面。假如秦國攻打韓、魏二國，那麼楚國可以斷絕秦國的後路；齊國則派出精兵來幫助他；趙國渡過黃河、漳河援助；燕國固守雲中城一帶。假如秦國攻打齊國，那麼楚國可以斷絕秦國的後路；韓國守住城皋；魏國堵住河內的道路；趙國渡過瘴河、博關相援助；燕國派出精兵來助戰。假如秦國攻打燕國，那麼趙國守住常山；楚國出兵攻武關；齊國從滄州渡河到溫州去援助；韓、魏都出精兵來助戰。假如秦國攻打

趙國，那麼韓國便出兵宜陽，楚國出兵武關，魏國出兵河外，齊國渡過清河，燕國也派精兵助戰。假如諸侯之中有哪個國家不依照約定的，便用其他五國的軍隊來討伐他。假如六國真能南北聯合，共同抗拒秦國，那麼秦國的軍隊必不敢出函谷關，來侵害山東各國，果能這樣做，您的霸業便可成功。」

趙王聽了蘇秦一番議論後，回答說：「寡人年少，繼位的時間很短，從未曾有人告訴我治理國家的長遠之計。如今，您有意要使天下得以生存，使各諸侯國得以安定。寡人將很敬重的聽從您！」

於是趙王便送給蘇秦一百輛裝飾得很漂亮的車子，一百斤的黃金，一百雙白璧，一千束錦繡，用來邀約其他諸侯加盟。

蘇秦這一長篇遊說詞之所以獲得成功，因為，表面上他完全站在對方立場考慮問題，並為對方描述了一種可怕的前景——亡國滅族。可是實際上，蘇秦與戰國時期的其他說客沒有什麼區別，他只是在秦王面前沒得到重用，於是，反過來到六國這裡來撈好處！

第十四招：層層剝筍，消除疑慮

用「遠利誘惑」能獲得非常好的效果。但這裡有一個問題，就是如何打消對方可能存在的疑慮。你說得天花亂墜，可是對方認為不著邊際，對這個「美麗的前景」存在的重重顧慮，你的求人仍然無法成功。這時，除了抱著一種謙恭節制的態度使對方沒有抗拒心理之外，主要是採用了「層層剝筍」式的策略。

人的思想是複雜的，對某一事物不理解，想不通，往往是疑慮重重，非一點即通，而需要像剝筍一樣，把握脈絡，層層遞進，窮追不捨，把理說透。這就是層層剝筍的方法。

例如，列寧就曾用這種方法說服美國一家石油公司董事長兼總經理哈默在蘇聯大規模投資。

哈默於西元 1898 年生於美國紐約市。18 歲那年，哈默接管了父親的製藥

廠，當上了老闆。由於管理有方，製藥廠買賣興隆，收入大增，幾年之後，22歲的哈默就成了百萬富翁。1921 年，他聽說蘇聯實行新經濟政策，鼓勵吸收外資，就打算去蘇聯做筆買賣。他想，在蘇聯，目前最需要的是消滅饑荒，得到糧食。而這時美國糧食正值大豐收，1 美元可買 10 公斤糧食，因生產過剩，農民寧可把糧食燒掉，也不願低價送往市場出售。而蘇聯有的是美國需要的毛皮、白金、綠寶石，如果讓雙方交換，豈不是很好嗎？哈默打定主意，來到蘇聯。

　　哈默到達莫斯科的第二天早晨，列寧與他進行親切的交談。糧食問題談完以後，列寧對哈默說，希望他在蘇聯投資經營企業。哈默聽了，默默不語，為什麼呢？因為西方對蘇聯實行新經濟政策抱有很深的偏見，做了許多懷有惡意的宣傳，使許多人把蘇維埃政權看成可怕的怪物。到蘇聯經商，投資辦企業，被稱作是「到月球去探險」。

　　哈默雖然做了勇敢的「探險」者，與蘇聯做了一筆糧食生意，但對在蘇聯投資辦企業一事，不能不心存疑慮。

　　明察秋毫的列寧看透了哈默的心事。他講了實行新經濟政策的目的，告訴哈默：「新經濟政策要求重新發展我們的經濟潛能。我們希望建立一種給予外國人工商業承租權的制度來加速我們的經濟發展。」經過一番交談，哈默弄清了蘇維埃政權的性質和蘇聯吸引外資辦企業的平等互利原則，很想嘗試看看。

　　但是說著說著，又動搖起來，想打退堂鼓。為什麼？因為哈默又聽說蘇維埃政府機構重疊，人浮於事，手續繁多，尤其是機關人員辦事拖拉的作風，令人吃不消。當列寧聽出哈默的擔心時，立即安慰他：「官僚主義，這是我們最大禍害之一。我打算指定一兩個人組成特別委員會，全權處理這事，他們會向你提供你所需要的幫助。」

　　除此之外，哈默又擔心在蘇聯投資辦企業，蘇聯只顧發展自己的經濟潛能，而不注意保證外商的利益，以致外商在蘇聯辦企業能否得到什麼實惠。當列寧從哈默的談吐中聽出這種憂慮，馬上又把話說得一清二楚：「我們明白，我們必須確定一些條件，保證承租的人有利可圖。商人不都是慈善家，除非覺得可以賺

錢，不然只有傻瓜才會在蘇聯投資。」

就這樣，列寧對哈默的一連串的疑慮，像剝筍一樣逐一加以釐清，並且斬釘截鐵，乾脆俐落，毫不含糊，把政策交代得明明白白，使得哈默心中一塊石頭落了地。沒過多久，哈默就成了第一個在蘇聯開辦企業的美國人。

第十五招：無中生有，製造奇貨

你想讓對方答應你的請求，你得有吸引對方的地方，以此作為交換的條件。你手中的「王牌」一定要是對方沒有的東西。假如你並沒有這種「可居」的「奇貨」。這時，你就要運用「無中生有」的辦法去製造。

第一，可以假造一個「奇貨」。也就是針對對方感興趣的方面，去人為的進行包裝、宣傳和誇大。

例如，日本的伊那市，地處荒僻一角，風景平淡無奇，當地政府卻希望它變成「奇貨」，變成風水寶地，變成人心嚮往的旅遊勝地。當地政府實際上就是在求人，求人們來到這個荒僻的地方旅遊。他們是怎麼做的呢？他們派了一隊人馬，四處瞭解民風民俗。經過幾個月的辛苦，好不容易搜集到了一個民間故事——古代一位俠客勘太郎的神奇經歷。儘管這只是子虛烏有的神話，但主管部門卻不管那麼多，由這一點開始，他們做起了大量的工作。

沒過多久，伊那火車站廣場上，奇蹟般樹立起了一座勘太郎的銅像。書店裡，突然冒出了許多描寫勘太郎鋤強助弱、俠骨仁心的神奇傳說的圖書。旅遊品商店裡，勘太郎的木雕、勘太郎腰帶、勘太郎兵器等新玩意層出不窮，甚至民間開始到處傳播讚頌勘太郎的歌曲。勘太郎一下子成了家喻戶曉的大英雄。順理成章的是，勘太郎的「誕生地伊那市」自然成了英雄聖地，成了聞名遐邇的觀光勝地。無中生有，點石成金，平淡無奇的地方卻成了財源滾滾的風水寶地，成為當地政府的可居「奇貨」。

第二，可以加工一個真的「奇貨」，也就是製造機會，去做一些抬高自己身

價的事情，或掌握一些對方感興趣的「資源」。

例如，王君廓本是個盜賊頭子，投降唐朝後，憑藉超絕的武藝和勇猛作戰，立下了不少戰功。然而真要謀取大官，更需要的是政治本錢，所以王君廓的戰功只換來一個不起眼的小官──右領軍。王君廓不滿現職，希望能在政治上找一樣「奇貨」，換一個大官，但這「奇貨」到哪裡去找呢？

機會來了。唐高祖有個孫子叫李瑗，無謀無斷，不但無功可述，還為李唐家族鬧過不少笑話，但高祖因顧念本支，不忍心加罪，僅僅把他的官位一貶再貶。這一次高祖調任李瑗為幽州都督。因為怕李瑗的才智不能勝任都督之位，便特地命右領軍將軍王君廓同行輔政。李瑗見王君廓武功過人，心計也多，便把他當作心腹，許嫁女兒，聯成至親，一有行動，便找他商量。王君廓卻自有打算，他想現成的「奇貨」難得，何不無中生有造他一個？無勇無謀卻手握兵權的李瑗，稍稍加工，其腦袋可不就是政治市場上絕妙的「奇貨」嗎？於是，他開始精心加工他的「奇貨」了。

李世民發動「玄武門之變」，殺了太子李建成、齊王李元吉，自己坐上了太子之位。不少皇親國戚對此事不敢公開議論，但私下各有各的看法。對於李世民做了太子之後，還對故太子、齊王家採取了「斬草除根」的做法，大家更是認為太過殘忍。李世民對此，當然也是心裡有數。王君廓為撈政治本錢，對這一政治情形更是清清楚楚。於是，當李瑗來問他「現在該不該應詔進京」時，他便煞有介事的獻計道：「事情的發展我們是無法預料的。大王，奉命守邊，擁兵 10 萬，難道朝廷來了個小小使臣，你便只能跟在他屁股後面乖乖的進京嗎？要知道，故太子、齊王可是皇上的嫡親兒子，卻也要遭受如此慘禍，大王你隨隨便便的到京城去，能有自我保全的把握嗎？」說著，竟做出要啼哭的樣子。

李瑗一聽，頓時心裡「明朗」了，憤然道：「你的確是在為我的性命著想，我的意圖堅定不移了。」於是李瑗糊里糊塗的把朝廷來使拘禁了起來，開始徵兵發難，並召請北燕州刺史王詵為軍事參謀。

兵曹參軍王利涉見狀，趕忙對李瑗說：「大王不聽朝廷詔令，擅自發動大兵，

明明是想造反。如果所屬各刺史不肯聽從大王之令，跟隨起兵，那麼大王如何成功得了？」

李瑗一聽，覺得也對，但又不知該怎麼辦。王利涉獻計道：「山東豪傑，多為竇建德部下，現在都被削職成庶民。大王如果放榜昭示，答應讓他們統統官復原職，他們便沒有不願為大王效力的道理。另外，又派人連結突厥，由太原向南逼近，大王自率兵馬一舉入關，兩頭齊進，那麼過不了十天半月，中原便是大王的領地了。」

李瑗得計大喜，並非常「及時」的轉告給了心腹副手王君廓。王君廓清楚，此計得以實施，唐朝雖不一定即刻滅亡，但也的確要碰到一場大麻煩，自己弄得不好要偷雞不成蝕把米，趕忙對李瑗說：「利涉的話實在是迂腐得很。大王也不想想，拘禁了朝使，朝廷哪有不發兵前來征討之理？大王哪有時間去北聯突厥、東募豪傑呀？如今之計，必須乘朝廷大軍未來之際，立即起兵攻擊。只有攻其不備，方有必勝把握呀！」

李瑗一聽，覺得這才是真正的道理。便說：「我已把性命都託付給你了，內外各兵，也就都託你去調度吧。」王君廓迫不及待的索取了信印，馬上出去行動了。

王利涉得此消息，趕忙去勸李瑗收回兵權。可就在這時，王君廓早已調動了軍馬，誘殺了軍事參謀王詵。李瑗正驚惶失措卻又有人接二連三的來報王君廓的一系列行動：朝廷使臣，已被王君廓放出；王君廓暗示大眾，說李瑗要造反；王君廓率大軍來捉拿李瑗……李瑗幾乎要嚇昏過去，回頭要求救於王利涉，王利涉見大勢已去，早跑了個無影無蹤。

李瑗已無計可施，帶了一些人馬出去見王君廓，希望能用言語使王君廓回心轉意。沒想到，王君廓與他一照面，便把他抓了起來，不容分說就把他送給了朝廷。

詔旨很快下來了，李瑗廢為庶人，王君廓代盧江王李瑗的老位子幽州都督。

第十六招：羊披狼皮，阻嚇對手

利用「無中生有」的辦法，還有一個重要作用，就是可以用於阻止對方進行有害於己方的行為，使對方礙於己方的「實力」，不得不重新考慮自己的行動方案。

例如，明英宗正統十三年，吳官潼出使瓦剌時，被扣押為奴。就在第二年，英宗在「土木之變」中被俘，正被瓦剌扣押的吳官潼，便主動要求做了英宗的隨從。從瓦剌回國，因為朝廷內部的權力鬥爭，不幸的吳官潼又被打入自己的大獄。

到景泰元年，瓦剌再次大舉進犯中原，並包圍了北京城。大將石亨為代宗出主意說：「把吳官潼放出來，可以讓他退兵。」正急得團團轉的代宗，一聽有人能退兵，馬上詔吳官潼出獄，並親自為其去掉刑具，問：「你能讓也先（瓦剌首領）的部隊退兵嗎？如果能成功，我封你為侯。」

對瓦剌人十分瞭解的吳官潼當即一口答應：「可以！」代宗大喜，便立即賜予新衣，把他押至石亨的營中。石亨一見吳官潼，高興的說：「吳先生來了，我就放心了。」

吳官潼趕著一頭驢，頭戴一頂破草帽，手裡拿著一塊肉，闖入瓦剌人的包圍圈。瓦剌兵抓住他，送至首領面前。吳官潼便裝得十分委屈的樣子，不慌不忙的用番語說：「我是某村人，我娘有病，我進城買肉給她老人家吃，你們抓我幹什麼？」然後，他又故作神祕的說：「你們怎麼還在這裡？我聽說朝廷已傳旨召四方兵馬到京城，馬上就要潛入你們的領地，去剿你們的老巢。」吳官潼停了停，又說：「若不是與你們有鄉情，我才不會冒著被殺頭的危險告訴你們呢！」

正在這裡，石亨乘機用火器向也先的部隊猛轟。瓦剌軍將領一見，以為朝廷下一步確實有「大動作」，頓生退兵之意。也先最終撤兵，北京遂解圍。

可見，在求人過程中，有時不妨利用對方不知底細，來個「腦筋急轉彎」，做一隻披著「狼皮」的羊，或許會收到奇效。只是，此招務必慎重，不然，很可

能「賠了夫人又折兵」。

第十七招：管中窺豹，強大一面

正如前面所言，如果你一無所有，可以「無中生有」；如果你並不是一無所有，你就可以「以小充大」了，也就是說在求人時，可以把所有的「本錢」集中在一個點上，讓對方「管中窺豹 —— 只見一斑」，從你某一點上的強大，對你的整體實力產生錯誤的評估。這也是「打腫臉充胖子」常見手法。

這種手法，常被想做成某件事，而自身力量又不夠的人運用。而且運用得當，確實能夠「瞞天過海」。

70 多年前，日本神戶新開了一家經營煤炭的福松商會，經理便是少年得志的松永安左衛門。開張不久的一天，商會來了一個當時神戶最出名的西村豪華飯店的侍者，他送給松永一封信，上書「松永老闆敬啟」，下款「山下龜三郎拜」，內稱：「鄙人是橫濱的煤炭商，承蒙福澤桃介（松永父親的老友，借了鉅資給松永作為商會的開辦費）先生的部下秋原介紹，欣聞您在神戶經營煤炭，請多關照。為表敬意，今晚鄙人在西村飯店聊備薄宴，恭候大駕，不勝榮幸。」

當晚，松永一踏進西村飯店，就受到熱情款待，山下龜三郎畢恭畢敬，使得松永不免飄飄然。

酒宴進行中，山下提出了自己的懇求：「安治有一家相當大的煤炭零售店，信譽很好。老闆阿部君是我的老顧客。如果承蒙松永先生信任我，願意讓我為您效勞，透過我將商會的煤炭賣給阿部，他一定樂於接受。商會肯定會從中得利。我呢，只要一點佣金就行了。不知先生意下如何？」

松永一聽，心裡馬上盤算起來。沒等他開口，山下就把女服務生叫來，請她幫忙買些神戶的特產瓦形煎餅來。並當著松永的面，從懷裡掏出一大疊大面額鈔票，隨手交給女服務生，並另外多抽出一張作為小費。

松永看著那一大疊紗票，暗暗吃驚。眼前的這一切，使他眼花繚亂。稍一鎮

定，便對山下說：「山下先生，可以考慮接受你的請求。」

稍作談判後，松永便與山下簽下了合約。

豐盛的晚宴後，松永一離開，山下便馬上趕到車站，搭上末班車回橫濱去了，西村飯店這樣高的消費，哪是山下所能承受的？

他那一大疊鈔票，其實只是他以橫濱那不景氣的煤炭店作抵押，臨時向銀行借來的；介紹信則是在瞭解了福澤、秋原與松永的關係後，藉口向福松商會購買煤炭，請秋原寫的。然後，山下又利用豪華氣派的西村飯店作為舞臺，成功的上演了一齣戲。

從那以後，山下一文不花，從福松商會得到煤炭，再轉賣中部，從中大獲其利。

業務介紹信，飯店裡設宴談生意，給服務生小費，這些都是日本商界中司空見慣的。山下就是利用這些極為平常的小事，顯示自己擁有雄厚的實力，隱藏自己沒有資金做煤炭生意的事實，從而達到了自己的目的。而年輕的松永，被山下誠懇恭敬、熱情招待和慷慨大方所迷惑，輕信了山下。

第十八招：疲敵誤敵，迷失對方

利用「以小充大」還有一個重要的作用，就是能夠「疲敵誤敵」，使強大的對手迷失方向，忘卻關鍵，糊里糊塗中被你牽著鼻子走。

例如，1936 年，四川發生旱災，糧食吃緊。各大糧商乘機囤積居奇，重慶糧價頓時一漲沖天。當時漢口糧價依舊平穩，但由漢口運糧至重慶出售，不但難於獲利，弄得不好還會虧掉血本。「麵粉大王」鮮伯良經營的重慶麵粉公司因晚走一步，無法買進常價原料，眼看著要斷送一年的大好生意，著急萬分。

鮮伯良為解重慶之危，經過一番辛苦籌謀之後，帶了 3000 包麵粉親自從漢口趕往重慶。

麵粉大王抵達重慶之後，第二天便依常規去走訪各大糧商。糧商見麵粉大王

親臨「寒舍」，當然喜出望外，熱情備至。但在每一家糧商客廳裡，當麵粉大王與糧商談興正濃的時候，總會匆匆跑來麵粉大王的特別助理，遞給一紙合約後，在麵粉大王耳邊神祕細語一番。麵粉大王則總是正色厲聲道：「某老闆用不著如此神祕。」接著便把助理的話告訴那老闆，說是剛剛獲悉與漢口某糧店達成協議，鄙人從那裡購得若干萬包糧食，於某日即可抵達重慶出售。就這樣，鮮伯良在輕描淡寫中把重慶的頭號特大新聞，一字一句的灌進了每個大糧商的耳朵裡：麵粉大王將從漢口源源不斷的運糧，來幫助重慶度過乾旱之年。

對糧商來說，這無疑是平地驚雷。

接著，鮮伯良開始將漢口帶來的 3000 包麵粉低價出售。糧商們這一下更急了，爭先恐後放棄了囤積居奇的美夢，開始競相減價拋售。

不多時，重慶復興麵粉公司的倉庫裡堆滿了低價糧食，而等到糧商們突然發覺自己手頭無糧食了，而漢口並未向重慶運糧時，便趕緊親自趕往漢口。沒料到，此時漢口的糧價竟比自己剛剛拋售的重慶糧價高得多了。而等到他們再次趕回重慶時，卻又發現重慶麵粉公司開始高價售糧了。

第十九招：有意牽強，著意附會

厚黑之士常常首先編造謊言中傷對手，從對手無意的言行中，「牽強附會」的得出對對方不利的結論，激怒他，使他為你出頭、出力去對付你的對手。這樣，你的對手連解釋的機會都沒有，而你求人的目的也達到了。

例如，東漢建安十三年十月，曹操率領八十萬大軍由江陵順水而下，駐守赤壁，擺出渡江南下攻打東吳孫權的態勢。東吳百官，有主戰的，有主和的，弄得國君孫權也舉棋不定，急召都督周瑜回朝問計。就在東吳面對曹操大軍壓境，是戰是和，議論紛紛之際，諸葛亮為了鞏固孫權和劉備共同抗曹的聯盟關係，專程出訪了東吳。來到東吳後，孔明看出說服周瑜決心抗曹，既可以平定文武大臣的嘈雜議論，又可以堅定孫權聯盟抗曹的決心，是他這次出訪的重點。此時的孫

權、周瑜雖心存抗曹念頭，可是在諸葛亮面前故顯深沉，不露痕跡，同時也想試探諸葛孔明，故而談及抗曹之事，周瑜總是以言語搪塞，遊說出現僵持狀態。足智多謀的諸葛亮便針對周瑜氣量狹小，且又根據凡人對愛情都是自私的特性，故意曲解曹植的《銅雀臺賦》中的兩句話，激起周瑜對曹操的滿腔怒火，痛下不滅曹操誓不為人的決心。下面就是這次遊說的簡述。

　　一天晚上，魯肅引諸葛亮會見周瑜。魯肅問周瑜：「如今曹操駐兵南侵，是戰是和，將軍欲如何？」周瑜說道：「操挾天子以令諸侯，難以抗命。而且，兵力強大，不可輕敵。戰則必敗，和則易安。我們意見和為上策。」魯肅大驚道：「將軍之言錯啦！江東三世基業，豈可一朝白白送給他人？」周瑜說道：「江東六郡，千百萬生命財產，如遭到戰禍之毀，大家都會責備我的。因此，我決心講和為好。」諸葛亮聽完東吳文武兩大臣的一段對話，覺得周瑜若不是抗曹的決心未定，也是一種有意試探。此時如果不另闢蹊徑，只是講一講吳蜀聯合抗曹的意義，或是誇耀周瑜蓋世英雄，東吳地形險要，戰則必勝的道理，肯定難以奏效。於是，他巧用周瑜執意求和的「機緣」，編出一段故事，激怒了周瑜。諸葛亮說道：「我有一條妙計，只需差一名特使，駕一葉扁舟，送兩個人過江，曹操得到那兩個人，百萬大軍必然捲旗而撤。」周瑜急問是哪兩個人。諸葛亮說道：「曹操本是一名好色之徒，打聽到江東喬公有兩位千金小姐，大喬和小喬，長得美麗動人，曹操曾發誓說：我有兩個志向，一是要掃平四海，創立帝業，流芳百世；二是要得到江東二喬，以娛晚年。目前雖然領兵百萬，進逼江南，其實就是為喬家的兩位千金小姐而來的。將軍何不找到喬公，花上千兩黃金買到那兩個女子，差人送給曹操？江東失去這兩個人，就像大樹飄落一兩片黃葉，如同大海減少一兩滴水珠，絲毫無損大局；而曹操得到兩人必然心滿意足，歡歡喜喜班師回朝。」周瑜說道：「曹操想得二喬，有什麼證據可說明這一點？」諸葛亮答道：「有詩為證。曹操的小兒子曹植，十分會寫文章，曹操在漳河岸上建造了一座銅雀臺，雕梁畫棟，十分壯麗，並挑選許多美女安置其中，又令曹植作了一篇《銅雀臺賦》，文中之意就是說他會做天子，立誓要娶『二喬』。」周瑜問：「那篇賦是怎

麼寫的，你可記得？」諸葛亮說道：「因為我十分喜愛賦中文筆華麗，曾偷偷的背熟了。」周瑜請諸葛亮背誦。賦略云：「從明後以嬉遊兮，登層臺以娛情，……臨漳水之長流兮，望園果之滋榮。立雙臺於左右兮，有玉龍與金鳳。攬『二喬』於東南兮，樂朝夕之與共……」

周瑜聽罷，勃然大怒，立刻站立起來指著北方大罵道：「曹操老賊欺我太甚！」諸葛亮表面上是急忙阻止，其實是火上澆油，說道：「都督忘了，古時候單于多次侵犯邊境，漢天子許配公主和親，你又何必可惜民間的兩個女子呢？」周瑜說道：「你有所不知，大喬是孫策將軍夫人，小喬就是我的愛妻！」諸葛亮佯作失言請罪道：「真沒想到這回事，我真是胡說八道了，該死該死！」周瑜怒道：「我與曹操老賊誓不兩立！」諸葛亮卻故作姿態的勸道：「請都督不可意氣用事，望三思而後行，世上絕無賣後悔藥的！」周瑜說道：「承蒙伯符重託，豈有屈服曹操之理？我早有北伐之心，就是刀劍架在脖子上，也不會變卦的。勞駕先生助我一臂之力，同心合力共破曹操。」於是孫、劉結成抗曹聯盟得到鞏固，贏得了赤壁之戰的重大勝利。

諸葛亮這次在周瑜面前的遊說為什麼會成功？這是因為：第一，「喬」姓古時本就寫作「橋」，後來才改作「喬」的，把原賦中兩條橋的簡稱「二橋」，曲解為大喬和小喬的簡稱「二喬」，是十分容易收到諸葛亮有意「牽強」、周瑜無意中「附會」的效果的；第二，諸葛亮十分瞭解人對愛情的極端自私性，奪妻之恨往往勝於滅國之恥，況且周瑜本來就是個氣量小的將軍。諸葛亮看準機會，編造這一段謊言刺激周瑜，果然產生了極大的效果。

第二十招：設下圈套，嫁禍於人

大多數人有兩大弱點：對愛的專有權和對權的迷戀。人們在自己專寵的東西遭到侵害時，往往會失去理智，缺乏思考，其結果也往往會不堪設想。如果你的對手並沒有差錯，這時，就可以有禮有節、步步為營，向對手設下圈套，嫁禍於

人，使其有意無意的侵犯到對方的利益。

春秋時期，晉獻公征服驪戎，驪戎獻出二女，年紀大的叫驪姬，年紀小的叫少姬。驪姬長得非常漂亮，多機智，把晉獻公給迷住了，兩人日夜形影不離。不足一年，驪姬就生下一子，起名奚齊。

晉獻公因受惑於驪姬，愛妻及子，便想立奚齊為太子，他把此意對驪姬說了，她心裡很高興，又想到晉獻公已立申生為太子，而且太子與另外兩個兄弟重耳、夷吾又那樣友愛，這三人雖然不是親生的，在名義上也是母子關係。今一旦無故變更，恐群臣不服。不僅自己的兒子當不成太子，還說不定會遭到不測之禍，乃跪在晉獻公面前哭起來：「太子申生並無大過，據說諸侯沒有一人說他的壞話，若是為了我母子而將他廢了，人家必說我迷惑於你，我寧可死了也不負這個罪名！」晉獻公聽她說得通情達理，大讚其賢淑美德。

驪姬表面上做得光明磊落，暗地裡卻日夜想著如何陷害申生等兄弟，奪取太子之位。

不久，驪姬便對晉獻公說：「申生是我挺心愛的兒子，他在曲沃幾年了，我也挺惦念他的，還是把他請回來吧！」

晉獻公是個色迷心竅的人，還以為驪姬是真心，便派人往曲沃叫太子立即回來。

申生是個知書達理的孝子，他回來拜見過父親，又入宮參見驪姬。驪姬設宴擺酒招待，言談甚歡。第二天申生入宮叩謝，驪姬又留他吃了飯。沒想到，當晚她便跑到獻公面前哭哭啼啼編起謊話來。

「怎麼了，是誰侮辱了我的美人？」

「都是你的好兒子！」

「是申生？他怎麼啦？」

「不是他能是誰？」她哭得聲音更大了，哭著說著，「我一片好心叫他回來見見面，留他吃一頓飯。沒想到他喝了幾杯酒就開始調戲我來，還說：『我爹年老了，妳又年輕。』我當時很生氣，本想教訓他一頓，可他嬉皮笑臉的說：『這是

我家祖傳的先例了。我祖父去世的時候，我爹就接收了他的小老婆，現在我爹老了，不久就要歸天了，按照常理妳不歸我又歸誰呢？』說著還想把我摟住親嘴，幸虧我躲得快，不然的話……我不想做人了！」說罷，撲到晉獻公懷裡亂捶亂打撒起野來。

「豈有此理，這畜生竟如此無賴！」晉獻公怒氣不打一處來。

「唉！他還說明天約我去花園呢。如果你不相信的話，去跟蹤一下就明白了！」

第二天，驪姬又召申生入宮，帶他去花園看花。她打扮得格外漂亮，全身香噴噴的，把香糖沾滿頭髮，一路上引來許多蜜蜂、蝴蝶，在她頭上飛繞。驪姬叫申生過來幫她趕散這些狂蜂浪蝶。申生從命，在她後面手揮袖舞。

此情此景，晉獻公在樓上看得清清楚楚。他怒不可遏，立即叫人綁起申生推出斬首，嚇得申生滿頭冷汗，莫名其妙。

驪姬又跪在晉獻公面前說：「您明白真相就行，切不可處決他，因為他是我叫回來見面的，若殺了他，群臣定會說我下的毒手。何況這是家事，家醜不可外揚，傳出去多不好聽。請您饒他這一回吧！」

晉獻公無可奈何，下令：「趕這畜生回曲沃去！」還派人跟蹤偵查他的所作所為。

沒過多久，晉獻公出城打獵去了。驪姬派人對申生說：「我做了一個夢，夢見你媽媽齊姜向我哭訴，說她正在地府裡受凍受餓，十分淒涼，你做兒子的應該去祭祀她一番。」

申生是位孝子，自然聽話。齊姜的禮祠在曲沃，他前去拜祭，並且照例把胙肉和禮酒送給父親，以盡人子之禮。晉獻公打獵還未回來，這些胙肉和禮酒留在宮中。

過了六天，晉獻公才回來。驪姬在酒肉裡加上毒藥，送給晉獻公，告訴他：「我曾夢齊姜在地府受苦，現在申生把胙肉、禮酒送來了，給你嘗嘗！」

晉獻公拿起酒要喝，驪姬卻說：「酒肉是外來的，不可大意，試一試才可！」

「對！」晉獻公順手把酒潑在地上，地上頓時冒起一股白煙。

「咦！怎麼回事？」驪姬詐言不信，又割了一塊肉給狗吃，狗吃了連叫聲都沒有，就四腳朝天死了。又拉過來一個小內侍，要他喝酒，小內侍不肯，夾手夾腳強灌下去，頓時七竅流血而死。

「天呀！天呀！」驪姬呼起冤來，「誰料到太子這麼狠心，要毒殺父親了。國君的位置早晚是要傳給太子的，多等一兩年都不行了。」說著說著跪在獻公面前，淚流滿面，嗚咽著說：「太子此舉，無非是針對我和奚齊，請把此酒肉給我吧，我寧可替你去死。」說完，一把搶過酒來，做出倒進嘴裡的姿勢。晉獻公立即把酒搶過來，憤然摔落在地上，氣得說不出話來。

晉獻公即刻升殿，告訴群臣，大數申生罪狀。並派大批軍隊，威風凜凜的殺奔曲沃。申生聞訊，不聽群臣勸諫，既不擁兵抗拒，又不逃往外國，吊頸而死。接著，驪姬又故伎重施，嫁禍於重耳、夷吾，逼他們逃往他方。

第二十一招：煽風點火，從中漁利

一個弱者要在兩個強者之間謀得生存的空間，一個最直接的辦法就是使兩個強者產生對立。一方面雙方可能會兩敗俱傷，這種結果自然對你有利。另一方面可以使兩個強者認知到你存在的價值，直言之，也就是讓兩個強者認知到在他們之間存在一個弱者緩和局勢，休養生息，積聚力量，是獲得最終勝利的必要條件。但無論怎樣去說，怎樣去做，弱者畢竟是弱者，這種種手段只能是姑且行之，前提還要仰強者的鼻息。所以，要改變自己的命運，最根本的解決方法，還是要設法使自己由弱者變成強者。

吳王夫差滅越之後，聯合魯國去攻打齊國，引起了齊國內亂。齊國人殺了齊悼公，歸附了吳國，立齊悼公的兒子為國君，是為齊簡公。齊簡公拜陳恆為相國，讓他掌握齊國的大權。

剛剛出任相國的陳恆立功心切，對齊簡公說：「小小的魯國竟敢跟著夫差來

欺負咱們，這個仇不能不報。」

齊簡公也覺得堂堂一個大齊國，竟在魯國的攻擊下認輸了，實在太丟面子，就命陳恆發兵去攻打魯國。

這時候，孔子正在魯國編書，聽到這個消息後十分吃驚，說：「魯國是我父母之邦，哪裡能讓人家滅了吶！」於是就派他的弟子子貢去見陳恆。

陳恆一見子貢，迎頭就說：「先生是替魯國說話的嗎？」

子貢說：「不，我是來替齊國說話的。可是有一樣，我不能隨便說。」說著就往四下裡張望一下。

陳恆明白他的心意，命跟前的人全部退下。然後心平氣和的向子貢拱了拱手，說：「請先生多多指教！」

子貢說：「相國執掌著齊國的大權，難道就沒有大臣跟你爭位嗎？就拿你這次派來的國書和高無丕來說吧，他們來打這軟弱無能的魯國，一定能馬到成功。他們的功勞一大，勢力也就大了，總有一天要與您爭奪相位。要是您叫他們去打那強大的吳國，把他們牽制住，相國治理齊國可就方便得多了。」

一番話把陳恆說得連連點頭，他就按照子貢所說的去做，把人馬駐紮在漢水按兵不動，派人去探聽吳國的動靜。

接著，子貢又去到吳國，面見了吳王夫差。

那夫差早有稱霸的野心，一向驕傲自大，還喜歡人家奉承他。

子貢一見面就對吳王說：「上回貴國聯合魯國去打齊國，齊國認為這是個挺大的恥辱，老想著報仇。如今齊國的大隊人馬已經到了漢水，他們打算先把魯國滅了，然後再跟貴國報仇。依我看，大王倒不如先發制人，派兵去打齊。您要是把蠻橫的齊國打敗了，不光是救了魯國，中原的霸主您不就鐵定當上了嗎？」這話句句說到吳王夫差的心裡，他立即派兵向漢水進發。

等子貢回到魯國向孔子報告時，吳國已經把齊國打敗。就這樣，子貢憑著自己的一張巧嘴，挑起兩個強國之間的對立，保住了魯國人民的安全。

第二十二招：挑撥離間，打擊對手

如果你與競爭對手同為一個上司的手下，你可以先告黑狀來挑撥離間，使你的上司逐漸對你的競爭對手產生厭惡的感覺，最終在你們之間的競爭中，站在你這一方。為此，首先要發現上司的最痛恨的地方，找到他的最痛處。這樣才有可能激起上司的最大的仇恨。然後，再誘使對手去觸碰上司的痛處，激起上司的反感。

例如，秦檜施用種種陰謀詭計逼使張浚離開相位後，又阿諛奉承新上任的宰相趙鼎，實際上是為自己重新篡相奪權踢開絆腳石，鋪平道路。之後他就等待時機。不久，這樣的時機到來了。紹興八年三月，高宗果然把秦檜從樞密使升遷為右相。

秦檜的下一步，就是排擠和他同居相位的左相趙鼎了。

趙鼎復相之後，對抗金不太積極，支持高宗的求和政策，因而助長了投降派。雖然如此，他也主張在議和時要加強防守，這樣才能保住和鞏固偏安的南宋政權。這和以秦檜為一方的投降派還是有區別的。

正是由於趙鼎堅持了這些主張，秦檜才覺得不把趙鼎排擠出朝，對於他自己的投降行動始終是一個莫大障礙。於是，秦檜暗施詭計，一方面，他推薦蕭振為侍御史。蕭振一上臺，就上奏章彈劾參知政事劉大中，說他「不以孝聞於中外，乞賜罷斥」。實際上，「其劾大中，蓋以搖鼎也」。蕭振彈劾劉大中後，又四處放出風聲說：「趙丞相不待論，當自為去就。」一時之間，議論紛紛。今天有人說：趙丞相要求辭職。明天又有人說：趙丞相已搬上船去了。其實，這些謠傳都是「秦檜之屬，以此撼之」。另一方面，秦檜又施用兩面派的手法，使高宗對趙鼎產生了惡感。高宗有一個兒子，小時因病夭逝。金兵南侵，高宗敗逃，在揚州因驚恐過度，喪失了生育能力。此後，他選了宋太祖十世孫趙伯琮、趙伯玖入宮撫養。伯琮先封為建國公，原想選他作為未來皇位的繼承人，高宗命趙鼎「專任其事」。趙鼎曾請建資善堂（皇太子讀書的地方），後來趙鼎一度罷相，攻擊趙

鼎的人必「以資善為口實」。趙鼎復相後，高宗又下御札要封伯玖為吳國公，當時宰執大臣商議，都認為不妥。趙鼎也認為：伯琮所封的建州，只不過是一郡之地，而伯玖所封的吳，卻是一個大都會，「恐弟之封不宜壓兄」。樞密副使王庶也認為：「並後匹嫡，此不可行」。他們的用意，是要高宗取消這一決定。當時趙鼎就對秦檜說：過去議論我的人，都以「資善」為藉口，今天我為了避免嫌疑，「公可面納此御筆如何？」秦檜裝得非常正經的樣子回答趙鼎說：「公為首相，檜豈敢專？公欲納之，檜當同敷奏也。」於是，趙鼎就約定秦檜、劉大中一起將札子進呈，但到時秦檜卻不肯參加。趙鼎又對秦檜說：札子還是共同呈上為好。秦檜再次表示：「公為首相，檜不敢專，明日進呈。」到第二天朝見高宗時，趙鼎先奏說：建國公雖然沒有正式立為太子，可是天下都知道「陛下有子矣，今日禮數不得不異」。此時秦檜「無一語」。在高宗退朝、群臣下殿時，樞密副使王庶對秦檜的奸詐行為就非常氣憤，他對趙鼎說：「公錯了。」秦檜怕因此會遭到群臣的非議，自己又有見不得人的陰謀，於是就說：「檜明日留身敷奏」。次日單獨朝見高宗時，他卻說：「趙鼎欲立持太子，是待陛下無子也，宜俟親子乃立。」陰險毒辣的秦檜，明知高宗喪失了生育能力，卻故意說這些話來刺激高宗，使他遷怒於趙鼎。果然，趙鼎因此事「拂上意」，而「檜乘間擠鼎」，趙鼎被迫上奏章辭職。

高宗再次起用趙鼎為相，本來就出於不得已。在議和問題上，趙鼎所唱的調子和他也不完全合拍，在「儲位」這一有關朝廷的「根本」大事上，又引起了高宗的反感。於是在紹興八年十月，高宗便把趙鼎罷相，令他出任紹興知府。

和張浚一樣，趙鼎原先也是輕信了秦檜，和秦檜打得火熱，經過這一段時期以來的共事，他對秦檜的為人才有所認識，但為時已晚。趙鼎既去，「檜獨專國」，南宋的朝政大權完全由秦檜一人獨攬了。他既得到高宗的特別寵信，又有金朝主子作為後盾，到紹興二十五年秦檜死時為止，他都一直竊據著相位，專政持續了 19 年。

第二十三招：心狠手辣，不容反擊

造謠中傷競爭對手，從而使別人站到你的一邊，這種方法固然有效，但是，常言道，「假的終是假的」「紙裡包不住火」，一旦被你「告黑狀」的人有了解釋的機會，你的這一招術就不攻自破了。因此，這一招術行不行得通的一個關鍵，就在於要心狠手辣，使對手不能有反駁的機會。為此：

第一，可以在空間上隔絕對手與上司之間的聯絡，如把對手調開，使他們無法見面，對你的造謠自然無法申辯。

例如，漢元帝懦弱無能，寵信宦官石顯，一切唯石顯是聽。朝中有個郎官，名京房，字君明，東郡頓丘人。他精通易學，擅長以自然災變附會人事興衰。鑑於石顯專權，吏治腐敗，京房制訂了一套考課吏法，以約束各級官吏。元帝對這套方法很欣賞，下令群臣與京房討論施行辦法。但朝廷內外多是石顯羽翼下的貪官汙吏，考核吏法，就是要懲治和約束這些人，他們怎能同意推行呢？京房心裡明白，不除掉石顯，腐敗的吏治不能改變。於是他藉一次元帝宴見的機會，向元帝一連提出七個問題，列舉史實，提醒元帝認清石顯的面目，除掉身邊的奸賊。可事與願違，語重心長的勸諫並沒有使元帝醒悟，絲毫沒有動搖元帝對石顯的信任。

既然考核吏法不能普遍推行，元帝就令京房推薦熟知此法的弟子作測試。京房推薦了中郎任良、姚平二人去任刺史，自己要求留在朝中坐鎮，代為奏事，以防石顯從中作梗。石顯早就把京房視為眼中釘，正尋找機會將他趕出朝廷。於是，趁機提出讓京房作郡守，以便推行考核吏法。元帝不知石顯用心，任京房為魏郡太守，在那裡試行考核吏法。郡守的官階雖然高於刺史，但沒有回朝奏事的權利，還要接受刺史監察。京房請求不隸屬刺史監察之下和回京奏事的特權，元帝應允。京房還是不放心，在赴任途中三上密章，提醒元帝辨明忠奸，揭露石顯等人陰謀詭計，又一再請求回朝奏事。元帝還是聽不進京房的苦心忠諫。一個多月後，石顯誣告京房與其岳父張博通謀，誹謗朝政，歸惡天子，並牽連諸侯王，

京房無罪而被下獄處死。

第二，切斷對手與上司之間的通訊，阻塞其言路，使其有理無處訴，有怨無處申。

例如，京房死後，朝中能與石顯抗衡的唯有前御史大夫陳萬年之子陳咸。此時陳咸為御史中丞，總領州郡奏事，負責考核諸州官吏。他既是監察官，又是執法官。陳咸正年輕氣盛，無所畏懼，才能超群，剛正不阿，曾多次上書揭露石顯奸惡行為，石顯及其黨羽皆對他恨之入骨。在石顯指使下，群奸到處尋找陳咸過失，要乘機除掉他。

陳咸好友朱雲，是當世經學名流。有一次，石顯同黨少府五鹿設壇講《易》，仗著元帝的寵幸和尊顯的地位，沒有人敢與他抗衡。有人推薦朱雲。朱雲因此出名，被元帝召見，拜為博士，不久出任杜陵令，後又調任槐里令。他看到朝中石顯專權，陳咸勢孤，丞相韋玄成阿諛逢迎，但求自保。朱雲便上書彈劾韋玄成懦怯無能，不勝任丞相之職。石顯將此事告知韋玄成，從此韋與朱結下仇恨。後來官吏考察朱雲時，有人告發他譏諷官吏，妄殺無辜。元帝詢問丞相，韋玄成當即說朱雲為政暴虐，毫無治績。此時陳咸恰在旁聞知，便密告朱雲，並代替他寫好奏章，讓朱雲上書申訴，請求呈交御史中丞查辦。

石顯及其黨羽早已控制中書機構，朱雲奏章被仇家五鹿充宗看見並將其交給石顯。石顯批交丞相查辦。丞相管轄的官吏定朱雲殺人罪，並派官緝捕。陳咸聞知，又密告朱雲。朱雲逃到京師陳咸家中，與之商議脫險之計。石顯密探刺知，報告丞相。韋玄成以執法犯法等罪名上奏元帝，終將陳、朱二人拘捕下獄，判處服苦役修城牆的刑罰，去掉了兩個賢能之臣。

第二十四招：扮豬吃虎，暗算對手

精通厚黑之道者，在造謠中傷對手時，是不會直來直去的，如果是這樣，對手會有防備，有可能使你的求人計策遇到阻礙，甚至自己反受其害。厚黑之士會

在表面上麻痺對手，背後耍手段，使對手在迷迷糊糊中著了你的「道」。這就是人們所說的「扮豬吃老虎」。

例如，丁謂是歷史上有名的奸相。他誘使宋真宗大搞迷信活動，什麼天降神書呀，什麼泰山封禪呀，弄得烏煙瘴氣，勞民傷財。他是寇準一手提拔的，可是他一旦得勢，就設計陷害寇準，想置他於死地。他勾結真宗的劉皇后，興風作浪，破壞真宗和太子之間的父子關係，幾乎把太子廢掉。太子繼承帝位，是為仁宗。丁謂又把朝政大權攬在自己手中，上欺仁宗，下壓群僚，一手遮天，威勢赫赫，誰也不敢惹他。

丁謂本身就是一個厚黑之士，他有兩大絕招正合了「瞎子告黑狀」的精髓。一個絕招是把仁宗孤立起來，不讓他和其他的臣僚接近，文武百官只能在正式朝會時見到仁宗。朝會一散，各自回家，誰也不准留身單獨和皇上交談。第二個絕招是排除異己。凡是稍有頭腦，不附和丁謂的執政大臣，丁謂一律給他扣上一個罪名，從朝中趕走，所以朝廷中對一切軍國大事總是以丁謂的意志為意志。輿論一色，政見一致，似乎安定團結得很。丁謂則高踞於權勢的頂峰，自以為穩如泰山，可以高枕無憂。

就這樣一個厚黑之士最終遭到了另一個道行更深的人的暗算。

參知政事王曾雖身居副宰相之位，卻整天裝作迷迷糊糊的憨厚樣子。在宰相丁謂面前總是唯唯諾諾，從不發表與丁謂不同的意見，朝會散後，他也從不打算撇開丁謂去單獨謁見皇上。日子久了，丁謂對他越來越放心，以致毫無戒備。

一天，王曾哭哭啼啼的向丁謂說：「我有一件家事不好辦，很傷心。」丁謂關心的問他啥事為難。他撒謊說：「我從小失去父母，全靠姊姊撫養，得以長大成人，恩情有如父母。老姊姊年已八十，只有一個獨生子，在部隊裡當兵。身體弱，受不了當兵的苦，被軍校打過好幾次屁股。姊姊多次向我哭泣，求我設法免除外甥的兵役……」丁謂說：「這事很容易辦吧！你朝會後單獨向皇上奏明，只要皇上一點頭，不就成了？」王曾說：「我身居執政大臣之位，怎敢為私事去麻煩皇上呢？」丁謂笑著說：「你別書生氣了，這有什麼不可以的！」王曾裝作猶豫

不決的樣子走了。過了幾天，丁謂見到王曾，問他為什麼不向皇上求情。王曾囁嚅的說：「我不便為了外甥的小事而擅自留身……」丁謂爽快的回答他：「沒關係，你可以留身。」王曾聽了，非常感激，而且還滴了幾點眼淚。可是幾次朝會散後，仍不曾看到王曾留身求情。丁謂又問王曾：「你外甥的問題解決了嗎？」王曾搖搖頭，裝作很難過的樣子說：「姊姊總向我嘮叨沒完沒了的。我也不好受。」說著說著，又要哭了。丁謂這時不知是真起了同情心，還是想藉此施恩，表示對王曾的關心，竟一再鼓吹王曾明天朝會後獨自留身，向皇上奏明外甥的困難，請求皇上格外施恩，免除外甥的兵役。他還埋怨王曾太迂腐，太不關心年老的姊姊。王曾遲疑了一陣，總算打起精神，答應明天面聖。

　　第二天大清早，文武百官朝見仁宗和劉太后以後，各自打馬回家，只有副宰相王曾請求留身，單獨向皇上奏事。宰相丁謂當即批准他的請求，把他帶到太后和仁宗面前，自己退了下去。但是他還是不太放心，便守在閣門外不走，想打聽王曾究竟向皇上講了一些什麼話。

　　王曾一見太后和仁宗，便充分揭發丁謂的種種罪惡，力言丁謂為人「陰謀詭詐，多智數，變亂在頃刻。太后，陛下若不亟行，不唯臣身粉，恐社稷危矣。」一邊說，一邊從衣袖裡拿出一大疊書面資料，都是丁謂的罪證，王曾早就準備好了的，今天一件件當面呈給劉太后和宋仁宗。太后和仁宗聽了王曾的揭發，大吃一驚。劉太后心想：「我對丁謂這麼好，丁謂反要算計我，忘恩負義的賊子，太可恨了！」

　　她氣得三焦冒火，五內生煙，下決心要除掉丁謂。至於仁宗呢？他早就忌恨丁謂專權跋扈。只是丁謂深得太后的寵信，使他投鼠忌器，不敢出手。而且自己被丁謂隔絕，沒法瞭解朝中的情況，不摸王曾等人的底，感到孤立無援。今天和王曾溝通了想法，又得到太后的支持，自然更不會手軟。

　　王曾在太后和仁宗面前談了一個上午，直談到吃午飯的時候還沒完。丁謂等在閣門外，見王曾很久不出來，揣知王曾絕不是談什麼外甥服兵役的問題，一定是談軍國大政。他做賊心虛，急得頓足揪耳朵，一個勁的自怨自艾：「上當了！」

「太晚了！」「來不及了！」當王曾來到閤門外遇見丁謂時，丁謂惡狠狠的瞪了王曾一眼，王曾向他拱手致意，他不睬不理，怒氣沖沖的走了。但丁謂已沒法逃脫遠竄崖州的厄運。人們稱讚王曾的權術遠在丁謂之上。

第二十五招：控制輿論，善於作秀

要想影響並控制輿論，你必須會作秀，表演的功夫一定要到家。因為，別人只能看到你外在的、表面的東西，內心的、背後的東西是很難看透的，這時，你實際上完全掌握著資訊的控制權，也就是說，你與輿論之間的交流其實單向的，和有選擇的，只有你想讓別人知道的東西，你才顯露給別人，你不想讓別人知道的東西，你就可以把它們隱藏起來。別人是無法從表面情況，判斷出是否真實。同時，人們都有「從眾心理」，只要在人們觀念上造成了既成事實，就是對方不同意也不行了。

《圍城》中的孫柔嘉並不是唯一追求方鴻漸的小姐，更沒有讓方鴻漸動心，但卻是唯一成功的小姐。

與蘇文紈「面如桃杏，冷若冰霜」相比較，孫小姐可是「滿眼睛都是話」，她也不像天真無瑕的唐小姐和愛賣弄「局部真理」的鮑小姐，孫小姐的功夫做在造輿論上，她知道如何先造成觀念上的既成事實。

書中有這麼一節：趙辛楣因為汪太太一事離開三閭大學，委託方鴻漸照顧孫小姐，暑假回家，帶了她回去交給她父親。方鴻漸於是去傳信，半路上正好碰上來找的孫小姐。孫小姐便著意利用了這個機會。《圍城》中這一段寫得頗為有趣：

孫小姐走了一段路，柔弱的說：「趙叔叔走了！只剩我們兩個人了。」

鴻漸口吃道：「他臨走對我說，假如我回家，而妳也要回家，咱們可以同走。不過我是飯桶，妳知道的，照顧不了妳。」

孫小姐低頭低聲說：「謝謝方先生。我只怕帶累了先生。」

方鴻漸客氣道：「哪裡的話！」

「人家更要說閒話了，」孫小姐依然低了頭低了聲音。

鴻漸不安，假裝坦然道：「隨他們去說，只要妳不在乎，我是不怕的。」

「不知道什麼混蛋 —— 我疑心就是陸子瀟 —— 寫匿名信給爸爸，造你跟我的謠言，爸爸寫信來問。」

鴻漸聽了，像天塌下半邊，此時聽背後有人叫：「方先生，方先生！」轉身看是李梅亭、陸子瀟趕來。孫小姐嘤然像醫院救護車的汽笛聲縮小了幾千倍，伸手拉鴻漸的右臂，彷彿求保護。鴻漸知道李陸兩人的眼光全射在自己的右臂上，想：「完了，完了。反正謠言造到孫家都知道了，隨他去吧。」

陸子瀟目不轉睛的看孫小姐，呼吸短促，李梅亭陰險的笑，說：「你們談話真密切，我叫了聲，你全沒有聽見。我要問你，辛楣什麼時候走的……孫小姐，對不住，打斷你們的情話。」

鴻漸不顧一切道：「你知道是情話，就不應該打斷。」

李梅亭道：「哈，你們真是得風之先，白天走路還要勾了手，給學生好榜樣。」

鴻漸道：「訓導長尋花問柳的榜樣，我們學不來。」

李梅亭臉色白了一白，看風便轉道：「你最喜歡說笑話。別扯淡，講正經話，你們什麼時候請我們吃喜酒啦。」

鴻漸道：「到時候不會漏掉你。」

孫小姐遲疑的說：「那麼咱們告訴李先生 ——」李梅亭大聲叫，陸子瀟尖聲叫：「告訴什麼？訂婚了？是不是？」孫小姐把鴻漸勾得更緊，不回答。那兩人直嚷：「恭喜，恭喜！孫小姐恭喜！是不是今天求婚的？請客！」強逼握手，還講了許多打趣的話。

鴻漸如在雲裡，失掉自主，盡他們拉手拍肩，隨口答應了請客，兩人才肯走。孫小姐等他們去遠了，道歉說：「我看見他們兩個人，心裡就慌了，不知怎樣才好。請方先生原諒剛才說的話，不當真的。」

鴻漸忽覺身心疲倦，沒有精神對付，挽著她手說：「我可句句當真。也許正

是我所求的。」

另外還同時亮出兩手高招：一是故意製造了匿名信件，將原先子虛烏有的事描繪成滿天風雨，這自然會在方鴻漸的良心上引起不安。第二，也是更重要的是：孫小姐不失時機「伸手拉鴻漸的右臂」，在李梅亭等人面前「暴露」了親密戀愛的「真情」。從而，讓方鴻漸徹底死了心，乾脆將假戲唱成了真曲。

第二十六招：欲顯先隱，激人叛逆

影響和操縱輿論的另一種手段就是激起人們的叛逆心理，比如你有意謙讓，或有意示弱，激起輿論的同情，輿論就會站在你的一邊。

例如，西漢末年的王莽立女為后，就是經過了一番欲顯先隱的精心策畫。

在西漢末年平帝當政時，王莽已掌握大權，並有篡位之圖。當時漢平帝只有十幾歲，還沒有立皇后。王莽便想把自己的女兒配給平帝，當上皇后，以穩固自己的權勢。

一天，他向太后建議說：「皇帝即位已經三年了，還沒有立皇后，現在是操辦這件大事的時候了。」太后哪有不允之理。一時間，許多達官顯貴爭著把自己的女兒報到朝廷，王莽當然也不例外。然而王莽想到，報上來的女孩，有許多人比自己的女兒強，不耍花招，女兒未必能入選。於是他又去見太后，故作謙遜的說我無功無德，我的女兒也才貌平常，不敢與其他女子同時並舉。請下令不要讓我的女兒入選吧？」太后沒有看出王莽的用心，反而相信了他的「至誠」，馬上下詔：「安漢公（王莽的爵號）之女乃是我娘家女兒，不用入選了。」

王莽如果真是有意避讓，把自己的女兒撤回來就行了，但經他鼓吹太后一下令，反而突出了他的女兒，引起了朝野的同情。每天都有上千人要求選王莽之女為皇后。朝中大臣也幫忙說情，他們說：「安漢公德高望重，如今選立皇后，為什麼單把安漢公的女兒排除在外？這難道是順從天意嗎？我們希望把安漢公之女立為皇后！」於是王莽又派人前去勸阻，結果是越勸阻，說情的人越多。太后沒

有辦法，只好同意王莽的女兒入選。

　　王莽抓住這個時機又假惺惺的說：「應該從所有被徵召來的女子中，挑選最適合的人立為皇后。」朝中大臣們力爭說立安漢公之女為皇后，是人心所向。請不要再選別的女子干擾立后這件大事。王莽看到自己的女兒被立為皇后已成定局，才沒有表示推辭。不久，王莽的女兒就當上了皇后。

凶字篇：口蜜腹劍，心狠手辣

只要能達到我的目的，他人賣兒賣婦，都不必顧忌，但有一層應當注意，凶字上面定要蒙上一層仁義道德。

—— 李宗吾《厚黑學》

第一招：釜底抽薪，逼入牆角

在厚黑處世之中，要想把對方逼入「牆角」，俯首就擒，最好的辦法就是「釜底抽薪」。就像一顆氣球，如果被放了氣，自然就硬不起來了。為此：

第一步，在對方還沒有明白過來時，控制某個其他一切過程都依賴於它的重要的環節，或重要資源。

例如，提起洛克菲勒，無論是在美國，還是在世界的任何一個地方，它都是權力、財富和榮譽的象徵。洛克菲勒家族擁有的美國最大的石油壟斷財團──美孚托拉斯，是石油王國的霸主。可以毫不誇張的講，世界上任何一個石油企業，都無法與之抗衡。不僅如此，由於其擁有巨大的財力和勢力，洛克菲勒還把觸角伸向了美國社會生活的各個角落，甚至直接影響著美國政府各方面的政策。

早期的洛克菲勒正是靠嫻熟的運用「釜底抽薪」這一計謀，走上了成功之道。

洛克菲勒使用大量資金擴大煉油生產量的同時，為了有效的擠垮對手，他安排人去把一切可以裝運石油的油罐列車以及油桶全部包租下來。但賓夕法尼亞鐵路方面壟斷了油田和東部港口間的火車，迫使洛克菲勒按其要求支付將煤油和其他產品運到東部市場的費用。洛克菲勒豈能容忍這種情況長期存在下去。

西元 1867 年下半年，洛克菲勒派弗拉格勒訪晤了中央鐵路公司的新任副董事長詹姆斯・德弗羅將軍，告訴他洛克菲勒─安德魯斯─弗拉格勒公司不再透過運河運輸石油，而保證透過他的鐵路每天裝運不少於 60 節車廂的石油，不過條件是在運費上打折扣。

就中央鐵路而言，他們當然需要一個「承包」者，這樣他們就可以在動盪的美國運輸業中坐收其利，而不必擔心其他風險。於是，中央公司答應了弗拉格勒的要求：從石油區裝運原油到克利夫蘭每桶 35 美分，從克利夫蘭裝運精煉油到東部海濱每桶 1.3 美元。而當時的正式運費是：前者為 40 美分，後者為 2 美元。

僅此一舉，洛克菲勒不僅打破了賓夕法尼亞公司的壟斷，而且在運費上，也

占了很大便宜。

第二步，一旦時機成熟，就馬上和對方攤牌，逼對手做出艱難的選擇，要麼屈服，要麼滅亡。

例如，西元 1870 年對於美國來說，是個不景氣的年頭，鐵路貨車的總裝運量不斷下降。那些強有力然而受到不景氣經濟影響的鐵路老闆，為了解決其困難，著手尋求為自由市場所能提供的更為有利的解決方法。他們設想：既然他們能夠與最大的煉油商們合夥經營，分享利潤，又何必忍受這種正在消耗著金錢競爭的局面呢？

摸透了鐵路老闆們的心理的洛克菲勒，立即與鐵路老闆們醞釀出一個方案。這個方案對外打出了一個不惹人注目的招牌 —— 南方改良公司。

根據該方案，鐵路公司，包括賓夕法尼亞和伊利鐵路公司，將與各主要煉油商們聯合起來，為他們的共同利益來計畫安排石油的流通問題。運費將提高，但參加這個方案的成員則可以享受運費回扣，可以得到超過提高運費的補償。

洛克菲勒立即將此方案付諸實施，著手組建了南方改良公司。該公司的運費以每桶 24 美分的特優惠價格支付，而非成員的運費則要提高價格。那些拒絕不參加這個卡特爾的煉油商們，則被逼得走投無路，而美孚不在此列，對他的要價每桶只有 19 美分。

在西元 1871 年的整個冬天，這個方案以極其隱蔽的方式進行著。以洛克菲勒為首的煉油商們風塵僕僕，多次到紐約去與史考特、威廉‧H‧范德比爾特、傑伊‧古爾德以及其他一些鐵路老闆們舉行祕密的高峰會議。

由於在南方改良公司的 2000 股中，洛克菲勒及其兄弟威廉‧弗拉格勒占了 1180 股，這使得美孚石油公司在這個公司中享有的權利比其他任何一個股東都要多。洛克菲勒把這個方案視為一種手段，藉以消滅美孚石油公司在克利夫蘭的絆手絆腳的競爭對手。

洛克菲勒把競爭對手逼到了牆角：要麼把自己的企業解散併入美孚公司，而換回股票；要麼最後在運費折扣制的壓力下破產倒閉。洛克菲勒首先從幾個最強

大的競爭對手下手，然後依次輕鬆的對付弱小的對手。

更絕的還在後頭。這樁陰謀進行了差不多三個月，不料走漏了風聲，暴露了南方改良公司的性質。於是，石油區頓時一片驚慌。人們通宵達旦的舉行會議，舉著火炬遊行，向立法者遞交長達 93 英尺長的請願書，對鐵路公司經理發出了恐嚇電報。產油商們更是聯合起來，他們大聲疾呼、威脅、恐嚇，直到與洛克菲勒串通一氣的鐵路老闆們讓步，並不得不解散南方改良公司。

洛克菲勒和他的美孚公司似乎受到了沉重的打擊。然而，當石油區的人們從興奮中清醒過來，環顧四周時，卻驚得目瞪口呆。他們發現，克利夫蘭的煉油設備已經掌握在美孚公司手裡了。

在這三個月的閃電戰中，洛克菲勒已想方設法買進了他在該城的 25 家競爭企業中的 22 家，只剩下 3 家沒有買進！

在這場你死我活的血腥競爭中，洛克菲勒以其敏銳的洞察力和早期資本家固有的凶殘，緊緊抓住運輸這個關鍵，釜底抽薪，最終有效的壟斷了整個美國的石油業。西元 1880 年，整個美國生產出來的石油，竟有 95% 出自洛克菲勒之手。

第二招：斷絕後路，任意擺布

在厚黑處世中，如果你拿到了對方什麼把柄，或私吞公款，或收受賄賂，或亂搞男女關係，抑或有什麼心愛之人和心愛之物在你手裡，他就得老老實實的聽你的。因為，你已經斷絕了他的後路，他只有為你辦事一條路可走。對方在進攻無望、後退無路的情況下，只好聽任你擺布了。「斷絕後路」的計策在運用過程中，有兩點非常重要：

第一，要設「局」誘敵。

例如，日本的系山先生最初經營的是高爾夫球場。高爾夫球場的選址相當講究。如果球場位置好，地形條件好，顧客就多，容易獲利，但擁有這樣土地的地主很難打交道，收購費相應也高；比上述條件差的土地，雖容易收購，且收購費

用低，但顧客少，經營也不易獲利。

系山深知這其中的奧祕。一次，許多人看中了一塊地，系山也是其中之一。這塊地無論是位置還是地形條件，都可以說是上乘，但價格也高得嚇人，市價約2億日圓。

系山決定要以更低的價格將這塊土地買到手。他先放出風聲，聲稱他對這塊地十分滿意，並揚言他將不惜一切代價買下這塊土地。很快，地主的經紀人找上門來，一見系山彷彿是一個不懂事的紈褲子弟，便存心好好敲一竹槓，開口便報價5億日圓。

誰知系山連眼睛也沒有眨一下，便說：「這麼便宜，我要定了。」

第二，要抽「梯」斷敵。

見到系山願出高價，經紀人欣喜若狂，馬上跑到地主那裡，和地主簽訂了代理契約，並把系山的情況繪聲繪色的描繪了一番。

想賣出大價錢的地主當然高興，覺得碰上這麼個冤大頭，可以大占便宜，就把其他有意買地的人一概回絕。

此後，經紀人多次找系山簽約，但系山要麼不見蹤影，要麼藉口拖延。一連九次，經紀人再也沉不住氣了，只得攤牌，求系山購買。

系山知道火候到了，便歷數那塊地的缺點，證明自己十分在行，而且知道那塊地完全不值5億日圓。於是雙方討價還價，經紀人擋不住系山凌厲的攻勢，只好步步退卻，最後亮出低價2億日圓。

但系山並不甘休。他說：「如果市價是2億日圓，我就出2億日圓，我又何必費這麼多力氣呢？而且別人還會嘲笑我不懂。」

黔驢技窮的經紀人只好去找地主如實訴說。地主則更傷腦筋。因為當初別人想買這塊土地時，他已一一回絕了：「系山已買下了這塊土地。」如果現在系山不買，重新找顧客談何容易，再找原來回絕的顧客，一來會被他們譏笑，二來會被大殺其價，說不定結局會更慘。

無可奈何的地主只得說：「既然如此，你就開個價吧。」最後，系山以1.5

億日圓的價格得到了這塊風水寶地。

　　無獨有偶，徐達成為朱元璋的得力助手，為朱元璋登上皇帝寶座立下了汗馬功勞，可謂功不可沒。但是，當初徐達並非自願為朱元璋出力，朱元璋請他出山還費了一番心思。

　　當朱元璋廣招天下賢才時，各路好漢紛至沓來，可就是缺少一位運籌帷幄的領兵元帥。這時，朱元璋手下的大將胡大海想到姑表兄徐達精通兵法，胸懷韜略，只是不滿當時朝廷，故而隱居山林，過著自食其力的田園生活，遂向朱元璋舉薦。而朱元璋對徐達並不陌生，所以當胡大海一說，便欣然應允。

　　一見徐達，胡大海迫不及待的把想法告訴了他。誰知沒等胡大海講完，徐達連連搖頭道：「多承賢弟美意，只是愚兄久居深山僻野，一向孤陋寡聞，實難從命！」說著，徐達又指指胡大海帶來的禮物，「重禮不敢收，煩請帶回，在你家主人面前多多美言請另選賢達之士。」胡大海知道徐達做事謹慎，對朱元璋不太信任。於是，軟磨硬纏，勸說徐達。

　　第二天，徐達乾脆遠出山門，對胡大海避而不見。胡大海急得團團轉。忽然，胡大海心頭一動，想起徐達是一個大孝子，遂授計隨從，各隨從領命而去。

　　當天夜半，大風呼嘯。突然，徐宅濃煙瀰漫，不多時，一座清靜淡雅的四合院竟燒得片瓦無存，一片灰燼。徐達聞訊趕到，以為老母已葬身火海，直急得捶胸頓足，哭得死去活來。就在徐達痛不欲生時，胡大海趕到，一把拉起徐達：「表兄莫要悲傷，快去追趕強盜，為姑媽報仇要緊。」

　　徐達翻身上馬，咬牙切齒道：「不擒得這夥毛賊，碎屍萬段，豈解我心頭之恨？」徐達跟著胡大海，直追到天亮時分。可徐達追得快，那夥人跑得快，等徐達追了一陣，累得人睏馬乏，前面那夥人也停下來休息。

　　如此一連數日，忽見前面一座軍營。徐達頓生疑竇，忙問胡大海。胡大海這才賠禮告罪，把自己想叫他出山，而他又死活不肯，不得已，只好吩咐手下扮成強盜，闖入徐宅劫走姑母、嫂子、侄子，然後放火焚宅的實情一一告訴徐達。

　　徐達見事已如此，哭笑不得，加上已無家可歸，所以只得長嘆一聲，隨胡大

海來到軍營，最終成為朱元璋的左膀右臂。

胡大海求賢若渴，在不得已的情況下，只得一把火把徐達逼到「牆角」，使其再無迴旋餘地。這種「斷絕後路」的計謀，全在於用計者的神機妙算。

第三招：利而動之，掌握主動

針對對象的某種心理，借用某種媒介或採取某種方式刺激對方的興趣，或構成一種競爭的局面的方法，就是利而動之的方法。

第一，可以抓住對方對某人某物的珍愛心理，不惜一次又一次的使用破壞性的手法，以刺激對方想要充當保護者的欲望，操縱和控制對方，使對方被迫答應你的要求。

例如，在比利時的一個畫廊裡，有一個印度人帶來三幅畫與畫商進行交易。這明顯的是印度人求畫商買他的畫。一開始印度人對三幅畫總共要價 250 美元，畫商不同意，雙方經過一番激烈的討價還價，還是陷入僵局。印度人被惹火了，拿著畫跑了出去，將其中的一幅畫付之一炬。畫商愛畫心切，心中倍感傷痛。這時畫商又問印度人現在的兩幅畫願意出價多少，印度人仍然要價 250 美元。當畫商拒絕接受這個價格時，印度人竟然又燒掉了其中的一幅。最後，畫商只好懇求對方不要再燒掉最後一幅畫。畫商拿過剩下的最後一幅畫問印度人願意賣多少錢，印度人堅決的告訴畫商，還是 250 美元。談判的最後結果，印度人硬是從畫商那裡得到了他需要的 250 美元。這就是「逼君上梁山」的絕好例證。

第二，利而動之，不一定非要採用類似印度人那種破壞性的手法，其他諸如利用某個話題引起對方的興趣，造成競買競賣的局面引誘對方下定決心等等，都可以看作是利而動之的方法。

舉個例子來說。有一個自稱急等錢用而被迫變賣戒指的賣主，正在和一位對此交易流露出興趣的買主討價還價。賣主要價 600 元，稱這是最低價格，否則虧本太多。買主把戒指放在手上掂來掂去，始終拿不定主意。正在這時，有兩個矮

小的婦女剛好從旁邊經過 —— 實際她們與賣主是合夥人。其中一個婦女對另一個婦女說：「多好的戒指！成色好，樣式又別致，它的價值要是在珠寶店裡至少要 800 元才能買到。如果我有錢的話，我就馬上買下來，真遺憾。」聽到這樣的議論，這個買主有了信心，他拿定主意，終於以 600 元買下這枚戒指。其實它在珠寶店裡還不值 100 元。賣主在這裡依靠同夥從旁散布假行情，採用煽動的方法，刺激了買主的興趣，堅定了買主的信心，使他的商品賣到了好價錢。

第四招：攻其一點，痛下錐子

運用「逼君上梁山」的方法處世，有一個訣竅：抓住對方的心理弱點，攻其一點，不及其餘，在對方最重要的地方下手，在對方最害怕的地方下刀。因為：

第一，當事關生死時，對方一定讓步。

例如，戰國時，齊國人張醜被送到燕國做人質。不久，齊、燕兩國關係緊張，燕國人想把張醜殺掉。

張醜得了消息，立即尋機逃走，尚未逃出邊境，又被燕國一官吏抓住。

張醜見硬拚不行，便對官吏說：「你知道燕王為什麼要殺我嗎？因為有人向燕王告了密，說我有許多財寶，但我並沒有什麼金銀財寶，燕王偏偏不信我。」張醜說到這裡，接著又說：「我被你捉到了，你會有什麼好處呢？」

「燕王懸賞一百兩捉你，這就是我的好處。」

「你肯定拿不到銀子！如果你把我交給燕王，我肯定會對燕王說，是你獨吞了我所有的財寶。燕王聽到後一定會暴跳如雷，到時候你就等著陪我死吧！」張醜邊說邊笑。

官吏聽到這裡，越發心慌，越想越害怕，最後只好把張醜放了。張醜得以死裡逃生，全靠他的這番話，他成功的原因在於抓住了官吏的心理弱點，然後一擊而中。

第二，當事關名譽和自尊時，對方一定會讓步。

　　例如，在美國，關於第六任總統亞當斯的故事很多，他的一個特點是不願輕易表露自己的觀點，往往使報社的記者失望而去。有位叫安妮‧羅亞爾的女記者也一直很想瞭解總統關於銀行問題的看法，可屢次採訪也同樣沒有結果。

　　後來她知道總統有個習慣，喜歡在黎明前一兩個小時起床、散步、騎馬或去河邊裸泳。於是她心生一計。

　　一天，她尾隨總統來到河邊，先藏身樹後，待亞當斯下水以後便坐在他的衣服上喊道：「游過來，總統。」

　　亞當斯滿臉通紅，吃驚的問道：「妳要幹什麼？」

　　「我是一名女記者。」她回答道，「幾個月來我一直想見到你，就國家銀行的問題採訪一下。我多次到白宮，他們不讓我進，於是我觀察你的行蹤，今天早上悄悄尾隨你從白宮來到這裡。現在我正坐在你的衣服上。你不讓我採訪就別想得到它，是回答我的問題還是在水裡待一輩子，隨便。」

　　亞當斯本想騙走女記者，「讓我上岸穿好衣服，我保證讓妳採訪。請到樹叢後面去，等我穿衣服。」

　　「不，絕對不行。」羅亞爾急促的說，「你若上岸來拿衣服，我就要喊了，那邊有三個釣魚的。」

　　最後，亞當斯無可奈何的待在水裡回答了她的問題。

　　總統的面子大，丟不起，而女記者要的就是這個。

第五招：點到為止，見好就收

　　李宗吾說：「非到無可奈何的時候，『恐』字不能輕用。」特別是與握有生殺大權的人相處，若用「恐」字，用不好丟掉性命，因為有權的人最怕人揭他的短。

　　恐嚇自古以來都是黑社會的拿手好戲，他們對權貴們用威脅的方法進行控制，或暗殺，或綁架，無惡不作。上海青幫勢力曾用此法對蔣介石進行過「恐

嚇」，就做到了點到為止，見好就收，不僅達成了目的，也沒有與蔣介石翻臉。

在上海灘，青幫勢力雄厚，大凡名人顯要都要疏通關係向青幫交納保護費，這已成慣例，否則，身家性命難保。

蔣介石曾一度加人青幫，與青幫關係密切，蔣介石發動四一二反革命政變，屠殺共產黨人時，青幫曾幫過蔣介石打頭陣。蔣介石後來當了國民革命軍的總司令，但幫中規矩不能破，也要按例交納保護費。

宋美齡是富家小姐，也屬應交保護費的人，她從美國回來後，她的哥哥宋子文一直替她交納保護費，但她本人一點也不知道。

宋美齡與蔣介石結婚後，得知蔣介石還要向青幫交保護費，大為不滿，她認為蔣已是總司令，不應向青幫交什麼保護費，蔣認為宋美齡講得有道理，就決定不再交納保護費。

杜月笙很快知道了這件事情，他決定「勸告」一下蔣介石的這位新夫人。

一天，一輛豪華的勞斯萊斯轎車駛到西摩路宋公館，汽車裡鑽出一個司機和一個漂亮的使女，說是要接宋美齡去見她的大姐靄齡。但宋美齡上車後，汽車卻駛入了杜公館。蔣介石開完會議來接宋美齡，而宋美齡仍沒回來，蔣介石一問事情經過，就知事出有因。

於是，他打了個電話給宋子文，讓宋子文查問一下。宋子文聽完蔣介石的敘說，很快明白了是怎麼回事。他掛上電話，又撥了杜月笙的號碼，杜月笙告訴宋子文：夫人安然無恙，不必擔心。他手下發現夫人只由一個使女陪伴，在危險的上海街道開車。考慮到無時不有危險存在，為了她的安全，她已被送到一棟舒適的別墅，她得到了應有的禮遇。

宋子文得知底細後，立即向蔣介石做了匯報，然後親自駕車前往杜月笙的府邸，履行了「例行手續」，將宋美齡從「受照顧」的別墅裡領出。

這是杜月笙給宋美齡一點小小的顏色看看，讓她知道上海是青幫的天下。同時告訴蔣介石，你曾入過青幫，不要忘了祖宗。蔣介石也極力與杜月笙打好關係，杜月笙更樂意找蔣介石這個大靠山。就這樣，這件綁架事件就圓滿的

解決了。

第六招：明之以利，告之以害

作為你一般居於不利地位。當對方不肯輕易順從你的意見，甚至表現出一種居高臨下的姿態時，你如果善於運用「恐嚇」的辦法，抓住制約和影響對方態度、行為的主要矛盾，或點明其癥結所在，或分析其利弊得失，或指出其解決的途徑，並以此吸引對方聽取自己的意見，也就是說，你能用自己的透闢道理、有力的談話壓制住對方，就可以讓對方屈從和改變主意。但關鍵是要在「恐嚇」的外面包一層「都是為你好」的偽裝，讓對手心甘情願的為你辦事。

開誠布公，替對方指出利弊得失，作為你都是為了爭取到一定的利益，而作為被求的對象，則是盡量保護自己的利益不受損害。如果求人過程中，不迴避利益這個核心問題，而採用開誠布公的方法，客觀的分析對方行動的利與弊，具體的指出自己能滿足對方哪些利益以及滿足的途徑，設法使對方的某種需求得以滿足，從而使你的最終目的──自己的需求也得到滿足，成為現實。為此：

第一，要明之以利。

一般而言，在為人處世過程中，你是處於不受歡迎的地位。那麼，什麼可以作為消除隔閡、溝通關係的橋梁呢？那就是共同利益。如果獲悉對方的利益所在，採用明修棧道的方法，告之以利，使求人的過程變成尋求共同利益的過程，肯定會收到良好的效果。

在這一點上，美國大企業家維克多‧金提供了一個有力的例證。

一天下午，維克多所在公司裡的一位年輕有為的員工走進他的辦公室。年輕員工向維克多宣稱，他剛接到別的公司的錄用通知，說那家公司願意提供較高的待遇，還附帶一些其他福利，其中包括使用公司的汽車，每年可以在公司冬季銷售會議期間到聖地牙哥度假等等。上述福利是維克多所管轄的雷明頓公司不能提供的。這位年輕員工知道雷明頓公司不可能滿足他的這些額外的要求，但他堅持

要和維克多談談，好讓公司在他要接受新的工作之前，有機會能重新考慮。維克多找出整個事件中不尋常的地方，來與這位年輕員工談判。維克多知道，別的公司是用高薪水來做釣餌，這一點雷明頓公司辦不到，再說以目前這位年輕人的職位和對公司的貢獻，還不值得投這個「資」。不過考慮這位年輕人今後對公司的作用，維克多開誠布公的與他進行了交談。

他首先答應可以將年輕員工的薪水略微提高。在同意了調整薪水之後，維克多指出：以年輕人目前在本公司的職位，將來的升遷潛能很大。雖然目前本公司所提供的薪水與別的公司相比要低一些，但公司對它的每一位成員都不會虧待。如果年輕人能勝任當前的工作，那麼根據公司的獎勵制度，薪水將會逐年調高。

第二，要告之以害。

例如，在提醒了公司對他的一貫態度之後，維克多就開始打著「為你著想」的旗號，採取「恐」的手段。他指出，年輕人考慮要接受的那份工作實際上是死路一條。雖然那家公司比雷明頓公司願意提供的薪水要多些，不過，如果他接受那家公司的工作，那麼他將來在那家公司的職位，將很難有機會繼續升遷。這並非說明他能力不足，問題是這一新的職位將來沒有雷明頓公司所具有的升遷機會。他繼續告訴年輕人，他想加入的那家公司是個家庭企業，其中的成員大多攀親帶故，一個外人很難打入權力核心。再說，通向權力核心的路途，也不是他的專長所在。他的專長是銷售，而這家公司則是以提供融資服務為主的。

維克多還進一步指出，雷明頓公司沒有升遷上的限制，說不定有一天他會坐在維克多現在的位子上。如果他考慮留在雷明頓公司，公司會為他提供良好的發展環境。維克多為他描繪著遠景。這位員工對自己很有信心，他也知道維克多並不是開空頭支票，因為維克多說的都合情合理，都是符合實際的。幾天以後，這位年輕員工又回到了維克多的辦公室，告訴維克多說他已經放棄了新的工作，決定繼續留在公司裡。

維克多在與年輕員工的這次交談中，為了能夠說服年輕有為的員工留下來，基本上採用開誠布公的方法，分析年輕員工去與留中的利弊得失。由於維克多態

度中肯，且又語中要害，雖然沒有滿足年輕員工眼下的種種額外要求，但還是達到了他挽留年輕員工繼續為公司服務的目的。

第七招：利用矛盾，抓命根子

從上述的例子中，我們還可以看出，利用「凶」訣時，關鍵在於要善於抓住制約和影響對方態度、行為的主要矛盾，或點明其癥結所在，或分析其利弊得失，或指出其解決的途徑，並以此吸引對方聽取自己意見，也就是人們常說的要利用矛盾。用「利用矛盾」的方法去打動對方，必須要有政治家和謀略家的眼光，對各種形勢深刻的瞭解，對所求辦事之人與其他相關各方的矛盾洞若觀火，抓住各自的利益而適時誘之以利，從對方「命根子」處「恐嚇」對方。古代策士張儀在遊說的策略中，主要就是運用「恐嚇」，可是他聰明之處在於巧妙的利用了矛盾。

戰國時期的張儀，一生的主要生涯就是憑著三寸不爛之舌，到諸侯列國遊說。他是魏國人，早年求學於鬼谷子門下，學成後，遊說諸侯，到處碰壁，貧困潦倒，一次因為被懷疑偷楚相的玉璧而遭到痛打。他的妻子說：「如果不讀書還不至於此。」張儀雖然屁股上還隱隱作痛，仍伸出舌頭讓妻子看：「舌頭還在嗎？」妻子以為他氣瘋了，笑道：「還在。」張儀說：「這就行了！」這充分展現出這位策士的「厚顏黑心」。

巧妙的利用矛盾，主要可以發揮兩方面作用：

第一，利用矛盾可以使你坐收漁人之利。

例如，西元前 329 年，張儀到了正在招攬人才的秦國，受秦惠王的賞識，參與朝政。他以「連橫」的外交政策，打破諸侯「合縱」抗秦的陣線，著實為秦惠王出了大力。縱觀他的遊說生涯，「利用矛盾」這一遊說策略，張儀算是運用到了爐火純青的地步。

西元前 313 年，秦王想討伐齊國，但又擔心齊、楚間的「合縱」之盟，而

引發實力強大的楚國出兵救齊，於是派張儀到楚國。這就是那一場口稱割地 600 里，而實際只讓 6 里的「滑稽戲」。楚王受辱後大怒，恨不得將張儀抓來割肉而食之。後來以黔中之地向秦「換得」張儀，正想殺他消除心頭之恨，不想張儀早就買通楚王的寵臣靳尚，靳尚又唆使楚王的寵姬鄭袖向楚王吹枕邊風，使得楚王不但不敢妄殺張儀，而且厚待張儀，還樂呵呵的向秦國送上黔中之地，以討好秦國。張儀從楚國脫險之後，又重操舊業，憑藉三寸不爛之舌，採取利用矛盾的方略，在諸侯國中搬弄是非，極盡破壞諸侯「合縱抗秦」陣線之能事。

張儀高高興興的離開楚國，馬上到了韓國，對韓國遊說道：「韓國的土地多是險惡的大山，生產糧食不多，國家沒有儲備夠兩年吃的糧食，士兵不過 20 萬。秦國卻有士卒百萬。以韓國之力抵抗秦國，就像把千斤重的東西垂掛於鳥窩之上一樣，必然沒有僥倖的可能！為大王打算，不如事秦而攻楚，既免去秦國進攻的災禍，也獲得了秦國的歡心，沒有比這更好的計策了。」韓王果真糊里糊塗的同意了。

張儀楚國、韓國之行，風塵尚未洗淨，就又肩負秦王的使命東行齊國。他到了齊國，對齊王說：「鼓吹合縱的人對大王遊說，必定說齊國以三晉韓、趙、魏為屏障，地廣人多，兵強將勇，即使有一百個秦國，也奈何不得齊國。現在秦、楚已為兄弟之國，韓國獻宜陽之地給秦國，魏國向秦國獻出了河外之地，趙國割河間給秦國。獨大王你如果不聽從秦國，秦國就可以讓韓、趙、魏三國進攻齊國。到時候齊想與秦國聯合也不可得了。」齊王聽從張儀的話，倒向了秦國。

張儀又西去趙國，對趙王說：「大王聯合天下之力以抗秦，秦兵不出函谷關已有十五年了。大王的威勢遍及山東六國，我秦國很是恐懼，秣馬厲兵、囤積糧草，不敢輕舉妄動。但大王您做得太過分了，屢次威脅秦國。秦國雖然處於偏僻遙遠之地，但對趙國心懷怨恨已有一段時間。現在秦國的軍隊已駐紮在渴池。秦王讓我先來通知您和您的臣子，現在楚與秦已為兄弟之國，韓、魏已成為秦國的藩臣，齊國已向秦國獻上盛產魚、鹽的地方。如今之勢，趙國的右臂已經斷了。斷一右臂的人與別人鬥，勢單力孤，想要沒有危險是不可能的。……為大王打

算，不如與秦國結為兄弟之國。」趙王也被張儀嚇唬住了。

張儀又北去燕國，對燕王說：「現在趙王已到秦國朝見並送上河間之地以表示臣服。大王如果不臣服於秦國，秦國將讓趙國進攻燕國。況且當前齊、趙對秦國來說，不敢輕舉妄動，發兵攻伐。大王如果臣服於秦，可以長期免去齊、趙進攻的禍患。」燕王馬上請求獻上常山一帶五座城池，以求得與秦國和好。

張儀的東遊西竄，硬是將六國「合縱抗秦」的陣線搞得支離破碎。他成功的奧祕何在？就在於善於利用矛盾。經過多年混戰，西方之秦國日益崛起，且日夜窺伺著其餘六國的疆土。為防止秦國的兼吞，齊、楚、燕、韓、趙、魏採用「合縱」抗秦的方略抵禦之。但是這種「合縱」又未必是合縱一心，而是矛盾重重，各有算盤，互有戒備。張儀正是看準這一點，利用彼此之間的矛盾和警戒，各個擊破，打破了六國的「合縱」陣線。

第二，利用矛盾還可以化解矛盾，使你安然度過難關。

例如，張儀這位善於利用矛盾的遊說家，不僅以此法破壞了六國的「合縱」局面，使秦國坐收漁利，而且在自己臨危之時，還是利用矛盾，保住了老命。

西元前 310 年，秦惠王去世，太子即位，稱武王。太子與張儀早有矛盾，有心除掉他。諸侯聽到張儀失寵的消息，紛紛背離了秦國，又恢復了合縱的態勢。惶惶不可終日的張儀為了躲避新秦王的報復，對他說：「為大王考慮，山東六國有變亂，才便於大王多奪取土地。我聽說齊王很恨我。我所在的地方，齊國必然要加以討伐。所以我請求到魏國去，這樣齊國必然討伐魏國，齊、魏打起來了，大王可以趁機伐魏，入三川，挾周王室之威，獲得周室的天下圖籍、祭器，成帝王之業。」秦武王認為這話不錯，也樂得張儀離開秦國，就派兵車三十輛送張儀到魏國，魏國接受了張儀，還讓他當了相國。魏國果然遭到了齊國的征討。此時魏王十分驚恐，張儀又對魏王說：「大王不要害怕，我可以讓齊國罷兵。」於是，張儀派他的舍人馮喜到楚國，借楚國人為使到齊國，楚使臣對齊王說：「大王聽張儀的話，來取悅秦國，太過分了。」齊王大惑不解：「我非常痛恨張儀，正因為恨張儀，所以才討伐魏國，怎麼能說是聽張儀的呢？」楚使說：「張儀離開秦

國，是與秦王商量好的計謀，讓大王攻魏，秦國乘機奪取三川。現在大王果真伐魏，將使國內疲憊不堪，並且得罪了盟國，使張儀在秦王面前更有威信了。」齊王聽了這話，就撤兵回國去了。張儀為魏國退了齊兵，受到了魏王的重謝，不久張儀就老死在魏國。

打著為對方著想的旗號為人處世，的確不失為一個好辦法。但是，你得有機會在對方面前陳述其中利害。如果沒有見面的機會，或者見了面根本沒有因由提及所談之事，都無法實施這套策略。這時厚黑你會採取以出人意料的手段，首先引起對方注意。

一般說來，人們都習慣於常規思維，慣於按照通常的語言習慣和行為方式行事。但是，如果有人突然打破了常規，別出心裁的用超常的方式進行解釋，那麼，他的話和行動便會引起人們的好奇心，促使人們懷著極大的興趣去關注他，那麼求人工作就可能順利進行。

第八招：勾起胃口，做足鋪墊

秦、晉聯合攻鄭，勢如破竹，已把鄭國都城團團圍住。燭之武受命去說服秦穆公退兵，深更半夜在秦軍營前大哭。秦穆公好奇，主動抓他進來，又主動尋問緣由，問他：

「你是什麼人？」

「我叫燭之武。」

「你為什麼大哭？」

「我哭咱鄭國快要亡國了？」

「為什麼你偏偏來到我秦軍軍營裡哭？」

燭之武等的就是這句話，回答：「我既哭鄭，同時也是在哭秦呀，因為鄭國被滅雖是在劫難逃，可是秦國卻不免讓人感到可惜。」

瞧，秦穆公三言兩語就幫助燭之武很自然而又巧妙的托出了此次前來三寶殿

的意思。他就很有興趣聽燭之武分析下去。否則，仗都快要打完了，誰還有心聽人說和呢？

眼見秦穆公感到莫名其妙，燭之武接著說：「秦晉兩國聯合攻鄭，肯定是贏定了。可是贏了對秦國絲毫沒有好處，甚至還有壞處。因為秦在晉之西，與我們鄭國相隔千里，你們怎麼可能越過晉國來占領鄭國的土地呢？相反，晉國和鄭國邊界相連，勝利之後鄭國的領土必然全部被晉國占領。現在秦晉勢均力敵，可晉國一旦得到了鄭國的土地，其力量就會大大超過你們秦國。晉國歷來是言而無信的，現在為了擴張它在東邊的領土，它想滅掉鄭國，到了有一天，它想擴張在西邊的領土的時候，它也必定會吃掉你們秦國的。相信大王不會忘掉歷史上晉曾假道伐虢的教訓吧？假如大王你現在退兵的話，我們國王已願意與你的國家結為友好，這樣，將來大王如果有什麼事經過鄭國，鄭國是很願意做你的東道主的。假若鄭國被滅，將來秦國就再也不能遠涉東方各地了。」

燭之武的一番利害分析，說得秦穆公連連稱是，立即決定與鄭國結盟，自己班師回秦，留下三員大將兩千精兵幫助鄭國守城。

如果不哭，這秦軍的軍營怎麼進？進得門又如何能見到秦穆公了？見秦穆公又該如何下說詞？一哭，就主動了。國得救，便是燭之武借哭為引，打著為秦國著想的旗號，恐嚇秦王的結果。

同樣，蘇秦曾經長期為燕國服務。滯留在齊國期間，他實際上是做一種間諜工作，目的是把齊國的攻擊目標，轉移到燕國以外的國家去。

有一次當蘇秦回到燕國時，正好遇上齊國發動大軍攻燕，奪走了十個城邑。燕王大吃一驚，把蘇秦叫來對他說：「我一向偏勞先生居間斡旋，但事不奏效，竟演變成這樣的結局。希望你到齊國去疏通一下，設法阻止這意外事件。」

簡單的說，燕王認為這是蘇秦的責任，他應該去把城邑奪回來。蘇秦也覺得這是他的過失，就說：「好吧！我一定去奪回來。」

領土被敵國奪走了，現在要毫無代價的奪回來，這種交涉的任務當然是很艱難的。

據《史記》記載，蘇秦到齊國被齊王召見時，「俯而慶，仰而弔」。所謂「俯而慶」，是說蘇秦在俯身相拜時說：「這次大王擴張領土，非常可慶可賀。」所謂「仰而弔」，就是慢慢抬起頭來，說：「可是，齊國的命脈已到此為止了！」

既被慶賀，又突然被憑弔，這兩種相反的態度，連續進行的這麼快，即使不是齊王，任何人聽到了也會大吃一驚的。

聽到這麼出其不意的話，齊王愣住了，於是問道：「慶弔相隨何速？」

蘇秦不敢錯過機會，立即解釋說：「我聽說：快餓死的人，也還是不敢吃毒草，因為越是吃它，越死得快。而我發現，燕雖是小國，燕王卻是秦王的女婿，既然貴國奪走了燕國的領土，從此以後就得和強秦為敵了。像你這樣只撿了一點便宜，卻反而招致天下精兵來攻貴國的惡果，這不正如同吃了毒草一樣的情況嗎？」蘇秦不失時機的開始恐嚇齊王。

齊王聽了，臉色大變，說：「那該怎麼辦？」

蘇秦見目的快達到了，便繼續說：「古時候的成功者，大都懂得『轉禍為福，轉敗立功』的道理。所以我想如今之計，最好是立刻把奪來的領土還給燕國，燕國見被奪之城邑意想不到的又回來了，一定很高興。而秦國也會認為貴國寬宏大度，也會很高興的。這就是『釋舊怨，結新交』由於這一點使燕秦兩國對齊國友善的話，其他諸侯也必然如此。」

蘇秦先出其不意使對方震驚，接著談起情勢大局，再提到利害得失，時而威脅，時而哄騙，完全玩對方於股掌之間。

齊王聽完，說：「你說得有道理。」

於是，便把奪來的城邑全數歸還給燕國。蘇秦就這樣順利完成了無代價索還領土的任務。

第九招：先聲奪人，反客為主

如果你居於弱勢地位，當對方不肯輕易順從你的意見，甚至表現出一種居高

臨下的姿態時，你可以像燭之武那樣示弱乞憐，然後步入正題，實施「恐嚇」。如果這一辦法不成功，也可以開始一上來就以「恐嚇」壓制住對方，從而讓對方屈從和改變主意，就是反客為主。歷史上諸葛亮出使東吳，遊說孫權與劉備聯合抗曹的故事，就是反客為主的好例證。妥善運用先聲奪人：

第一，一上來隻字不提所求之事，使對方擺好了陣勢卻找不到對手。同時，他又不得不面對你提出的另一個嚴重問題，把「皮球」踢給對方。

《三國演義》中講到，曹操率領大軍南征，劉備敗退，無力反擊，大有坐以待斃之勢。以劉備單獨的力量，絕對無法與曹操的勢力相抗衡，解決的辦法只有一個，就是與江東的孫權聯手。此時，諸葛亮自願出使到江東做說客。他此行的目的很明顯，就是要把孫權捲進這場戰爭。如果是一般的使者，有可能為了請求對方出兵支持而低聲下氣。但是諸葛亮卻完全相反，採用「反客為主」的方法，做出一副強硬的態度，硬是激發了孫權的自尊心。

當時，東吳孫權自恃擁有江東全土和十萬精兵，又有長江天塹作為天然屏障，大有坐觀江北各路諸侯惡鬥的態勢。他斷定諸葛亮此來是做說客，採取了一種居高臨下的姿態等待著諸葛亮的哀求。

不想諸葛亮見到孫權，開門見山的說道：「現在正值天下大亂之際，將軍你舉兵江東，我主劉備募兵漢南，同時和曹操爭奪天下。但是，曹操幾乎將天下完全平定了，現在正進軍荊州，名震天下，各路英雄盡被其所兩羅，因而造成我主劉備今日之敗退，將軍你是否也要權衡自己的力量，以處置目前的情勢？如果貴國的軍勢足以與曹軍相抗衡，則應盡快與曹軍斷交才好。若是無法與曹軍相抗，則應盡快解除武裝，臣服於曹操才是上策。將軍你是否已定好方針，決定臣服於曹操？時間剩下不多，再不做決定就來不及了。」

諸葛亮隻字不提聯吳抗曹的請求，好像特地為東吳的利益來點破迷津的。孫權當時只有 26 歲，是位血氣方剛的青年。諸葛亮明知他不會輕易投降，屈居曹操之下，只是採用反客為主的策略，激發孫權的自尊心。

第二，一番火力進攻之後，要考察一下效果，看看對方的反應。

例如，孫權聽完諸葛亮一席話，雖然不高興，但不露聲色，反問道：「照你的說法，劉備為何不向曹操投降呢？」

第三，接招反擊，將對手從心理上徹底擊敗，應辦之事也就自然成功。

例如，諸葛亮針對孫權的質問，答道：「你知道齊王田橫的故事嗎？他忠義可嘉，為了不服侍二主，在漢高祖招降時不願稱臣而自我了斷，更何況我主劉皇叔乃堂堂漢室之後。欽慕劉皇叔之英邁資質，而投到他旗下的優秀人才不計其數，不論事成或不成，都只能說是天意，怎可向曹賊投降？」

雖然孫權決定和劉備聯手，但面對著曹操八十萬大軍的勢力，又考慮到劉備新近敗北，未必還有能力抵抗曹軍，心裡還存在不少疑惑 —— 諸葛亮看出這一點，進一步採用分析事實的方法說服孫權。

「的確，我主是一敗塗地，想要整軍是相當困難。但曹操大軍長途遠征，這是兵家大忌。他為追趕我軍，輕騎兵一整夜急行三百餘里，已是『強弩之末』，且曹軍多係北方人，不習水性，不慣水戰。再則荊州新失，城中百姓為曹操所脅，絕不會心悅誠服。現在假如將軍的精兵能和我們並肩作戰，定能打敗曹軍。曹軍北退，自然形成三分天下的局面，這是難得的機會，現在全看你的決定了？」

果然，孫權在諸葛亮激起自尊後又聽到他中肯的分析，心情大悅，增強了信心，遂同意諸葛亮提出的孫劉聯手抗曹的主張，這才有後來舉世聞名的赤壁之戰。諸葛亮真不愧為厚黑求人高手。

第十招：妙用類比，觸動心扉

以「恐嚇」的手段與人交涉，關鍵在於使對方真正感到不按你所說的去做，後果將非常嚴重。但有時要做到這點非常不容易，尤其是對於有權有勢的人來說，他們一般都非常自負，不太願意接受別人的意見，這時就得用更巧妙的辦法。不妨可試一試類比方法，使對方自己悟出其中的道理。

春秋時的晉國，自晉文公即位後，發憤圖強，國家迅速興盛起來，成為春秋時的一大強國，晉文公也成了一代霸主。可接下來，晉靈公卻不思振作，只圖享樂，晉國的霸主地位不知不覺的就被楚莊王代替了。

晉靈公即位不久，便大興土木，修築宮室樓臺，以供自己和嬪妃們享樂遊玩。那一年，他竟挖空心思，想要建造一個九層的樓臺。可以想見，在當時那種科學水準、建築材料、建築技術等條件下，如此宏大複雜的工程，要耗費多少人力、物力！可是晉靈公不顧一切，徵用了無數的民夫，花費了鉅額的公款，持續了幾年也沒能完工。全國上上下下，無不怨聲載道，但都敢怒而不敢言，因為這位晉靈公明令宣布：「有哪個敢提批評意見、勸阻修造九層之臺的，處死不赦！」誰願意去送死呢？

一天，大夫荀息求見。晉靈公料他是來勸諫的，便拉開弓，搭上箭，只要荀息開口勸說，他就要射死荀息。誰知荀息進來後，像是沒看見他這架勢一樣，非常輕鬆自然，笑喀嘻的對晉靈公說：「我今天特地來表演一套絕技給您看，讓您開開眼界，散散心。大王您感興趣嗎？」

晉靈公一看有玩的，精神就來了，忙問：「什麼絕技？別賣關子了，快表演給我看看。」

荀息見晉靈公上鉤了，便說：「我可以把 12 個棋子一個個疊起來以後，再在上面加放 9 個雞蛋。不信，請看。」說著，便真的玩起來。他一個一個的把 12 個棋子疊好後，再往上加雞蛋時，旁邊的人都非常緊張的看著他。晉靈公禁不住大聲說：「這太危險了！這太危險了！」

荀息一聽晉靈公這樣說，便趁機進言，說：「大王，別少見多怪了，還有比這更危險的呢！」

晉靈公覺得奇怪，因為對他來說，這樣子已經是夠刺激，夠危險的了，還會有什麼更驚險的絕招呢？便迫不及待的說：「是嗎？快讓我看看！」

這時，只聽荀息說道：「九層之臺造了三年，還沒有完工。三年來，男人不能在田裡耕種，女人不能在家裡紡織，都在這裡搬木頭，運石塊。國庫的金子也

快花完了，兵士得不到給養，武器沒有金屬鑄造，鄰國正在計劃乘機侵略我們。這樣下去，國家很快就會滅亡。到那時，大王您將怎麼辦呢？這難道不比疊雞蛋更危險嗎？」

晉靈公一聽，猛然醒悟，意識到了自己做得多麼荒唐，犯了多麼嚴重的錯誤，便立即下令，停止築臺。可見，晉靈公不是不知道亡國的可怕，只是他不願意接受別人的勸說。荀息略施小計，就點化了這愚頑不化的昏君。

第十一招：正話反說，反襯荒謬

從上文中可以得出結論，要說服愚頑不化的人，最好是讓他自己得出結論。如果能讓他自己驚出一身冷汗，效果更佳。正是「旁敲側擊」的用意所在。除了上述用類比的方法，使對方猛醒之外，還可以正話反說，順著對方的思路，把對方行事的後果誇張放大，直至荒謬的程度，使對方自省。

例如，五代時後唐有個皇帝叫莊宗，此人酷愛打獵。一次，他帶著一群朝廷官員來到牟縣，走著走著，一隻野豬從草叢裡竄了出來，隨從呼擁而上，野豬嚇得慌忙向麥田跑去。一看豬沒了蹤影，莊宗命令隨從拚命追趕，一追，田裡的麥苗被踏壞了一大半。這事恰好被在外視察民情的縣官看到了。這縣官歷來就關心民生疾苦，這次又親眼看到長勢正旺的麥地一下子成了一片廢墟，心裡很不好受。縣官知道是皇帝在打獵，但他還是斗膽勸說他們不要再追趕野豬，以免損壞更多的莊稼。當時莊宗正在興頭，見有人出來阻攔他的人馬，頓時大為憤怒，不由分說叫人將縣官捆了起來。旁人雖有些不平，但懾於權威，只得忍氣吞聲，沒有誰敢說半個「不」字。

莊宗的隨從裡有個叫敬新磨的人，他生性好打抱不平，看到縣官被無辜捆綁，心裡很不安，想搭救一把，但又犯難，怕正面維護縣官惹怒皇上，罪當該死；不救吧，又於心不忍。突然，他靈機一動：何不來個正話反說，達到打牆壁震屋地的效果？只見他衝上前去，指著縣官罵道：「你這個糊塗蟲，難道你不知

道皇上喜歡打獵嗎？」莊宗見隨從有人出面為他說話了，頓時化怒為喜。見皇上情緒好轉，便馬上乘機「訓斥」縣官道：「你應該把這片地空起來，讓皇上隨心所欲地追趕獵物。你難道還怕老百姓餓肚皮嗎？怕國家收不到稅嗎？再說百姓餓肚子的事小，皇上打獵的事大；國家收不到稅是小事，讓皇上打獵高興才是大事啊！」縣官聽到這裡，終於悟出了話外音，七上八下的心總算平靜了下來。莊宗卻覺得敬新磨的話越聽越不對勁，直到最後，他才徹底明白是在批評自己。他連忙走上前去，用溫和的口氣圓場道：「算了，這只不過是場遊戲，還不趕快把縣官給放了！」

其實，敬新磨所說的幾個「不必怕」的問題，正是皇帝最「怕」之處，所以這種正話反說，自然能打動皇帝。

第十二招：善用比喻，暗示危害

還有一些非常不便於說明的問題，如果直接說明，一方面對方絕不會相信，另一方面，還可能為自己帶來極大的損失。

這時怎麼辦？如果能巧妙的運用比喻，就可能使僵持不下的局面有所突破。例如，明成化十五年汪直受命巡邊，防邊官吏畏之如虎，莫不執禮甚恭，甚至坐在路邊等候迎接。鎮守遼東的兵部侍郎馬文升對汪直不滿，獨表示憤慨。汪直與陳鉞合謀，把陳鉞擾邊的罪責一股腦轉嫁到馬文升身上。原來，陳鉞濫殺邊民冒功激起民憤，馬文升前往剿撫，才得平定。由於汪直的奸詐，馬文升被貶。陳鉞細心揣摩汪直的心意，覺得應當為他創造一個立戰功的機會，於是，就假報邊警。憲宗讓朱永統兵，汪做監軍，到邊境轉了一圈，便凱旋了。這次出征的結果有兩個：一是殺了許多無辜邊民，搶了不少財物；二是朱永被封為保國公，陳鉞升為右都御使，汪直加了俸祿。

王越見陳鉞由一位代罪之身輕而易舉的升官發財，不禁眼紅起來，也依樣畫葫蘆，假稱邊關有警。憲宗也不問明原委，只管稀裡糊塗地下命令，再次讓朱永

領兵，王越輔助，汪直監軍，「凱旋」之後各有升賞，王越如願以償，被封為威寧伯。王越和陳鉞成了汪直的心腹爪牙，時人把他倆比作兩把「鉞」（古代的一種斧子）莫不畏懼。

偏偏有一個善於戲謔的小宦官阿醜看不過去，就設法在憲宗面前揭發汪直和「二鉞」的不法行為，以引起憲宗的警覺。一天，阿醜在憲宗面前扮戲，裝作街頭醉漢的樣子，胡說亂罵，憲宗聽了不解。另一小宦官扮作一個行路人，大聲喊：「官長到了？」阿醜不理，謾罵如故。一會兒又上了一太監，大呼：「御駕來了！」阿醜仍然不理。最後，小太監上來急呼：「汪太監來了！」阿醜立即顯出驚慌之狀，小太監故意喊住他問道：「皇上來了，你都不怕，怎麼單怕汪太監？」阿醜答道：「我只知有汪太監，不知有皇上，汪太監不是難惹嗎？」憲宗在座，聽了這些話，暗中點頭。 阿醜早已注意觀察憲宗，見已被打動，便進一步把戲做下去。他仿效汪直的衣冠，持兩把大斧而行，旁邊的伶人問：「你拿這斧子幹什麼？」阿醜道：「是鉞，不是斧！」又問他為什麼要持鉞而行，阿醜答道：「此鉞非同小可，自點兵遣將，全靠此二鉞！」伶人又問道：「什麼鉞有如此威力？」阿醜答道：「怪不得你是一隻呆鳥，竟連王越、陳鉞都不知道？」憲宗聽了此言，微微一哂。

至此，憲宗對汪直開始有所忌憚。恰在此時，御史徐鏞上表彈劾汪直說：

「汪直與王越、陳鉞結為腹心，互為表裡，肆意羅織文告，擅自作威作福，以至兵連西北，禍結東南，天下之人，但知西廠，而不知有朝廷；只知汪直，而不知陛下。汪直逐漸羽翼豐滿，令人心寒，希望陛下能明正典刑，以此作為奸黨鑑戒！」

牆倒眾人推。汪直集團內部也因爭權奪利而互相傾軋，把汪直的不法隱情全部報告了憲宗，憲宗終於決定處置西廠。憲宗先撤了西廠，驅逐汪直的心腹死黨王越、戴縉等人，因陳鉞此前已犯罪被殺，沒有追究。

汪直等原本都是憲宗最信賴的人，如果誰直接去說，這些人已經危害到皇權的統治，皇帝肯定不會相信，而且敢於直諫的人還會有生命危險。阿醜巧妙的運

用在戲中以「兩把鉞」為比喻，點醒皇上，使他從內心感到了真正的威脅，剩下的事情自然好辦了。

第十三招：點撥關節，巧推後果

要把一個現成的結論強加給對方很難，但卻可以很容易的把推理和思考的程序「推銷」給對方，這時，只要點撥一下問題的癥結所在，對方就很自然的沿著你指定的思路得出結論。

如果結論是後果非常嚴重，自然會產生「恐嚇」的作用，而且還不是你強加對方的，一切都是水到渠成，不由得對方不就範。

例如，楚靈王於周景王七年召開諸侯大會後，為了向各諸侯國展示自己兵力強盛，兩次攻打吳國，但都沒有成功。於是就大興土木，欲以物力誇示於諸侯。

他修建了一座宮殿，名叫章華宮，占地四十里，非常雄偉，又叫三休宮，意思是登中央高臺需要休息三次，才能到頂。這座宮還叫細腰宮，因為楚靈王認為人美不美全在腰間，只要身腰細小，就是美。這座宮中住滿了他認為是美人的瘦腰女子。

周景王十年，楚國邀請魯昭公前來祝賀章華宮落成。前去邀請的大夫薳啟彊說：「魯國國君起初還不肯來，我再三向他敘說魯成公與我國大夫嬰齊的舊情，又以討伐相威脅，他害怕被攻打才來的。魯昭公對禮儀很熟悉，願主公多多留意，不要被魯人笑話。」

楚靈王問：「魯昭公相貌如何？」

大夫薳啟彊說：「白面皮、高身材，留著一八多長的鬍子，叫謂一衣人才。」

楚靈王暗中選了十名大漢，都留著長鬍子，讓他們學習魯國的禮儀，作為魯昭公的陪同。魯昭公乍見之下，十分吃驚。又見章華宮華麗壯觀，誇讚之聲就不絕於耳。

楚靈王十分得意，問：「你們國家亦有這樣的宮殿嗎？」

魯昭公忙躬身回答：「敝國小得很，比不上貴國萬分之一。」

楚靈王更得意洋洋，遂下令在章華宮中宴請魯昭公。但見一群美少年，裝束鮮面，宛如婦人。手捧雕盤上桌，唱著歌勸酒。金石絲竹，紛然響和，樂聲洪亮，遠到天際，粉香相逐，飄飄然如入神仙洞府，令人忘卻是在人間。宴畢，楚靈王一時興起，便將楚國兵庫中的鎮庫寶弓、一把名為「大屈」的弓贈給魯昭公。

第二天，楚靈王酒醒後就後悔了，他捨不得此弓被別人拿走，便將此心思告訴了薳啟彊。

薳啟彊說：「主公放心，我能使魯昭公把此弓還給你。」

薳啟彊到公館拜訪魯昭公，假裝不知道這件事，對魯昭公說：「我國國君昨日宴請時，贈給大人什麼東西沒有？」

魯昭公拿出了大屈弓。

薳啟彊見了，佯裝畢恭畢敬的樣子，向魯昭公祝賀。

魯昭公說：「一把弓有什麼值得祝賀的。」

薳啟彊說：「這把弓可謂名揚天下，齊、晉、越三國，都曾派人來索求它，我國國君都未答應。現在把這弓贈給大人你，他們三國，將向貴國索求了。貴國應加強防備，小心的保護著這把寶弓。這還不值得祝賀？」

魯昭公聽了，恭敬的說：「我不知道這是一把寶弓。要知道這樣，怎敢接受呢？」

於是，便把大屈弓還給楚國。

伍舉看到楚靈王竟然為了一把弓，不惜失信於人，出爾反爾，不禁暗自嘆息：「主公將不能善終！以宮殿落成召諸侯，諸侯沒有來。好不容易來了個魯昭公，卻捨不得一把弓，而甘於失信於人。捨不得自己的東西，就必然要向別人索取，而向別人索取，必然積怨，這樣離滅亡的日子就不遠了。」

楚靈王把贈送出去的東西又要回來，雖有失諸侯盟主的風範，但就薳啟彊來說，他的確運用了一個很好的厚黑求人計謀。

他巧妙的用寶弓的名氣與大國的實力，表面上恭維，實質上嚇唬魯昭公，以達到為自己的目的。

第十四招：示弱求憐，綿裡藏針

厚黑之士最慣用的手法就是示弱求憐，無論於大略還是小術都屢見不鮮。之所以把它稱為一種策略，就是因為實際上可能實力並不弱，只是強而示之弱罷了。如果能把實力隱藏得徹底，最後獲得出其不意的效果，這當然算得上是上策；但是，如果能在示弱的過程中，若隱若現的流露出一點自己的實力，以增加對方的猜疑，使對方摸不著頭腦，在患得患失中「不戰而屈人之兵」，達成了你的意願，則是上上之策，才可稱得上達到了「運用之妙，存乎一心」的境界。

漢文帝劉恆就是一個運用示弱之法的高手。劉恆是平定諸呂後被迎為皇帝的。劉邦的兒子們都差不多讓呂后殺光了，劉恆能倖免於難，完全是表現出「清靜無為」、「防意如城」的示弱效應。當時天下還不安定，劉恆發現尤其是江南的地方危害很大，領頭的是南越王趙佗。

趙佗原來是河北人，曾與漢高祖同時起兵反抗暴秦，後經營五嶺以南一帶，自命為南越王。高祖在時，不想再興戰事，客觀上力量也有限，就對趙佗採取了安撫政策，彼此倒也相安。後來呂后亂政，挖了趙佗故鄉的祖墳，誅殺他的兄弟，趙佗對漢朝非常怨恨。呂后一死，他見漢朝一時無人主政，便自稱皇帝，而且準備興兵北伐。

顯然，對如何處置趙佗的問題，事關漢家江山的歸屬。漢文帝考慮得很慎重，他不輕言起兵征戰，而是先在內政、軍事上做好安排，然後修書一封，派老謀深算的陸賈送去。陸賈也是趙佗的朋友。信云：

皇帝謹問南越王甚苦心勞意。朕，高皇帝側室之子也，棄外，奉北藩於代。道里遼遠，壅蔽樸愚，未嘗致書。高皇帝棄群臣，孝惠皇帝即世；高后自臨事，不幸有疾，日進不衰，以故誖暴乎治。諸呂為變故亂法，不能獨制，乃取它姓子

為孝惠皇帝嗣。賴宗廟之靈，功臣之力，誅之已畢。朕以王侯吏不釋之故，不得不立，今即位。

乃者聞王遺將軍隆慮侯書，求親昆弟，請罷長沙兩將軍。朕以王書，罷將軍博陽侯，親昆弟在真定者，已遣人存問，修治先人塚。

前日聞王發兵於邊，為寇災不止。當其時，長沙苦之，南郡尤甚。雖王之國，庸獨利乎？必多殺士卒，傷良將吏。寡人之妻，孤人之子，獨人之父母，得一亡十，朕不忍為也。

朕欲定地犬牙相入者，以問吏。吏曰：高皇帝所以介長沙土也，朕不能擅變焉。吏曰：得王之地，不足以為大；得王之財，不足以為富：服領以南，王自治之。雖然，王之號為帝。兩帝並立，亡一乘之使以通其道，是爭也。爭而不讓，仁者不為也。願與王分棄前患，終今以來，通使如故。故使賈馳，諭告王朕意，王亦受之，毋為寇災矣，上褚五十衣，中褚三十衣，遺王，願王聽樂娛憂，存問鄰國。

這封信寫得很特別，很客氣！先是自謙至卑，是為籠絡對方的。接下來又是安撫，答應對方的要求，撤將軍，修祖墳，用其同宗兄弟。但是字裡行間，已是從一番溫語之中透出隱約的皇威，既有權用人修墳，當然也可絕族挖墳，這點趙佗當然感受得到。之後，直接曉以利害，數陳興兵之禍害，表面也是為對方著想，內在也有示威的涵義。第四步，更藉「吏曰」之言，於寬宏大度之中，責備趙佗擅自稱帝等不仁之舉；含蓄而堅定表示在此問題上絕無商量退讓之餘地。最後，又給對方一個體面的禮物，可願王「聽樂娛憂，存問鄰國」。說穿了，就是何不安分守己呢？大可不必自尋煩惱。

綜覽全文，真是字字謙和，卻又字字鋒利如刃，含蓄之中極有力量。

趙佗也是個明白人，自然掂出這位新天子非同一般的分量，況且也感到漢文帝待己不薄，於是很明智的上表請罪，把過去的一切都推在呂后身上，現重新開始不再稱帝，願臣服於漢。

一軟到底，踢出皮球

對付敵人，我們當然希望泰山壓頂，一舉全殲。但是如果敵人十分強大呢？以硬對硬，猶如以卵擊石。尤其是在求人過程中，所要對付的不是敵人，而是朋友、友軍或者需要長期維持友好關係的顧客，這時則更不能採取強硬的手段。怎麼辦？俗話說滴水可以穿石，柔竹能敵強風，在不能採用強硬手法的時候，不妨來個綿力相迎，以柔克剛，抓住對方要害，一軟到底，把「皮球」踢給對方，讓對方感到擔心。

例如，西元 764 年，唐朝剛剛平定安史之亂，僕固懷恩卻在北方糾眾反叛，屢屢攻城奪野。唐代宗只得令聲望卓著的郭子儀為副元帥，率軍平叛。郭子儀令其兒子郭希以檢校尚書的身分兼行營節度使，屯兵在邠州。邠州地方的一些不法青年，紛紛在郭希的名下掛名，然後以軍人的名義，大白天就在市集上橫行不法，要是有人不滿足其要求，即遭毒打，甚至致死孕婦老小。邠寧節度使白孝德因懼怕郭子儀的威名，對此提都不敢提一下。白孝德的下屬涇州刺史段秀實則感到事關唐朝安危和郭子儀的名節，毛遂自薦請求處理此事。白孝德立即下文，令他代理軍隊中的執示官都虞侯。

段秀實到任不久，郭希軍隊中有 17 名士兵到市集上搶酒，刺殺了酤酒的工人，打壞了酒場許多釀酒器皿。段秀實安排士卒把他們統統抓來，砍下他們的腦袋掛在長矛上，立於市集示眾。

郭希軍營所有軍人為之騷動，全部披上了盔甲。段秀實卻解下了身上的佩刀，選了一個年老且行動不便的人替他牽著馬，徑直來到郭希軍營門口。披甲帶盔的人都出來了。段秀實笑著一邊走一邊說：「殺一個老兵，何必還要披甲帶盔，如臨大敵？我頂著頭顱前來，要親自由郭尚書來取！」披甲士兵見一老一文一匹瘦馬，驚愕不已。本以為要進行一場硬拚，眼見得如此文弱的對手，反而紛紛讓路了。

段秀實見到了郭希，對他說：「郭子儀副元帥的功勞充盈於人地之間，您作為他的兒子卻放縱士兵大肆暴逆。如果因此而使唐朝邊境發生動亂，這要歸罪於誰呢？動亂的罪過無疑要牽連到郭副元帥。而今邠州的不法青年紛紛在你的軍隊

中掛了名，藉機胡作非為，殘殺無辜。別人都說您郭尚書憑著副元帥的勢力不管束自己的士兵，長此以往，那麼郭家的功名還能保存多久呢？」

郭希本來對段秀實自作主張捕殺他的士兵心存不快，對於士兵的激憤情緒聽之任之，倒要看看段秀實有多大能耐。現在見段秀實完全不作防備的闖進軍營，聽段秀實一說，覺得段秀實完全是為保護郭家功名才這樣做的，一改原來的強硬態度，反而覺得對弱小的段秀實必須加以保護，以免被手下人因憤而殺。趕緊對段秀實拜了又拜，說：「多虧您的教導。」喝令手下人解除武裝，不許傷害段秀實，段秀實為讓郭希下定心管束軍隊，乾脆一「軟」到底，說：「我還沒有吃晚飯，肚子餓了，請為我備飯吧。」吃完飯後又說：「我的舊病發作了，需要在您這裡住一宿。」這樣，段秀實竟在只有一老頭守護的情況下，睡在充滿敵意的軍營之中。郭希表面答應了段秀實的要求，但又怕憤怒的軍人殺了這個不做抵抗且又有恩於己的朝廷命官，心裡十分緊張。於是一面申明嚴格軍紀，一面告訴巡邏值夜的士卒嚴加防範，藉打更之便，切實保衛段秀實的安全。

第二天，郭希還與段秀實一起到白孝德處謝罪，大軍由此整治一新。

第十六招：力捧上天，突然發招

還有一種「綿裡藏針」的方法，就是吹捧恭維對方，大大滿足對方的虛榮心，當對方飄飄然時，突然提出自己的要求，並在話裡話外，使對方感到你在懷疑他的權威，一旦感到權威受到了挑戰，他就必須盡全力證明給你看。如果辦不到你所求的事，就會有損自己的自尊心，這時他只有硬著頭皮為你辦事。為此：

第一，把對方美化成道德上的「完人」，那麼道義上的事，對方必須當仁不讓。

例如，有一位母親在和別人聊天的時候，談到了自己的兒子。原來這個兒子要求母親為自己買一條牛仔褲，一個簡單得不能再簡單的要求。

但是，兒子怕遭到拒絕，因為他已經有了一條牛仔褲，而母親是不可能滿足

他所有要求的。於是兒子採用了一種獨特的方式，他沒有像其他孩子那樣苦苦哀求，或無理取鬧，而是一本正經的對母親說：「媽媽，妳有沒有見過一個孩子，他只有一條牛仔褲。」

這頗為天真而又略帶計謀的問話，一下子打動了母親。事後，這位母親談起這事，說到了當時自己的感受：「兒子的話讓我覺得若不答應他的要求，簡直有點對不起他，哪怕在自己身上少花一點，也不能太委屈了孩子。」

就是這樣，一個未成年的孩子，一句話就說服了母親，滿足了自己的需求。在他說這話時，唯一目的就是要打動母親，並沒有想到該用什麼樣的方法。而在事實上，他的確是從母子道義上刺激母親，讓母親覺得兒子的要求是合情合理的，而不是過分的。

這種事例在日常生活中還有很多很多，也許當事人自己都沒有感覺到有什麼特殊之處，但又確實是憑著道義達到了辦事的目的。這時人的自尊、名聲、榮譽、能力等等，都可以作為厚黑求人的武器。

第二，把對方標榜為能力上的「超人」，那麼分內的小事自然不在話下。

例如，美國黑人富豪強納森決定在芝加哥為公司總部興建一座辦公大樓，出入無數家銀行，但始終沒貸到一筆款。於是決定先上馬後加鞭，設法將自己的200 萬美元湊集起來，聘請一位承包商，要他放手建造，自己想方設法籌集所需要的其餘 300 萬美元，

持續建造施工到所剩的錢僅夠再花一個星期的時候，強納森和一家人壽保險公司的一個主管在紐約市一起吃晚飯。強納森拿出經常帶在身邊的一張藍圖準備攤在桌上時，保險公司主管對強納森說：「在這裡我們不便談，明天到我的辦公室來。」

第二天，當強納森斷定保險公司很有希望抵押借款給他時，他說：「好極了，唯一的問題是今天我就需要得到貸款的承諾。」

「你一定在開玩笑，我們從來沒有在一天之內給過這樣的貸款承諾。」保險公司主管回答。

　　強納森把椅子拉近說：「你是這個部門的主管。也許你應該試試看你有無足夠的權力把這件事在一天之內辦妥？」

　　對方笑著說：「你這是逼我上梁山，不過，還是讓我試試看。」

　　他試過以後，本來他說辦不到的事終於辦到了，強納森也在錢花光之前幾個小時回到了芝加哥。

　　這裡的關鍵是務必找到並擊中對方的要害，迫使他就範。

　　就這件事來說，要害是那位主管對他自己權力的尊嚴感。

第十七招：製造假象，藉機敲打

　　在厚黑交往過程中，為了抬高自己的身分，最直接的辦法就是提高自己在對方心中的重要性，這時，可以人為的製造一系列矛盾或問題，這些矛盾和問題對於對方非常重要，最好直接關係到他的身家性命，而這些矛盾和問題離開你又解決不了。這樣，他就必須完全依仗你，你們之間態勢就倒轉過來了。為此：

　　第一步，要善於製造「天下大亂」。

　　宋理宗過世後，度宗即位。度宗本是理宗的皇侄，因過繼為子而即位，時年25歲。度宗上臺之後，曾一度親理政事，限制大奸臣賈似道的權力，顯得幹練有為，確實做了幾件好事，朝野上下為之一振，覺得度宗為他們帶來了希望。賈似道的權力受到了極大的限制，有人上書彈劾賈似道。賈似道看到，如果這樣下去，自己將會有滅頂之災。

　　於是，賈似道精心設計了一個相當大的陰謀。

　　他先棄官隱居，然後讓自己的親信呂文德從湖北抗蒙前線假傳邊報，說是忽必烈親率大兵來襲，看樣子勢不可擋，有直取南宋都城臨安之勢。度宗正欲改革弊政，勵精圖治，沒想到當頭來了這麼一棒。他立刻召集眾臣，商量出兵抗擊蒙軍之事。宋度宗萬萬沒有想到，滿朝文武竟沒有一人能提出一言半語的禦兵之策，更不用說為國家慷慨赴任，領兵出征了。這時，賈似道卻隱居林下，悠哉的

過著他的隱居生活。

第二步，自己再出面解決問題。

例如，前線警報傳來，數十萬蒙古鐵騎急攻，要都城築壘防禦，這一切，使得度宗心驚肉跳，他不得不想起朝廷中唯一的一位能抗擊蒙軍、獲得「鄂州大捷」的英雄賈似道。他深深的嘆了口氣，在無可奈何之下，只好以皇太后的面子，請求賈似道出山。謝太后寫了手諭，派人恭恭敬敬的送給賈似道。這麼一來，賈似道放心了。他可得拿足了架子再說，先是搪塞不出，繼而又要度宗大封其官。度宗無奈，只好給他節度使的榮譽，尊為太師，加封他為魏國公。這樣，賈似道才懶洋洋的出來「為國視事」。

賈似道知道警報是他令人假傳的，當然要做出慷慨赴任、萬死不辭甚至胸有成竹的樣子。他向度宗要了節鉞儀仗，即日出征，這真令度宗感激涕零，也令百官惶愧無地。天子的節鉞儀仗一旦出去，就不能返回，除非所奉使命有了結果，這代表了皇帝的尊嚴。賈似道出征這一天，臨安城人山人海，都來看熱鬧。賈似道為了顯示威風，居然藉口當日不利於出征，令節鉞儀仗返回。這真是大長了賈似道的威風，大滅了度宗的志氣。等賈似道到「前線」逛了一圈，無事而回，度宗和朝臣見是一場虛驚，額手稱慶尚且不及，哪裡還顧得上追查是謊報不是實報呢。

第三步，藉機好好敲打一下對手。

賈似道「出征」回來，度宗便把大權交給了他，賈似道還故作姿態，再三辭讓，屢加試探要脅，後見度宗和謝太后出於真心，他才留在朝中。這時，滿朝文武大臣也爭相趨奉，把他比作是輔佐成王的周公。透過這場考驗，年輕的度宗對朝臣完全失去了信心，他至此才理解為什麼理宗要委政於賈似道。原來滿朝文武竟無一人可用，賈似道雖然奸佞，但困難當頭之際，只有他還「忠勇當前」，勇於「挺身而出」。度宗哪裡知道，滿朝文武懦弱是真，賈似道忠勇卻是假。度宗被瞞，不知不覺的墜入了賈似道的奸計之中。從此，度宗失去了治理朝政的信心和熱情，把大權往賈似道那裡一推，縱情享樂去了。

賈似道再一次「肅清」朝堂，他在極短的時間內，把朝廷上下全換成了自己的親信，甚至連守門的小史也要查詢一遍，這樣，趙宋王朝實際上變成了賈氏的天下。

第十八招：孤注一擲，製造恐懼

正如常言所說：「假的真不了，真的假不了。」前面所說的製造假象固然有效，但是也有很大風險，而且這種機會也不一定常有。厚黑之道中還有一招，就是情況萬分危急時，可以集中自己的全力，冒險一拚，或者做出準備孤注一擲的樣子，使對方真正從內心感到對你的恐懼，這時你再求他辦事，他就一點都不敢再打折扣。

第一，要以破釜沉舟的勇氣遏制對手。

例如，按照明朝的規制，侍講「滿九年考，當遷學士」。成化十年，焦芳從年限上說雖然夠了，但他不學無術，程度相差很遠。所以，有人對大學士萬安說：「不學如芳，將以為學士乎？」這句話不知怎的傳到了焦芳耳中。他猜疑是大學士彭華搞的鬼，立即露出一副無賴相，並傳出危言，以行凶相威脅：「是必彭華有間我也。我不學士，且刺華長安道中。」彭華怕焦芳鋌而走險，就請求萬安，萬安不得已，只好讓焦芳「升為侍講學士」。焦芳就是靠此招達到求官的目的。

第二，要以孤注一擲的冒險行動震懾對手。

例如，東漢明帝時，班超參加了討伐匈奴的戰爭，大將竇固認為他很有才幹，向朝廷推薦他出使西域。

班超帶著東漢的外交使團首先來到鄯善國，一開始國王對班超等人恭敬有加，後來則漸漸怠慢下來，班超對他的部下說：「你們有沒有發覺，國王對我們為什麼變得怠慢無禮了？我看一定是來了匈奴使臣，讓他左右為難了吧！」為了證實這一情況，他們把侍候他們的胡人找來，裝著什麼都知道的樣子，突然襲擊

般的問道：「匈奴的使臣來了好幾天了，現在住在哪裡？」那位侍者本來是奉命瞞著他們的，一見這樣便把情況都說了出來。

班超總共帶了 36 名勇士前來，他把這 36 人召到一起喝酒。當酒喝到痛快淋漓時，班超挑起了話頭：「大家和我一樣，遠離中原來到這裡，本是為朝廷立功而來。現在匈奴使臣來到這裡，鄯善國王對我們的態度又這麼不好，假如鄯善把我們都抓起來送給匈奴，我們恐怕都得餵狼了，這該怎麼辦呢？」部下們都說：「現在我們處境危險，是生是死都聽司馬的。」

班超一看，正合己意，便說：「好！不入虎穴，焉得虎子。如今只有一個辦法，就是趁黑夜放火燒它，讓匈奴使臣弄不清我們有多少人，我們趁機消滅他們。只要除掉這些使者，使鄯善國王害怕，那就大功告成了。」眾人都說好。

天黑後，班超帶著手下的吏士奔向匈奴使者的營帳。班超令 10 個勇士拿著戰鼓到匈奴使者營盤背後，要他們見火燒起來後立即擊鼓吶喊，其他人都帶著刀劍、弓箭埋伏在西邊。班超引燃了火種，火勢趁著大風越來越大，前後的吶喊聲使匈奴的使者驚得亂竄，班超親自動手殺了 3 人，其餘的 30 多人被埋伏的吏士殺死，另外 100 多人被火燒死。

第二天，班超把鄯善國王找來，向他出示了匈奴使者的首級，鄯善國王驚得話都說不出來。班超則多方加以撫慰，終於達到目的，勝利返還漢朝。竇固聽到此事十分高興，把班超的功勞上奏朝廷，皇帝很讚賞班超的氣節，任命他為軍司馬，並命他再次去西域。

竇固要增派軍隊供他指揮，班超一笑：「我只要上次那 30 多人就行了，如有不測情況，人多反而累贅。」

無論是官場、戰場還是商場，對於厚黑之士的你來說，「不入虎穴，焉得虎子」的精神是必須具有的，它既是勇氣，又是智謀。靠著這個精神，班超以非凡的智慧和膽略殺了匈奴使臣，扭轉了外交上的被動局面。

第十九招：以退為進，施以辣手

「以退為進」是軍事上的用語，指暫時退讓使輸贏未定，以便日後伺機而進，爭取成功。求人有時也同樣，雙方為了自己的利益，各執一詞，有時要堅持，有時則要暫時中止；有時必須據理力爭、討價還價，有時又須暫時退卻，這種「退」是為了伺機而進。僅僅做到了這一點，還只是一個一般的軍事家或謀略家，稱不上是厚黑大家。真正的厚黑大家不會單純的後退，他們會有厲害的後招。他們會採取「恐嚇」的手段，虛張聲勢，為你描述出，如果你不同意他的請求，他將採取的反措施會為你帶來極大的損失，你有可能難以承受。「兩害相權取其輕」，你還是答應他為好。

美國一家大航空公司要在紐約建立一座航空站，想要求電力公司能以低價優惠供應電力，但遭到婉言謝絕。某公司花費 10 億元，從西方某國引進了 3 套生產化肥的大型設備，分裝在三地。設備在測試運行期間，安裝在某地的一套，透平機轉子葉片竟發生三次斷裂，每次斷裂停機就要損失 45 萬元之多。

分析事故原因時，賣方專家認為只是偶然事故，企圖以小修小補蒙混過去，將經濟損失轉嫁給買方；而買方專家經過仔細測算分析，認為透平機轉子葉片 3 次斷裂，絕非偶然，而是由於強度不夠，是激振力係數不夠所致，是設計問題。根據這一判斷，事故的責任完全在賣方，賣方不僅要更換設備，而且還應承擔由此造成的一切經濟損失。由於事件涉及的經濟價值數額龐大，雙方展開了一場艱苦的談判。

買方派出大學教授擔任技術主談。在談判過程中，賣方技術主談總工程師為了說明他們產品設計的權威性，強調是依據世界著名的透平權威、德國教授的理論而進行設計的，絕對不會出錯。買方的教授聽到德國教授的名字時，心裡一亮，但表面非常冷靜，並乘機插話道：「我們贊同德國教授的理論，它應當成為我們雙方共同接受的準則。」買方的教授說這番話時，心平氣和，並沒有引起對方警覺，還認為買方全面贊同他們的觀點，賣方的技術主談顯得非常得意。看到

對方的表現，買方的教授向對方再強調一次：「我們很尊重德國教授的理論，佩服他的才識。」然後再次停下來觀察對方的反應，看到對方主談頻頻點頭，買方的教授放下心來。當對方主談講完之後，買方的教授說：「既然你們的設計依據是德國教授的理論，而他的理論又是我們雙方可以接受的談判的共同基礎，那麼，教授在他的著作中，自己一再談到『激振力係數是很難準確，很難確定的』這樣，你們依據教授的理論所設計的轉子葉片的係數不是也很難準確，很難確定的嗎？葉片 3 次斷裂，並不在同一部位，其原因就不言自明了。」

第二十招：危言聳聽，誇大事實

在厚黑之道中，還有一招叫「危言聳聽」，也就是虛張聲勢。人們在希望改變某一現實狀況時，往往喜歡引經據典，大造輿論，以引起他人對這一狀況的危害性及其後果的嚴重性關注，從而達到自己的目的。為此：

第一，由於大眾對這種「危言聳聽」的手法已司空見慣，很多時候會持懷疑的態度。所以，在運用這一技巧時，必須以事實為根據，有絕對的權威和明確的針對性，使人信服，才能達到預期的效果。

如香港電視臺的一個「莊生貝齒漱口水」的廣告，就大造聲勢，說明僅僅靠刷牙並不足以防止牙菌膜的產生，甚至在刷完牙不久，牙菌膜就會形成；要想用刷牙防止牙菌膜，必須 24 小時不停的刷，不然是不可能的。在指出人們日常的刷牙習慣的不可靠之後，廣告才介紹它想要推廣的「莊生貝齒漱口水」，說這種水如在刷牙後用於漱口，可 12 小時內防止牙菌膜的生成，「一次使用 12 小時見效」云云。這樣的廣告，先造成人們的心理上的不安和憂慮，然後再以自己推薦的東西消除這種心理，確實極有影響力。

第二，一般說來，你要求平心靜氣，但這也並不排斥在某些時候，在特定的話題上，帶有一定的感情，以可能性為依據，以假設為前提，甚至帶著誇張的成分，故意把問題說得十分嚴重，將後果描繪得非常可怕，使對方驚心動魄，幡

然醒悟。

例如，下面是一位心理學家對一企圖自殺者的勸告。在這勸告裡，展示了種種自殺的結局，可算是危言聳聽，但又是有理有據，因此感人至深。

「你已經孤注一擲了。生命對於你已不再有吸引力，因而你選擇了自殺。」

他以直截了當、充滿理解與同情的話語開頭，打動也溝通了對方的心。然後他接著說：「自殺不一定能成功。你以為你一定能殺死自己嗎？請看這位 25 歲的年輕人，他試圖電死自己，然而他活著，但是兩條手臂都沒有了。」

「那麼跳樓怎麼樣？去問問約翰，他曾是一個多麼聰明和富有幽默感的人。但這都是他跳樓以前的事了。如今，他的腦子受了損傷。拄拐杖，步履艱難，永遠需要別人的照顧。但最糟糕的是他還明白他曾是一個正常人。

「你想吃安眠藥死嗎？看看這個 12 歲的孩子，他就是因此而得了嚴重肝病。你見過嚴重的肝病患者嗎？你會在全身慢慢變黃中死去，這條路實在太痛苦了。

「沒有萬無一失的方法。你想用槍嗎？這位 24 歲的年輕人向自己的腦袋開了槍。現在他拖著一條腿和一隻沒用的手臂，並且喪失了半邊視覺和聽覺。這就是你所認為的萬無一失的方法。

「自殺並不那麼有魅力。你可以設想一個電影明星在吞服了過量的安眠藥之後，隨著死亡，她的肌肉變得僵硬，最後，全部的美都化作塵埃。

「誰從地板上擦去你的血跡，刮掉你的腦漿？誰把你從吊繩上解下來？誰從河裡撈起你腫脹的屍體？你的奶奶？你的妻子？還是你的兒子？這種差事即使專業清潔工也會拒絕。但這種事總得有人去做。

「你那封精心措辭、愛意切切的訣別書是沒有用的。那些愛你的人永遠也不會從這件悲痛的事情中解脫出來。他們懊悔，陷入無邊的痛苦……

「自殺是一種傳染病。……你 5 歲的兒子正在地毯上玩他的小汽車。如果你今晚殺死了你自己，那麼 10 年後他也會做同樣的事。事實上，自殺將導致家庭其他人的自殺。因為孩子們在這方面尤其脆弱，所以就更容易受到傷害。

「你必然有其他選擇。總會有人在危機中給你幫助。打一個電話，找找朋

友，看看醫生，或者去叫警察。

「也許他們會告訴你，生活還是會有希望的。這希望之光也許來自明天的一封信，也許來自週末的一個電話，也許來自在某位商店裡相遇的好心人。你不知道它來自何處——沒有人知道。但是你所期待的可能就在一分鐘、一天或一個月後突然到來。

「你仍舊堅持要做這件蠢事嗎？一定要做嗎？那好吧，我們不久就會在療養院的監護室裡與你相見，那時我們照料你所剩下的一切，依然要做所有你再也做不了的事。」

這一席危言聳聽的話語，使那位企圖自殺的人在驚呆之後，終於醒悟，放棄了自殺的念頭。可見危言聳聽確實能發揮振聾發聵、促人猛醒的作用，能促使人們接受你的請求，未雨綢繆，可謂是苦口良藥。

第三，「危言聳聽」時，僅以事實為依據，以飽滿的情感為襯托，還遠遠不夠，最關鍵的是這種可怕的後果會直接危及對方的最切身的利益，這樣才能達成「恐嚇」的效果。

例如，「危言聳聽」是古代說客的慣用招數。范雎晉見秦昭王，一篇披肝瀝膽的言辭，深得昭王的歡心，又獻上「遠交近攻」的方略，使得范雎一天比一天受到昭王的信任，他就利用機會向昭王陳述了一番「四貴」危國，並已對昭王皇權造成極大威脅的道理。

范雎向昭王進言說：「臣住在函谷關以東的時候，聽說齊國有田文，沒聽說他們有君王。也聽說秦國有太后、穰侯、華陽君、高陵君、涇陽君，沒聽說他們有秦王。能夠總攬國家政權的人，才可稱為君王；能夠掌握利害權柄的人，才可稱為君王；能夠控制生死權威的人，才可稱為君王。現在太后擅自行政，根本不顧忌您；穰侯派遣使者出國，根本不向您報告；華陽君、涇陽君用刑處罰罪犯，根本不畏懼您；高陵君要任用人、貶退人，根本不向您請示。國家有這四貴存在，而還不會發生危險，是從來沒有的事。處在這四貴的下面，就是所謂的沒有君王，那麼國家的權柄怎麼能不傾覆，國家的命令怎麼能由君王親自頒發呢？臣

聽說，善於治理國家的君王，在內要鞏固自己的威望，在外要加重自己的大權。穰侯的使者，帶著君王的重威，在諸侯之間發號施令，在天下割地封臣，派兵征討敵人，攻打各國，沒有人敢不聽命。如果打勝仗，攻下了某個地方，那利益就完全屬於他們的，使諸侯各國都疲弊破敗：如果打了敗仗，就會引起國內百姓的怨恨，使國家蒙受禍害。崔杼、淖齒二人獨攬齊國的大權，結果崔杼射傷了莊公的大腿，淖齒抽掉了國王的筋，把他掛在宗廟的棟梁上，國王立刻就死了。李兌獨攬趙國的大權，把趙武靈王囚禁在沙丘一百天，他就餓死了。現在臣聽說秦國太后、穰侯獨攬政權，高陵君、華陽君、涇陽君三人在旁協助他們，根本不把秦王您放在眼裡，這也就像淖齒、李兌一樣的情形呀！而且齊趙兩國亡國的原因，就是君王把政權全交給臣下，而自己整天縱酒作樂，糠馬馳騎，到各處打獵，不過問政事。他授權的人，妒忌賢才，控制下屬，欺蒙君上，以謀取他個人的私利，一點都不為主上打算，主上卻不覺悟，因此就失去了他的國家。現在從最小的官爵算起，一直到高官，以及君王左右的內侍，沒有一個不是相國的人。看到君王在朝廷裡孤立無援，臣不禁暗自為君王害怕，恐怕千秋萬世以後，擁有秦國的人，不再是君王的子孫呀！」

　　昭王聽後極為恐懼說：「對！」於是就廢除了太后的權柄，把穰侯、高陵君、華陽君、涇陽君都放逐到關外。最後，范雎終於得到了夢寐以求的相位。

　　但值得注意的是，「危言聳聽」不能濫用。它的有效範圍是具有現實緊迫性，但尚未被人所注意的重大問題，以免有誇大其詞和譁眾取寵之嫌。

第二十一招：先發制人，造勢奪聲

　　運用「虛張聲勢」，除了前面講的「以退為進」、「後發制人」外，也可以採取「先發制人」辦法。君不見，在日常生活中，常常看到商店裡掛出顯眼的招牌，或是推銷員告訴買主所售商品「存貨不多，欲購者從速」，或是宣稱某類商品不久將會調價等等。其所以這樣做，是想運用造勢奪聲的技巧，來壯大自己的

實力。當今社會裡，廣告宣傳形形色色，充斥著報紙雜誌、廣播電視、大街小巷，究其目的也只有一個，即透過各種方式和途徑，為自己的商品揚名，為自己的銷售造勢。

在求人過程中，你為了實現自己的目的，也可以透過各種管道，採用各種方式，表現出自己的實力，壯大自己的聲威，以造成聲勢逼人的影響，我們也可以稱它為造勢奪聲的方法。

例如，1985 年 7 月，一家織布廠與德國的某公司正式簽署了購買 180 萬馬克舊織布機的合約，按照合約規定，買方必須在 8 月底付出一半資金。但是，由於某些客觀原因，買方在 11 月 30 日才付出這筆資金。經過談判，賣方對買方的諒解請求表示同意。可是到了 12 月 18 日，賣方突然改變態度，要求買方賠償違約金和利息共計 65 萬馬克。為此，雙方在德國舉行了談判。

為了掌握談判的主動權，買方代表設法在發行量為 47 萬份並且瞭解其內情的報紙頭版頭條刊登出題為「織布機引起的激烈爭論 —— 買方工廠感到受騙」的長篇報導，披露了談判的真情，還配發了照片。買方代表的這一舉動，立刻引起德國民眾的強烈反應，不少人認為：「這種商人不能代表德國人」，對某公司的行為表示不滿。報導刊出後，幾乎每天都有人去看望在某公司拆卸舊織布機的買方工人。在此基礎上，買方代表又積極展開聯絡，利用德國新聞界人士組成的俱樂部邀請大家參加週末午餐會的機會，出示了買方與某公司簽訂的合約、清單等相關資料，解答了許多糾紛中的問題。買方採取的一系列措施，進一步得到了大眾輿論的同情和支持，就連德國第三大銀行分行行長，都主動幫助買方瞭解某公司這套設備原來的價格及事情的來龍去脈。

最後在正式談判前，某公司迫於大眾及輿論的壓力，不僅放棄了 65 萬馬克的索賠，還把購買設備的 180 萬馬克降到 150 萬馬克。再次簽約後，雙方握手言和，重歸於好。對此，某公司老闆深有感觸的說：「沒想到他們這麼厲害，我和外國人做生意這樣慘敗還是第一次。」

這家織布廠運用造勢奪聲的方法獲得談判勝利的事例告訴我們，在厚黑求人

開始時，若是你處於劣勢和被動地位，那麼適時適度的運用某種管道和方式造成一種聲勢，先發制人，有時則可以變被動為主動，使事情朝著有利於自己的方向發展，並最終獲得滿意的結果。

第二十二招：虛張聲勢，我是流氓

行厚黑之道者，都得帶有些流氓氣。「虛張聲勢」畢竟有一個「虛」字，如果在虛張聲勢過程中，心虛了，露怯了，是無法把對方「恐嚇」住的。

如何才能練就一副「我是流氓我怕誰」的無賴相呢？看看明朝大奸臣魚朝恩吧！

魚朝恩，瀘州人。天生的無賴氣質，十足的市井地痞，不做正事，不事產業，整日東遊西蕩，鬥雞走狗，抓拿騙搶，是個不折不扣的小流氓。時時與一幫痞子廝混在一起，惹是生非，不時的打架鬧事，人們一見他就像見著瘟神屬鬼一樣，急忙躲著避開他走，害怕被他沾染上，唯恐避之不及，對他是「敬而遠之」。十五、六歲時，又沾上了賭博惡習，經常在賭場上爭勝鬥氣，耍狠逞兇。剛開始賭博時，魚朝恩手氣還相當不錯，十分順利，輕而易舉的贏了一大堆錢，開心的揮霍了一番。

但久而久之，總不會次次皆贏，輸的時候也是有的，漸漸的囊中羞澀起來，他便仗著那無賴的臉皮，向一幫狐朋狗友東挪西借，向他的近鄰討錢，他的名聲誰人不曉，他這德行誰肯借給他。借給他等於是「肉包子打狗，有去無回」，誰敢向他討債。但有些鄰居害怕他暗中搞鬼，懾於他的威勢，便借給他一些錢，將這個瘟神打發走，名義上是借，實際是送給他，他連「謝謝」也不說一聲。鄰居惹他不起，又拿他沒奈何，只好拿錢消災。

他把這刮來的錢全都押了上去，可是他運交華蓋，輸了個精光。魚朝恩心裡甚是不服，便向他平素熟識的賭友借錢接著再賭，然而「屋漏偏遇連夜雨，船遲又遇打頭風」，運氣越來越差，連賭連輸。賭徒們在賭場上是分毫不相讓的，他

又一次輸個一乾二淨。

就在魚朝恩四處尋親訪友無著、走投無路之時，一個偶然機緣改變了魚朝恩的一生，使他由一個十足的「混混」，一躍而成為追隨皇帝左右的大紅人。

歷史開了一個大大的玩笑。的確，歷史並非編教科書那樣循規蹈矩，秩序井然，有板有眼。事實上，歷史存在著各種偶然事件的巧合。

這一天，魚朝恩又累又餓，既疲且乏，眼看又是一個「有天沒日頭」的日子，索性便呼呼的倒在街上睡著了。

管他什麼天崩地裂、洪水滔天；管他什麼生計無著、有家沒家。先睡他個「一佛出世，二佛升天」再說。

就在這時，就聽得遠處傳來幾聲清脆的鑼響，有人扯著嗓子高聲呼喝道：

「高公公打道回府了！」

眾人猛聽差役這一聲呼喝，個個趕快閃避，垂手拱立站在一旁，平心靜氣，剛才還是十分擁擠熱鬧、人聲鼎沸的街道，變時變得鴉雀無聲。

而睡興猶酣的魚朝恩正打著呼嚕，其聲音雄壯無比，完全不知是怎麼回事。

鳴鑼開道的差役一見，頓時火冒三丈：好你個叫花子，別人一聽「高公公」三個字，便嚇得魂飛九霄，五魂嚇掉三魄，你倒好，居然根本不把這當作一回事。

差役心想：「你小子的膽量倒是不小，你躺在路中間，擋住了高公公回府的去路，難道你是要高公公繞道行走，讓你不成？這還了得。你端盆清水照照，你人模狗樣的居然敢讓『一人之下，萬人之上』的高公公退避三舍，真是吃了豹子膽！看我的皮鞭怎麼收拾你吧！」

差役正欲動手，突然轉念一想：「不對，這窮要飯的是不是有點來歷，我跟隨公公多年，見過的世面多了，誰曾見到過這陣勢，居然敢有人擋高公公的道，不是自找苦吃嗎？」

差役在心裡掂量了掂量，心裡便有了底。於是，鞭也不打了，上前稟報護轎的班頭道：「前面有個叫花子在路中間呼呼大睡，擋了公公的道！」

班頭一聽，勃然大怒，喝斥手下的差役道：「將這個窮要飯的用亂棍給我打跑！」

這一群如狼似虎的皂吏聽得主子的一聲喝斥，便使槍弄棒的要奔上前去將這叫花子用亂棍趕跑。

猛聽轎內一聲斷喝：「住手！給我將叫花子擒來，我倒要看看他長了幾個腦袋，竟敢擋我的道！」

差役急如星火般跑去，用鐵鉗般的大手像捉小雞似的將魚朝恩擲在轎前。

夢不知天的魚朝恩到這時才清醒過來，睜開惺忪的睡眼，一看這架勢，頓時知道了今天十有八九是惹了大禍，八成是自己睡覺沒找對地方。

恭立兩旁的差役大氣也不敢出一聲，只是每個人的兩隻大眼惡狠狠的瞪著魚朝恩，恨不得將他一口吞掉。

魚朝恩想：「今天是沒法活了，伙食帳該了結的時候了！既然如此，我魚朝恩這回⋯⋯」

他眼珠滴溜溜一轉，向兩旁肅立的差役和轎內快速的掃描了一圈，「霍」的從地上站了起來，像泥塑木雕似的立在那，一動也不動。

他的這一舉動，令圍觀的眾人和兩旁的差役都大為吃驚，想不到這樣一個叫花子竟有如此大的膽量。

班頭一見，大喝道：「大膽奴才，還不快快跪下，給高公公賠罪，饒你一死！」

兩旁的差役立即附和道：「跪下！」

魚朝恩使出無賴脾氣，索性呆若木雞似的站在那裡。

這時轎門的布簾掀起一角，裡面露出一張稍顯腫脹的臉來，睜著雙眼看著眼前這位衣衫襤褸的叫花子。

高公公從頭到腳仔仔細細的打量了一番，這位叫花子雖然穿著破舊不堪，臉色蒼白，沒有血色，因長期挨餓營養不足，但臉龐還較分明，尤其是那雙不大不小的眼睛略帶些狡黠之氣。

更讓高公公欣賞的是這位叫花子的膽量，確實令人欽佩不已，於是便開口道：「帶上這叫花子回府！」

魚朝恩正是憑著他的無賴產生的震懾作用，才使他結束了長期流浪的生活，開始了他的宦官生涯。

第二十三招：如影隨形，以緩求達

厚黑之士深深的曉得「欲速則不達」的道理，於是他們會主動的運用「拖延」戰術。一旦對方知道，「拖」的結果可能是「肥的拖瘦，瘦的拖死」，誰還敢跟你比耐性。因為，「一窮二白」的你往往是「拖」得起，也輸得起，而恰恰是所求的人「拖」不起的，輸不起的。所以一旦你使出這「招」，對方一般不敢接「招」。

例如，美國有個參議員叫湯瑪斯，此人辯才超群，口若懸河，但卻持有頑固的種族偏見。

1933 年，美國一批主張種族平等的參議員向議會提出了「私刑拷打黑人的案件歸聯邦法院審判」的議案，這一議案得到了大部分議員的贊成，通過勢在必行。但是湯瑪斯下決心予以抗拒。

第二天，他登上了參議院的講壇，高談闊論，滔滔不絕，天南海北古今無所不及。這一「講」就是整整 5 天。據一位細心的記者統計：他在講臺前踱步 75 公里；為使演講生動有力，共做了一萬多個手勢；演講期間，吃了 300 個麵包，喝了 40 公斤清涼飲料。

連續 5 天的演說，疲勞轟炸，終於化解了人們的參與熱情，大家都感到很疲倦。結果，「私刑拷打黑人的案件歸聯邦法院審判」的議案被束之高閣，沒有通過。

湯瑪斯的拖延戰術是「鑽」了議會的一些「漏洞」而得利。此類方法還很多，也有的反其意而用之：透過阻撓表決使得某些議案自然生效。日常生活中，那些鍥而不捨的「求愛者」、那些不可理喻糾纏不清的賴皮鬼，看似可憎卻又往往得

逞，也是一樣的道理。因為，如果亂麻眾多而且堅韌，快刀是鐵定斬不斷的。

第二十四招：得寸進尺，雞蛋挑刺

　　國外談判學家曾做過多種實驗，結果顯示，雙方在商務談判或其他互動中，如果使用吹毛求疵的技巧，向對方要求越多，得到的也就越多；要求越高，結果就越好。所以不少人都樂於使用這種技巧和策略，先是對產品、規格、價錢等再三挑剔，接著提出一大堆問題和要求，迫使對方降低標準，做出讓步。厚黑之士也同樣善用這一招，只是運用得更妙，他們在「吹毛求疵」的同時還「得寸進尺」，從心理上向對方施壓，讓對方產生「趕緊結束這種精神的蹂躪」的想法，這時，你這招「煩」就生效了。

　　例如，一位叫凱恩的先生曾到一家商店買冰箱。店員問明凱恩所要的規格，告訴他這種冰箱每臺 489 美元。凱恩先生走過去這裡瞧瞧，那裡摸摸，然後對店員說：「這冰箱外表不光滑，還有點小瑕疵。你看這裡，這一點小瑕疵好像是個小割痕。有瑕疵的貨物通常不是要打一點折扣嗎？」這是凱恩從商品的外表上挑剔。

　　凱恩先生又問店員：「你們這種型號的冰箱一共有幾種顏色？可以看看樣品嗎？」店員馬上為他拿來了樣品本。凱恩指著店裡現時沒有的那種顏色的冰箱說：「這種顏色與我的廚房的顏色正好相配，其他顏色與我家廚房的顏色都不協調。顏色不好，價格還那麼高，要是不調整一下價錢，我只好重新考慮購買地點，我想，別的商店可能有我需要的顏色。」這是凱恩先生從商品的顏色上挑剔。

　　過了一下子，凱恩先生又打開冰箱，看了裡面的結構後問店員：「這冰箱附有製冰器？」店員回答說：「是的，這個製冰器一天24小時都可以為你製造冰塊，每小時只需要二分錢的電費。」凱恩聽了後卻說：「哎呀，這太不好了，我孩子有慢性咽喉炎，醫生說絕對不能吃冰，絕對不行。你可以幫助我把這個製冰器拆

下來嗎？」店員回答說：「製冰器是無法拆下來的，它是冰箱的一個組成部分。」凱恩先生又接著說：「我知道……但是這個製冰器對我根本沒用，卻要我付錢，這太不合算了，價格不能便宜點嗎？」凱恩又從商品設計上挑剔。凱恩先生在購買冰箱過程中，再三挑剔，挑剔到似乎不近情理的地步，但是他指出的毛病又在情理之中，而且又確實有購買的誠意，店員只好耐心的解釋。談判的結果，由於凱恩的一再挑剔，店員將冰箱的價格只好一降再降，終於使凱恩先生以最低的價格買回了那臺冰箱。

當然，運用吹毛求疵策略必須注意，不能一味的節外生枝，否則對方是會停止談判的。同時也要注意掌握「尺度」，以適度的挑剔向對方施壓是可以的，但無限量的吹毛求疵，對方的忍耐也是有限的，不但會失去應有的影響和作用，還可能引起對方的憤慨和抗議，那將是弄巧成拙。

第二十五招：枯燥環境，消磨耐性

環境和氛圍的重要性在浴血戰場、體育競技和為人處世上都表現得極為突出。厚黑的你還可以運用「你煩我不煩」策略。

人們知道，日本的鋼鐵和煤炭資源短缺，而澳洲的鋼鐵和煤炭資源都很豐富。日本渴望購買澳洲的鋼和煤，而澳洲在國際貿易中卻不愁找不著買主。按照道理，在這場較量中，澳洲居於主動地位。但是由於日本人來取環境妙用的技巧和方法，反使澳洲商人敗倒在日本商人的腳下。

日本人深知澳洲人過慣了富裕和舒適的生活，對日本的生活環境很不適應；而且根據澳洲人的習慣，他們一般都相當謹慎，講究禮儀，不至於過分侵犯東道主的權益。鑑於此，日本人有意識的把澳洲的談判者請到日本去談生意，結果，澳洲人一到日本，就表現出拘謹和急躁情緒，剛過幾天就急於想回到家鄉別墅的游泳池、海濱和妻兒的身旁去，表現出對談判環境的極不適應。而作為東道主的日本談判代表則沉著應戰，不慌不忙的討價還價。在談判過程中，日本方面完全

掌握了主動權，雙方在談判桌上的相互地位發生了明顯的變化。最後，日本方面僅僅花費了少量的款項做誘餌，就「釣」到了「大魚」，獲得了按常規難以獲得的利益。

更為有趣的是，在埃及和以色列關於西奈半島爭端的談判中，美國當時的總統卡特為了使中東和平談判能夠早日成功，竟有意將談判地點選擇在大衛營。可是大衛營究竟是一個什麼所在呢？它環境糟糕，生活單調、枯燥，令人厭倦。最刺激的活動就是撿撿松果，聞聞松香。卡特為了促成這次中東和談，唯一的娛樂工具是他安排的兩輛自行車，供 14 個人使用。每天晚上住在那裡的埃及總統薩達特和以色列總統貝京，可以在總共三部電影中任選一部觀賞，作為調劑。到了第六天，每個人都把每部電影看過兩次，並且感到十分厭煩。每天早上八點鐘，卡特都會去敲薩達特和貝京的門，並用他那單調的聲音說：「我是吉米・卡特，準備再過內容同樣無聊、令人厭倦的十小時吧！」過這樣的生活，只要簽約不至於影響自己的前途，誰都想立即簽字以離開那鬼地方。

卡特一番良苦用心，終於換來了中東和平談判的圓滿成功 —— 以色列歸還埃及的西奈半島，埃及將西奈半島劃為非軍事區。這與卡特選擇大衛營這個特別的談判地點和其令人生厭的談判環境，有著十分緊密的關聯。

第二十六招：自滾泥潭，丟人面子

世人多怕和無賴沾上，這是有原因的。經常看到無賴和人打架時，多半會選人多的地方，打的過程中一般會抱著對方在地上滾來滾去，如果附近有泥潭或較髒的地方，則會是他的首選。結果多是無賴以勝利告終，即使對方打贏了，對方也會覺得雖勝猶敗，很丟臉。

人都有自尊心，對於厚黑來說，這就是人的弱點。抓住這個弱點，利用使對方「沒面子」的行為，脅迫對方答應你的要求。

漢代的大辭賦家司馬相如，以文才聞名海內。這一年，司馬相如外遊歸川，

回來的路上，路過臨邛。臨邛縣令久仰司馬相如之名，恭請至縣衙，連日宴飲，寫賦作文，好不熱鬧。

此事驚動了當地富豪卓王孫。卓王孫原是趙人，秦人移民時遷來臨邛，以冶鐵致富，家有萬金，奴僕千人。聽說來了個才子司馬相如，也想結識一下，以附庸風雅。但他因擺脫不了商人的庸俗，故而實為請司馬相如，但名義上卻是請縣令王吉，讓司馬相如作陪。司馬相如本看不起這班無才暴富之人，所以壓根沒準備去「陪宴」。

到了約定日期，卓王孫盡其所能，大排宴席。縣令王吉因平日依仗卓王孫錢財之事甚多，所以早早就到了，但時辰早過，司馬相如卻沒有來，卓王孫如熱鍋螞蟻，王吉只好親自去請。駁不過王吉面子，來到卓府，卓王孫一見司馬相如穿戴，心中早已生出輕蔑之意，心想自己是要臉面之人，請來的卻是這樣一個放蕩無禮之輩。

司馬相如全然不顧這些，大吃大嚼，只顧與王吉談笑，早把卓王孫冷在一邊。

忽然，司馬相如聽到內室傳來淒婉的琴聲，那琴聲不俗，司馬相如一下子停止了說笑，側耳細聽起來。

卓王孫原被冷落在一邊，訕訕的毫無意思，今見琴聲引住了這位狂士，於是誇耀的賣弄說這是寡女卓文君所奏。司馬相如早已痴迷在那裡，忙請求讓卓文君出來相見，卓王孫經不住王吉慫恿，派人喚出卓文君。

司馬相如一見卓文君，兩眼直勾勾楞在那裡，他萬萬沒想到這俗不可耐的卓王孫竟有這般美麗高雅的女兒。於是要過琴來，彈了一曲《鳳求凰》向卓文君表達愛意。卓文君心裡明白，愛慕司馬相如的相貌和才華，當夜私奔到司馬相如處，以身相許。經過商量，兩人一起逃回成都。

卓王孫知道後，氣得暴跳如雷，又是罵女兒不守禮教，又是罵司馬相如衣冠禽獸，發誓不准他們返回家門。

卓文君隨司馬相如回到成都後才知道，她的夫君雖然名聲在外，但家中卻很

貧寒。萬般無奈，他們只好返回臨邛，硬著頭皮託人向卓王孫請求一些資助，不料，卓王孫破口大罵：「我不弄死這個沒出息的丫頭就算便宜她了，還想要我接濟，一個子也不給！」

夫婦倆都有「才」，很快想出了一個「絕招」。

第二天，司馬相如把自己僅有的車、馬、琴、劍及卓文君的首飾賣了一筆錢，在距卓府不遠的地方租了一間屋子，開了一個小酒鋪。

司馬相如穿上夥計的衣服，捲起袖子和褲管，像酒保一樣，又是擦桌椅，又是搬物品；卓文君穿著粗布衣裙，忙裡忙外，招待來客。

酒鋪剛開張，就吸引了許多人來。這倒不是因為他們賣的酒菜價廉物美，而是前來目睹這兩位遠近聞名的落難夫婦。司馬相如夫婦一點也不感到難堪，內心倒很高興，因為這正好給頑固不化的老爺子「現現眼」。

很快，臨邛城裡人人都在議論這件事。卓王孫畢竟是一位有身分、有臉面的人物，十分顧忌風言議論，居然一連幾天都沒有出門。

有幾個朋友勸卓王孫說：「令嬡既然願意嫁給他，就隨她去吧。再說司馬相如畢竟當過官，還是縣令的朋友，儘管現在貧寒，但憑他的才華，將來一定會有出頭的日子，應該接濟他們一些錢財，何必與他們為難呢？」

卓王孫氣摵了鬍子，萬般無奈，分給卓文君夫婦僕人百名，錢財百萬，司馬相如夫婦大喜，帶上僕人和錢財，回成都生活去了。

司馬相如與卓文君的戰術，正合了厚黑精髓，套用一句老百姓的俗話，這叫作「死豬不怕開水燙」，我已經走投無路，到了這步田地，還要那面皮做啥？要丟人現眼，索性一起丟了吧，看誰的「面子」能撐到最後。

聾字篇：笑罵由他，我自為之

就是耳聾：「笑罵由他笑罵，好官我自為之。」但，聾子中包含有瞎子的意義，文字上的詆罵，閉著眼睛不看。

—— 李宗吾《厚黑學》

第一招：笑罵由人，我自為之

古諺有云：「笑罵由他笑罵，好官我自為之。」即無論別人怎樣譏笑辱罵，我還是做我的快活官。竊國大盜、貪官汙吏、走狗奴才亦往往引此為自我解嘲。

袁世凱實行帝制以前，想瞭解一下社會輿論是如何看待帝制之舉的，便令內史監阮忠樞將每日各地報紙呈覽。

為討好袁世凱，阮忠樞特意挑選了京津滬幾家御用報紙送給他看。袁世凱看後問：「為什麼這幾份報紙都是一個聲調的擁護我行帝制呢？上海那兩種著名的報紙為什麼不見？」

阮忠樞弓腰回答：「因為您欲行帝制深得民心，所以這幾份報紙都擁護您。至於上海那兩份報，它們反對您稱帝，所以，我命令部下將其封禁了，其餘有幾家也因經費困難也一律停刊了。」

袁世凱不知是阮忠樞為討好他而謊言小報，摸了摸鬍子，狂笑起來，說：「忠樞，你這人也太小家子氣了。宰相肚裡能撐船嘛，看來當宰相你是沒有分了，我則不以為然，笑罵由他笑罵，皇帝我自為之。」

袁世凱老臉厚皮，他的御用文人，為他行帝制張聲勢、造輿論的所謂籌安會「六君子」，與之相比，也有過之而無不及。

籌安六君子，即楊度、孫毓筠、嚴復、劉師培、李燮和、胡瑛六人。一天「六君子」聚餐，酒至酣處，胡瑛搖搖晃晃的說：「外界都喊我們六人是『走狗』，我們究竟是不是走狗呢？」

口舌敏捷的楊度首先回答道：「我們倡助帝制，實行救國，捫心自問，並不感到這是過失，對於別人的『起鬨』，自然應當置若罔聞。既然以『走狗』二字來誇耀我們，我是狗也不狗，走也不走的。」

孫毓筠卻不以為然的說：「我不這樣認為，我啊，就是出生入死也要捍衛帝制，我是狗也要狗，走也要走的。」

嚴復是學界大名流。袁世凱欲行帝制，非常需要大名流做開路先鋒，故曾鼓

動梁啟超，但未果，便想找嚴復來遞補。楊度奉袁氏命令與嚴復聯絡，然嚴復對此事不甚感興趣，但當楊度收他列為籌安會發起人時，他也未加否認，被楊度拉著一起上了賊船。這時，聞楊、孫二人之自解，嚴復便接著說：「我折中一下你們兩人的說法，我是狗也不狗，走也要走。」

胡瑛然後又說：「既然這樣說，那我應當是狗也要狗，走也不走。」

籌安會六君子，居然把人們對自己的罵名，當成談話話題，進行論辯，真正的不以為恥，反以為榮。

第二天，「四狗」論辯言志，傳遍京津，天津《廣智報》特繪《走狗圖》一幅：四狗東西南北排列，如狗也不狗，走也不走，則人首犬身，立而不動；如狗也要狗，走也要走，則傲犬昂首，四足奔騰；如狗也不狗，走也要走，則人首犬身，怒如駿馬；如狗也要狗，走也不走，則一犬長顧，四足柱立。畫的正中，坐著袁世凱。

《走狗圖》中各走狗，別具情態，栩栩如生。此圖對四走狗予以入木三分的諷刺嘲笑，從此，詞林掌故又獲一名典，曰：「走狗言志」。

走狗們不管他人冷嘲熱諷，協同主子袁世凱終將帝制又重新搬上了中國歷史的舞臺上。

1916 年元旦，袁世凱決定用「洪憲」紀元，以示正式登基。隨即下令，凡是與外國交涉的文件亦用「洪憲元年某月某日」字樣。

然而，袁世凱帝制自然引起了全國上下的一致反對。列強鑑於中國民間反帝制運動的不斷高漲，便向袁世凱提出警告，要他「暫緩改變國體」，駐北京的各國公使也拒絕接受有「洪憲」年號的外交文書。袁世凱一時無可奈何，只得下令對外稱「中華民國」，仍用中華民國紀年；對內則強令用「洪憲」紀年、稱帝國，由此，當時的中國，出現了民國與帝國，總統與皇帝同時並存的局面。

面對此況，袁世凱一位謀士進言道：「對內對外不歸一律，恐有失國體之尊嚴。」

袁世凱有恃無恐的回答：「不管它，橫豎外交上之文件，老百姓瞧不見，不

知道，也不能知道，就這樣糊裡糊塗的過去算了，反正我做的是中國的皇帝而不是外國的君主，外國人不承認洪憲國號也不要緊。」

世上哪有不透風的牆。某日，政事堂適發兩種文件，一件送給外交部，一件送給內務部，而國號和紀年截然不一。此事被一好事者探知，遂撰對聯一副，予以諷刺，內容為：「兩封書真夠奇，一邊標民國，一邊標洪憲；四個字我要問，問到底是總統，到底是皇帝。」

但，袁世凱卻本著「好官我自為之」的心態，準備美美的去享受他的皇帝夢了。

古往今來，宦海無邊，清者能有幾許，濁者卻多如牛毛。

那些獨斷專橫、巧取豪奪、貪贓枉法者，引得千夫指、萬夫罵，卻能以「笑罵由他去，好官我自為之」來為自己的罪惡進行辯解。可見，得辯護之法確有妙處。

第二招：人云亦云，模稜兩可

唐武則天時期的宰相蘇味道，是個生前、死後名氣都很大的人物。他的名氣，首先是因其才華，「代以文章相稱」。在未入仕之前，他就與同鄉李嶠「俱以文辭知名，時人謂之蘇李」。剛一成年，他就被本州舉為進士。蘇味道善吟詩作文，並且是「援筆而成，辭理精密，盛傳於代」。後人稱其為唐代文學的「一代之雄」。

然而，蘇味道最終卻不是以一個文學家的身分知名後世的。在中國歷史上，他是庸人政治家的典型。他雖然「文章資歷」十分深厚，又「善敷奏，多識臺閣故事」，政務熟習，但檢諸史籍，卻看不到他這個堂堂宰相為安邦治國貢獻出什麼策略，也看不見他在理財治生方面有什麼才能。可以看到的，多是他戰戰兢兢侍奉君主，卑躬屈膝諂媚權貴的事實。例如，當時橫行一時的張易之、張昌宗兩兄弟為了附庸風雅，曾經廣招文學之士，蘇味道以宰臣之重用「以文才降節事

之」。大概是他很能討張氏兄弟的歡心，所以曾被張氏兄弟畫入「高士圖」中，與武三思等人為伍。《全唐書‧蘇味道傳》說他「前後居相位數載，竟不能有所發明，但脂韋其間，苟度取容而已」。當時的另一宰相狄仁傑非常鄙視蘇味道，將他蔑稱為不足以「成天下之務」的超越「文史」。

那麼，蘇味道是否真的沒有一點與宰相之位相稱的為政能力呢？非也。他之所以久居相位而無所作為，非不能也，是不為也。其中原因，蘇味道本人曾有一段絕妙的解釋，他說：「處事不欲決斷明白。若有錯誤，必貽咎譴，但模稜以持兩端可矣。」這就再清楚不過的顯示，蘇味道是心甘情願、自覺主動的去當一個沒有個性特點，沒有原則主見，沒有責任心，人云亦云，隨波逐流，在其位不謀其政的糊塗官。因此替自己得來了「蘇模稜」、「模稜手」的不雅之號，也因而生前為人所譏，死後也不斷受到人們的唾棄和鞭撻。不過有失必有得，他之所以能夠無所作為而久居相位，也正是靠了這本「模稜兩可」的混世經。

蕭至忠（？～713年）出身於「九世卿族」之家，是個「內無守，觀時輕重而去就之」的投機老手，無賴厚黑人士。武則天時期，他見武三思權勢過人，便一頭拜倒在武三思的門下，由一個小小的吏部員外郎升為御史中丞。他「恃武三思勢，掌選無所忌憚，請退杜絕，威風大行。」漸漸有了一些名氣，「見推為名臣」。誰知武三思突然被中宗太子李重俊所殺，蕭至忠一下子成了喪家之犬，不得不重新尋找靠山。他利用自己與武三思的深交舊情，極力向韋皇后討好。並挖空心思，終於想出了一條與韋后結成「冥婚」之親的妙計。

所謂「冥婚」，即是將已經死去的未婚男女同穴合葬，使其在陰間結為夫妻，又稱「鬼婚」「幽婚」。這是一種起源甚古的陋俗，在唐代曾經盛行一時。韋后的弟弟韋詢死時未娶，而蕭至忠恰好有一個女兒未嫁而終。於是蕭至忠便去和韋后商量，要把他的女兒許配給韋詢為妻，韋皇后滿心歡喜，一口答應了下來。到了某一吉日良辰，蕭至忠便將自己亡女的棺柩從老墳中起出，吹吹打打送入韋詢的墓穴，完成了「冥婚合葬」之禮。死人雖然無知，但活人卻大獲收益。蕭至忠靠著這層冥婚之親，迅速密切了與韋后的關係，很快就官至宰相。他用女兒的

清白之骨為自己換回了權勢、榮耀，真可謂是機關算盡，升官有術。

　　但時隔不久，李隆基等人發動政變，殺死了專權的韋皇后並追究其黨羽。蕭至忠唯恐自己受到牽連，便急急忙忙的重新發掘開韋詢的墓穴，將自己女兒的棺柩起出，還葬家墳。以此來表示自己與韋氏恩斷義絕、再無瓜葛。他的這種見風轉舵的無恥行徑，立刻遭到了當時人的廣泛指責。只可憐他那死去的女兒，因為有了這麼一位寡廉鮮恥的父親而屢被驚擾，以致芳魂不安於九泉。

　　王鉷是唐玄宗時期著名的幸人之一。當他權威最盛之時，曾身兼二十餘職，玄宗每天都要派專使到他府上贈食贈物。李林甫雖然炙手可熱，但對他也敬畏三分，他人則更不在話下。王鉷何以能夠得來如此威風？用史臣的話說，他是「以剝下獲寵」。

　　天寶四載，王鉷出任御史中丞，兼任勾當戶口色役使，成為負責監察百官和財政賦稅的政府要員。他為了最大程度的滿足唐玄宗驕奢淫逸生活的需求，不惜用種種手段聚寶斂財。

　　庸調是唐朝的正稅，徵絲、麻織物。玄宗天寶初年，全國庫藏絹布堆積如山，而宮廷所需的珠寶等「輕貨」則相對不足。王鉷於是指使有關部門，故意對交納來的各種絹布大加挑剔，或言其有水漬，或言其有傷破，再不就說顏色不勻，以各種藉口將它們退還各州縣，轉而高價徵收錢幣。然後再用這筆錢低價徵購輕貨，如此反覆來回，官府大獲暴利，而民眾則倍受其苦。

　　按唐朝舊制，各地徵收的庸調及折租等物須送至京師的左、右庫藏，以供皇室之用。但這些貯於左右藏的財物，支用手續很是嚴格，「凡出給，先勘木契，然後錄其名數，請人姓名，署印送監門，乃聽出：若外給者，以墨印印之」。唐玄宗當時沉溺於酒色歌舞之中，「妃御承恩多賞賜，不欲頻於左右藏取之」。王鉷便巧立名目，擅改成制。他利用職務之便，從州郡上交國庫的租賦當中選取出精良美好之物歲進所寶百億萬，將其送入皇室內庫，「以恣主之恩賜」。內庫即是大盈庫，是皇帝個人的私藏，所藏之物可由皇帝隨時任意取用。王鉷還生怕玄宗使用起來不敢放開手腳，便對玄宗說：凡是貯於內庫的錢物都是「歲租外物

二」，是專門供天子私用的額外收入，盡可放開手腳支用。玄宗從此更加「蕩心侈欲」，而且還以為王鉷「有富國術」，對他「寵遇益厚」。剝下益上的王鉷受到皇上的寵遇，而大唐的天下卻變得危機四伏了。

第三招：明為君子，暗為小人

厚黑人士「耳聾」，本質上是厚黑人士的大腦裡不存在道德上的負擔，因此能拋開一切道德上的顧慮和束縛，把害人「智慧」發揮到極致。厚黑人士是真正的適應者，把自身的人格結構踩個粉碎之後，獲得了一種輕鬆與解脫，不管做什麼事都不存在心理障礙，人性、道德、信譽、承諾、盟誓全被徹底丟棄，朋友之誼、骨肉之情、羞恥之感、惻隱之心都可一一拋開，從而成為徹底的「自由人」。厚黑人士寧願人們需要他，而不須人們感謝他。

厚黑人士善於偽裝，本來是個邪惡小人，卻能裝出一副君子的形象。本來他在害人，卻能裝出一副可憐相，好像大家在害他。厚黑人士不僅精通厚黑人士邏輯，而且也熟悉君子規矩，因此善於把兩者故意搞混。當你與其講大道理的時候，他們露出鄙棄一切大道理的神情。當你知道了這個祕密，剛想回過頭去，以無賴邏輯對無賴邏輯時，他們又道貌岸然的遞過來一句最正常的大道理，使人覺得最無賴的竟然是你。

晚清時期，湖南有個道臺單舟泉。這人善於觀察，辦起事來面面俱到。所以大小官員都很佩服他。

有一年，一個遊歷的外國人上街買東西，有些小孩因未看見過外國人，便追隨著他。外國人很惱火，手拿棍了打那些孩子。有一孩子躲閃不及，被打中太陽穴，沒多久就死了。小孩的父母當然不肯甘休，一齊上來，要扭住那外國人。外國人則舉起棍子亂打，連旁邊看的人都被打傷幾個。這樣，激起公憤，大家一起上前，捉住那外國人，拿繩子將他捆了起來，送到衙門。因為是人命關天，而且又是外國人，所以感到很棘手。

　　此事落到單道臺手裡，他不愧是官場老手，又有豐富的辦案經驗，馬上就將賣乖絕招運用自如。一方面他認為湖南闊人很多，而且民風開放，如果辦得不好，他們會起來說話，或者聚眾為難外國人，到那時，想處治外國人做不到，而不處治又辦不到。不如先把官場上為難的情形告訴他們，請他們出來幫忙。只要紳士、百姓動公憤，出面與外國領事硬爭，形成僵持局面，外國領事看見老百姓行動起來，就會害怕，因為外國人怕百姓。到這時，再由官府出面，去壓服百姓，叫百姓不要鬧。因為百姓怕官，所以他們也會聽話。而外國領事見他壓服了老百姓，也會感謝官府。

　　主意想好，他馬上去拜會幾個有權勢的鄉紳，要他們大家齊心合力與領事爭辯。倘若爭贏了，不但為百姓申冤，而且為國家爭了面子。此話傳出去，大家都說單道臺是一個好官，能維護百姓利益。他又來到領事處，告訴領事，如果案子判輕了，恐怕百姓不服。外國領事聽他這麼說，又看著外面聚集的人群，果真感到害怕。單道臺又說：「領事也不必太害怕，只要判決適當，我盡力去做百姓的工作。不會讓他們胡鬧，案子判了下來，自然也是虎頭蛇尾。」但單道臺卻兩面得到好處：撫臺誇他處理得好，會辦事；領事心裡感激他壓服百姓，沒有鬧出事來，於是替他講好話；而紳士們，也一直認為他是維護百姓的。

　　單道臺這種攪和畢竟是沒有坑害百姓，所以算不得厚黑人士，而且還可算是有辦法之人。而唐朝的奸臣李義府，則是一個善於攪和君子小人操守的佞臣賊子。

　　唐朝貞觀八年（西元 634 年），劍南道巡察大使李大亮出巡。途中，發現一人才學出眾，一貫愛才的李大亮立刻將此人薦舉給朝廷，很快詔下，補為門下省典儀。此人便是李義府。唐太宗想試試李義府才學深淺。一日，召見他，令他當場以「詠烏」為題，賦詩一首。題目一出，李義府脫口吟道：

日裡颺朝彩，

琴中伴夜啼。

上林如許樹，

不借一枝棲。

此詩流露出李義府渴求朝官的急切心情。太宗聽後倍感滿意，便說：「與卿全樹，何止一枝！」當場授予他監察御史，並侍晉王李治。時李治為太子，旋被授為太子舍人、崇賢館直學士。因其頗有文采，與太子司議郎來濟被時人並稱為「來李」。

李義府在皇帝面前善於偽裝，這個奸佞小人很懂得君子的操守，他曾寫《承華箴》奉上，文中規勸太子「勿輕小善，積小而名自聞；勿輕微行，累微而身自正」。又說，「佞諛有類，邪巧多方，其萌不絕，其害必彰。」此言有文有質，冠冕堂皇，不僅太子，就是皇上，面對此言，也說不出什麼不好來。

太子李治將《承華箴》上奏父皇，太宗覽畢大喜，稱：「朕得一棟梁也！」下詔賜予李義府帛四十匹，並令其參與撰寫《晉書》。永徽元年（西元 650 年），太子李治即位，是為高宗。李義府升為中書舍人，第二年，又兼修國史，加弘文館學士。

李義府對太子用君子的一套規則來約束，那麼他自己又是怎麼做的呢？此刻他絕對是一副拋棄任何「大道理」的神情。他由黃門侍郎劉洎、侍御史馬周的引薦，又與許敬宗等相連結，虛美隱惡，曲意逢迎。長孫無忌奏請高宗貶他到壁州（今四川通江）做司馬。詔令尚未下達，李義府已有所聞，急忙向中書舍人王德儉問計。

王德儉是許敬宗外甥，其貌不揚，但詭計多端，善揣人意。他向李義府獻計說：「武昭儀方有寵，上欲立為后，畏宰相議，未有以發也。君能建自，轉禍為福也。」李義府心領神會，能在武昭儀立后問題上迎合帝意，貶黜事便好辦得多。他藉替王德儉在中書省值宿的機會，立即上表高宗，謊稱立武昭儀為皇后是人心所向，請廢王皇后，立武昭儀為后。

高宗聞言，正合心意，馬上召見了李義府，不僅賜給他寶珠一斗，還將原來貶斥到壁州的詔令停發，留居原職。武昭儀也祕密派人送禮答謝。從此，李義府便與許敬宗、崔義玄、袁公瑜等人結成了武昭儀的心腹。永徽六年（西元 655

年）七月，李義府升為中書侍郎；十月，立武昭儀為皇后；十一月，李義府又自中書舍人拜為同中書門下三品，監修國史，並賜廣平縣男爵。李義府嘗到了耍陰謀的甜頭。

李義府是一個深藏不露的人。表面上，他總是一副謙和溫順的樣子，與人說話也總是面帶微笑，顯得和藹可親，一副君子形象；而內心則陰險狡詐，偏狹刻毒，百分之百的厚黑人士做派。人稱他是笑裡藏刀，柔而害物的「人貓」。

李義府仰仗武后的恩寵，晉爵為侯。對自己也不講什麼「勿輕小善」「勿輕微行」了。洛陽有一女子淳于氏因有罪，關押在大理寺。李義府聽說這女子貌美，淫心頓起，密令大理丞畢正義削免其罪，納為自己的小妾。大理卿段寶玄聽說此事，告到朝廷。高宗令給事中劉仁軌，侍御史張倫審理此案。李義府十分害怕，唯恐事情敗露，便逼迫畢正義自縊，殺人滅口。高宗聽到後，也想息事寧人，便不再追究，不了了之。

侍御史王義方將調查情況，向高宗如實做了匯報：「義府於輦轂之下，擅殺六品寺丞；正義自殺，亦由畏義府威，殺身以滅口。如此，則生殺之威，不由上出，漸不可長，請更加勘當！」他還當庭陳述李義府的罪惡：「附下罔上，聖主之所宜誅；心狠貌恭，明時之所必罰。」李義府顧盼左右，若無其事。見高宗毫無阻攔之意，只好退出。王義方義憤填膺，繼續廷劾李義府的罪惡行徑，指出「此兒可恕，孰不可容」，要求清除君側。高宗見他越說越激動，而事涉於己，大聲喝止，反說王義方當庭誹謗，侮辱大臣，出口不遜，將其貶到萊州做司戶，而不問李義府罪。

顯慶二年（西元 657 年），李義府代替崔敦禮為中書令，兼檢校御史大夫，監修國史，弘文館學士如故，並加太子賓客，封為河間郡公。他秉承武后意旨，與許敬宗一起誣奏侍中韓瑗、中書令來濟與褚遂良圖謀不軌。結果二人都被貶外，終身不得朝覲。原吏部尚書柳奭貶為愛州（今越南清化）刺史，後被誣與褚遂良等朋黨勾結而被殺。

李義府就是這樣，一下子是君子的操守，一下子是厚黑人士的做派，把清水

攪渾了，他就能興風作浪了。

第四招：不露聲色，假人之手

扮可憐的賣乖，巧在博得同情，達到目的。小孩顯得痛苦無助，讓大人答應要求；乞丐總是衣衫襤褸，討得施捨；連老闆開除員工也愛擺擺困難，倒倒苦水，減輕對方的不滿。西漢元帝時期的太監石顯就是一個典型。他善於用君子邏輯在皇帝面前包裝自己，又善於用小人邏輯打壓群僚。最令人不解的是，明明他害了人，大家似乎又都認為他是好人。他把好壞人的界限都搞混亂了。

石顯是濟南人，因為犯罪而被處以宮刑，收入宮中做了太監。當時，朝廷注重法治，賞罰很嚴明，一般的官吏都精通法律。石顯認為，要想有出頭之日，就必須熟悉法律。因此，他一方面猛攻法律，一方面揣摩漢元帝的心意。由於他旦夕侍奉在漢元帝的身邊，元帝經常問他一些法律方面的事情，石顯的應答往往十分合乎元帝的心意，因而博得了元帝的歡心，提拔他做了中書令，掌握機要文獻。

漢元帝當政的後期，因長期身體不好，不能經常上朝處理政事，必須在身邊尋找一個既能體察他的心意，又能朝夕不離左右的人，這就選中了石顯。元帝一方面認為石顯在宮日久，諸事熟稔，又精明能幹，辦事符合自己的心意，另一方面也覺得石顯在朝中無親無故，不會拉幫結夥，危及朝廷，所以對他十分放心，許多事情都交給他去辦。

可沒想到石顯是個報復心極強的小人，凡是得罪過他的人，他都不放過，而且能尋出所謂的法律依據，讓人有苦說不出。結果弄得朝廷上下都視石顯若虎豹，不敢與之爭鋒。石顯對付的首要目標是大臣蕭望之。

當時，蕭望之是漢元帝當太子時的老師，其正直與學問才幹都是名冠一時的，況且他還是漢宣帝指定的輔佐漢元帝的輔政大臣，他在朝廷的地位和元帝對他的依重是可想而知的。漢元帝即位後，蕭望之滿以為自己的這位學生要大展宏

圖了，可沒想到宦官專起權來，於是他憤然上書說：「管理朝廷的機要是個十分重要的職務，本該由賢明的人來擔任，如今皇帝在宮廷裡享樂，把這一職務交給了太監，這不是我們漢朝的制度。況且古人講：『受過刑的人是不宜在君主的身邊的。現在應當改變這一情況了。』」石顯看到了這一奏章，當然把蕭望之視為仇人。他從此挖空心思的陷害蕭望之。

　　蕭望之的正直還引起了外戚的反感。有個叫鄭朋的儒生，為了從蕭望之這裡弄個官做，就投其所好，上表攻擊許、史兩家外戚專權。蕭望之接見了鄭朋，給了他一個待詔的小官，後來卻發現鄭朋不是個正人君子，覺得很討厭他，也就不再理他。等該考評升降官員的時候，與鄭朋同是待詔的李官被提升為黃門侍郎，鄭朋卻原封未動，一怒之下，他反去投靠了與蕭望之不和的史、許兩家外戚。他編造謊言說：「我是關東人，怎知你們兩家外戚的事呢？以前我上書劾奏你們，全是蕭望之一夥人策劃的。」鄭朋心懷機詐，到處揚言說：「車騎將軍史高、侍中許章接見了我，我當眾向他們揭發了蕭望之的過失，其中有五處小過，一處大罪。如果不信，就去問中書令石顯，當時他也在場。」

　　其實這是鄭朋的圈套，他想藉此結交石顯。果然，蕭望之去向石顯打聽，石顯正想雞蛋裡挑骨頭，此次蕭望之送上門，那是正中下懷。

　　石顯首先找來鄭朋，又找了一個與蕭望之素有嫌隙的待詔，叫他們兩人向皇上上書，劾奏蕭望之搞陰謀，離間皇帝與外戚的關係，要撤車騎將軍史高的職；然後，又趁蕭望之休假之機，叫鄭朋等上奏章。奏章交到元帝手上，元帝就叫太監弘恭去處理。弘恭是石顯的同夥，本來就參與了陷害蕭望之的陰謀，這麼一來，也好逞計。弘恭立刻把蕭望之找來，對他進行詢問。蕭望之竟十分老實的據實回答，他說：「外戚當權，多有橫行不法之處，擾亂朝廷，影響了國家的威望，我彈劾外戚，無非是想整頓朝政，絕非是搞陰謀，更不是離間皇上和外戚。」

　　既承認了想整治外戚的事實，對這事實怎麼理解，卻是宦官們的事了。弘恭、石顯在向元帝報告時說：「蕭望之、周堪、劉更生三人結黨營私，相互標榜吹捧，串通起來多次攻擊朝廷上掌權的大臣，其目的是想打倒別人，樹立自己，

獨攬大權。」這樣做，作為臣子是不忠的，汙辱輕視皇上更是大逆不道。請皇上允許我們派人把他送到廷尉那裡去（「謁者召致廷尉」）。當時，元帝即位不久，看到奏章上「謁者召致廷尉」幾個字，也不甚明白，就批准了這道奏章。

其實，「謁者召致廷尉」就是逮捕入獄。等過了很久，元帝見不到蕭望之、劉更生、周堪等人，就問大臣們他們到哪裡去了，聽說這些人已被逮捕，大吃一驚，急召弘恭、石顯追問，二人雖叩頭請罪，畢竟是由自己批准，也不好責備處置，只是讓他們快放了這三人，恢復他們的職務。石顯一聽計畫要失敗了，急忙去找車騎將軍史高，史高也很驚慌，他知道，如果整不倒蕭望之這些人，自己的日子會越來越難過。就急忙晉見元帝，告訴他說：「陛下剛即位，老師和幾個大臣就入了獄，大家以為肯定有充分的理由，現在您若把他們無故釋放且恢復官職，那就等於自己承認了錯誤，這會大大影響您的威望。」漢元帝年輕識淺，被史高一說，也覺得有道理，於是只下詔釋放他們，但革職為民，不予任何官職。

但元帝畢竟還算良心未泯，過了幾個月，覺得心裡不安，再說也確實需要蕭望之等人，就下了一道詔令，封蕭望之為關內侯，食邑六百戶，進宮辦事，其地位在朝廷上僅次於將軍，並準備讓他當丞相，這使石顯一夥感到極度恐慌。正在這時，蕭望之有一個做散騎中郎的兒子，名叫蕭汲，沒有透過父親，便上書替父親就上次被逮捕入獄且削職為民的事喊冤，他以為皇上已重視蕭望之了，可以平反昭雪前案，但他沒有揣摩皇上的心理，反倒使得元帝惱羞成怒，立命有關官吏去審理此案。官吏當然是承揣上意，哪敢據實辦理，就向元帝報告說：「蕭望之以前所犯過失是清楚明白的，不是別人陷害所致，現在皇上重新重用了他，他不感皇恩，卻教唆兒子上書喊冤，誹謗皇上，這不是人臣的行為，對皇上犯有不敬之罪，當逮捕法辦。」石顯又添油加醋的對元帝說：「蕭望之當將軍的時候，就排擠史、許等皇上親近的大臣，想獨攬大權，他仗著自己是皇上老師，利用皇上的寬厚仁慈，肆無忌憚的興風作浪，那時候就該治他的罪，現在皇上封侯賜官，他不僅不感謝浩蕩的皇恩，反倒心懷不滿，縱子上書，實在太不應該。如果不送到監獄裡讓他清醒一下，將來朝廷怎麼能用他呢？」元帝覺得蕭望之年紀已大，

恐怕不肯受辱，會自殺。石顯說：「上次入獄，他都沒有自殺，這次犯的只是言語之罪，他更不會自殺。」就這樣，元帝批准了逮捕蕭望之。

石顯立即發了詔令，命人包圍了蕭望之的家，蕭望之弄明了真相，說：「我曾做過前將軍，現已近七十歲了，這樣的資歷和年齡，還要受辱入獄，再活下去，不是太卑鄙了嗎？」於是讓門客朱雲拿來毒藥，服毒自殺了。

石顯害死蕭望之的特點是見縫插針，既尋找蕭望之的所謂紕漏，又假別人之手，尤其假皇帝之手進行小題大做，最後自己並不必負太大的責任，這就是他害人的「妙道」。

石顯害死了蕭望之，去了一個冤家對頭，事情也做得很漂亮，甚至可以說是不露痕跡，但蕭望之畢竟是極有名望的人，對他的死，大家議論紛紛，多少有輿論涉及到石顯。石顯為了逃避罪責，保住自己，就精心策劃，先從輿論最多的儒生堆裡下手。於是，石顯就極力向元帝推薦當時的大名士貢禹，讓貢禹當上了御史大夫，石顯還處處對他做出畢恭畢敬的樣子。這麼一來，關於他的輿論消除了，儒林之中多交口稱譽石顯舉賢任能，使他博得了一個很好的聲譽，人們再也不懷疑蕭望之之死是由石顯陷害造成的了。

但石顯報復狂的本性是不可改變的。他做所謂的「善事」，無非是為了蠱惑人心，羅致名聲，更好的為他陷害別人服務。石顯當權，引起了普遍的不滿，就是連外戚也看不慣，因此石顯與外戚就發生了對立。起初，石顯是想與左將軍馮奉世父子結交的，他先向皇上提出建議說：「馮皇妃的哥哥馮逡官為謁者，人又精明能幹，應當有資格在宮中參與機要。」元帝一聽，當然很高興，就馬上召見馮逡，拜他為侍中。沒想到馮逡卻讓皇上摒退左右，祕密的告訴皇上，說石顯專權自恣，皇上要加意提防。元帝正寵信石顯，聽不得別人說石顯的壞話，馮逡這麼一說，元帝立刻把他趕出宮去，當然也沒有下詔升他的官職。石顯知道了，也暗暗懷恨在心。後來貢禹不再當御史大夫，職位出缺，滿朝文武大臣都推舉馮逡的哥哥馮野王擔任此職，元帝也覺得可以，就向石顯徵求意見。石顯說：「野王為人正直，才能出眾，朝中無人能趕得上，如果讓他當御史大夫，那是再好也不

過了。只是有一條，野王是馮皇妃的親哥哥，會不會有人說皇上任人唯親呢？」元帝一聽，犯了躊躇，後來終於沒有任命野王當御史大夫。

石顯就是這樣在不露聲色中置人於死地。不過，他也要時刻防備別人來彈劾他，唯一最為有效的辦法，就是獲得皇帝的信任，讓皇帝覺得自己是在忠心耿耿的辦事，別人都是故意找麻煩。

石顯因為經常替皇帝四出傳達詔命，晚上有時被關在宮門外，進出極不方便，他對皇上說：「我有時回宮很晚，進出極不方便，有時不能進宮，就耽誤了服侍皇上，能不能讓我在晚上也能開門進宮呢？」皇上覺得這是小事，馬上就答應了。過了幾天，石顯故意很晚才回宮，守宮門官員按照規定不開宮門，石顯說皇上授權他可以打開宮門。守門官無法，只好讓他進去。這件事傳開以後，果然有人上奏章彈劾他，說他夜晚假借君命，私開宮門。元帝看過奏章，微笑著遞給了石顯，石顯一看，假裝害怕，立刻跪下，一邊叩頭，一邊哭得一把鼻涕一把淚，對元帝說：「陛下信任我，讓我去做些小事，我只知忠心耿耿的替陛下辦事，不知顧及私情，因此得罪了一些人，這些人就總是想找我的麻煩，虧得陛下英明，明察秋毫，識破了有些人的真實用心。不過，這樣下去，我的命是遲早保不住的，您還是讓我到後宮去做些雜事零活吧，也好保住我這條性命。」石顯這麼一哭一說，弄得元帝反而可憐，那些反對石顯的大臣看到這種情景，也知道石顯極難對付，便都緘口不言了。

石顯的自我保護術也可謂到了爐火純青的地步。他既能獲得儒生的信任，又能獲得皇帝的信任，許多事情被他弄得真假難辨，有時，連當事人都分不清究竟誰對誰錯。在這種情況下，只要皇帝的感情還在石顯這邊，石顯就會立足於不敗之地。

石顯官運亨通，一路順風，他一生幾乎沒有遭受什麼大的挫折，家財累積驚人。元帝死後，成帝即位，正如俗語所說，一朝天子一朝臣，石顯失寵，再也未能抬起頭來。丞相、御史雖多有彈劾，卻也找不到什麼硬的把柄，只是把他趕回家了事。可是這位紅極一時的大宦官還不理解，倒在歸鄉的途中，憂愁鬱悶而

死，應當說是善終了。

第五招：假扮受害，反戈一擊

　　厚黑人士經常為了討好皇上獲取自己的利益而不惜與大多數人為敵。這種厚黑人士善於揣摩君主的意圖，站在皇帝的一邊假裝受害者，讓皇帝認為他是為了江山社稷、為了君主才受害的、成為眾矢之的的，從而博得君主的好感，達到自己升遷的目的。

　　明懷宗崇禎皇帝即位後，便大刀闊斧剷除熹宗時的寵臣，他挖掉了以奸宦魏忠賢為首的閹黨集團，連坐者不下百餘人，為肅清魏忠賢的餘毒，崇禎帝下大決心更換朝廷官員，一時間罷免了大批官員，造成朝官嚴重缺員。在補充朝官的過程中，有些陰謀家、野心家乘機鑽營，爭權奪勢，搶占高位，結果，崇禎朝廷仍舊重蹈覆轍，朝中大權仍被少數奸臣把握；權貴們依舊結黨營私，做著禍國殃民的勾當。

　　明朝內閣體制限定六名成員，稱作首輔、次輔、群輔。為了補充內閣成員，崇禎依照祖宗法規，先由九卿共同提名，選出六名以上候選人，再由崇禎帝親自抽籤決定，前一道程序叫作會推，後一道程序叫作枚卜。閣臣名單剛剛確定，詔命尚未頒布，朝臣中已是議論紛紛了，透過各種管道、各種關係，朝臣們幾乎人人盡知內閣成員選舉結果。

　　禮部侍郎溫體仁，由於資歷、名望不夠，不在會推名單之上，他又氣又妒，兩隻眼睛都紅了。溫體仁進士出身，為人圓滑、城府深、老謀深算，尤其善於窺測政治風向。所以，神宗、光宗、熹宗三朝為官，宦海浮沉三十年，一直左右逢源，官運亨通。魏忠賢當權時他不吃虧，魏忠賢垮臺後他沒倒楣，真可謂混世有術，八面玲瓏。魏忠賢被除，朝中大權又鹿在中原，溫體仁認為時機已到，躍躍欲試，想加快實現其竊取權柄野心的步伐，不料，此次入閣無望。溫體仁豈肯善罷甘休，他盤算了一下，就去找禮部尚書周延儒。周延儒也是個野心勃勃的陰謀

家，靠著玩弄權術、大耍兩面派手段深得崇禎信任，在皇上面前也算是個紅人，但此次會推也未被提名，心中憤憤不平。溫、周二人「同病相憐」一拍即合，私下裡共商陰謀，要合謀推翻內閣選舉結果，否定會推名單，排斥重臣，從而擠入內閣。

他們先做好幕後工作，在朝臣中拉攏親信，散布流言，不惜重金收買宦官作為內奸。他們選中名列會推名單之首的錢謙益作為突破口，吹毛求疵，對他大力展開攻擊。由溫體仁首先發難，向崇禎呈交了所謂的「神奸結黨」疏。疏中惡語攻擊錢謙益，翻出陳年舊帳，借題發揮，專挑崇禎帝深惡痛絕的罪名扣在錢謙益頭上。

在熹宗天啟二年，錢謙益受命主試浙江，考試後錄取嘉禾才子錢千秋為省試第一名。後來發現錢千秋的作文試卷中引用了一句俚俗詩：一朝平步上青天，不想這句詩觸動了當權者的忌諱，便妄加罪名，取消了錢千秋的會試資格，並遣戍邊地。錢謙益也因此受到牽連，先是被罰了俸祿，後被削職為民，遣回原籍。這已是六、七年前的舊事了，況且錢謙益早已被召回朝廷，官復原職，獲得了熹宗的原諒。

溫體仁在奏章中不僅舊案重提，而且誣以結交黨朋、營私舞弊、貪汙受賄、包藏禍心等不實之罪。這幾種罪名都是崇禎帝平生最憎恨的，看畢奏章，崇禎勃然大怒。

第二天朝會時候，文華殿內莊嚴肅穆，文武大臣分立兩側，年輕的皇帝朱由檢高高在上，龍顏含威，巡視著朝堂上的每個人。崇禎雖是明朝的末代皇帝，但他自登基以來就勵精圖治，奮發圖強，一心振興江山社稷。他以唐宗宋祖要求自己，勤政節儉，事必躬親，但是，崇禎身處末世，朱家王朝如日落西山，人力難回；另一方面，崇禎剛愎自用、喜怒無常，多疑孤僻，且又主觀急躁，處理朝政往往失於明察。此時，崇禎的臉色陰沉沉的，他看了一眼錢謙益，見他面帶春風，眉挑得意，心中一陣厭惡，隨即命侍臣傳令，讓錢謙益與溫體仁當庭對質。

這真如晴空霹靂，擊得錢謙益措手不及，原以為此次會推內閣，自己十拿九

穩的，沒想到遭人暗算了。溫體仁早就深思熟慮、成竹在胸，毫不猶豫的站出朝班，言辭咄咄，氣勢逼人，不慌不忙的逼問錢謙益；相形之下，錢謙益毫無心理準備，十分被動，更顯得理屈詞窮。

對溫體仁的突然發難，朝臣們感到氣憤不平，紛紛出班為錢謙益打抱不平，指責溫體仁居心不良，於是展開了一場激烈的爭辯。溫體仁見自己反成了眾矢之的，便向崇禎搬弄是非說：「臣此次會推不與，本應避嫌不語，但選舉閣臣事關宗社安危，錢謙益結黨受賄，舉朝無一人敢言，臣不忍見聖上遭受蒙蔽、孤立無援，才不得不說。」溫體仁危言聳聽，卻字字落在崇禎的痛處，他最恨大臣結黨營私、腐敗受賄；他又最怕大臣們蒙蔽欺騙他，所以，崇禎認定溫體仁忠心耿耿，對錢謙益更恨一層。

崇禎自作聖明，不肯偏聽偏信溫體仁的一面之詞，便問大臣們錢謙益可有結黨受賄之事。周延儒搶前一步回答說確有此事，並添油加醋渲染一番。大學士錢龍錫、吏科給事中章允儒等人站出來為錢謙益申辯，並指出溫體仁覬覦入閣，才如此刁難別人。溫體仁冷笑著挑撥說：「皇上讓臣與錢謙益當庭對質，卻有這許多人替他狡辯，足見錢謙益一向交結私黨。乞望皇上明察。」多疑的崇禎果然被激怒了，嚴詞斥責了錢龍錫等人，並詔令將章允儒等人降職處治，錢謙益也被罷了官，遣送回籍聽候發落。

透過這次陰謀事件，溫體仁和周延儒獲得了崇禎的好感，為他們進一步竊取權柄打下了基礎。

錢謙益事件過去後，朝中大臣餘憤未平，有幾人交相上疏參劾溫體仁。御史毛九華揭發溫體仁：居家時倚勢壓人，強買商人木材，此事敗露後，又賄賂閹黨崔呈秀為其解脫罪責，得以免究；杭州魏忠賢祠堂落成，溫體仁大獻媚詩，為奸賊魏忠賢歌功頌德。御史任贊化也上疏告發溫體仁娶娼為妾傷風敗俗，收受賄賂腐化無德，奪人家產傷天害理，

這次輪到溫體仁驚慌失措了，他見勢不妙，便要弄手段，想以退為攻，主動向皇上提出辭職，並申訴自己因為秉公辦事而得罪了百官，現在遭到奸人報復，

處境孤危，竟無一人替自己說句公道話。溫體仁再一次利用了崇禎厭惡朝臣結黨的心理，博得了皇上的同情。他又趁熱打鐵，誣告揭發他的毛九華、任贊化都是錢謙益的死黨，使錢謙益事件再起風波，溫體仁混水摸魚，大長個人威風，為他擠入內閣進一步鋪平了道路。

果然，兩年以後，溫體仁進入內閣，參與機要。

第六招：以退為進，避強待機

「三十六計，走為上策」。在山窮水盡的時候，厚著臉皮的「走」與匹夫之勇的「不走」所帶來的結局是迥然不同的。走了，就有可能「柳暗花明」，不走，則只能坐以待斃。

退卻雖然在戰爭中經常發生，但由於它給人的第一感覺總是與貪生怕死相連，所以不少人忌諱退卻這個詞。

退卻分為兩種，一種是主動退卻，一種是被動退卻。在敵強己弱、形勢不利的情況下，採取「誘敵深入」的方針，這是主動退卻。當遇到挫折、打了敗仗時，不得已放棄原先的企圖而轉移或撤退，則是屬於被動退卻。

《三十六計》將「走」列為敗戰計中的最後一計，顯然指的是被迫無奈的退卻。

在形勢於己不利的情況下，要想避免與敵人硬碰硬的消耗，出路只有三條：投降、求和與退卻。投降意味著徹底失敗，求和可以算是一半的失敗，而退卻卻可以替反敗為勝保存實力。可見，「走」絕不是懦弱者所為。

全師避敵，正如《周易》師卦中象辭所說：「左次無咎，未失常也。」這就是說，當形勢不利於己，當然要全軍退卻，避強待機，這種以退為進的戰法，是符合正常的用兵法則的。在退卻的被動形式之中包含著「保存實力」的積極行動，它為以後的東山再起留下了本錢，所以稱「走」為上策。

俗話說，好漢不吃眼前虧。這是人們生活經驗的結晶。「不拿雞蛋碰石頭」，

「君子報仇十年不晚」，講的都是身處險境時應相機行事，不可魯莽造次、賭一時輸贏。

1940 年 5 月 10 日，法國人像往常一樣走向田野、工廠、商店和學校，他們相信了政府和盟國領導者的廉價保證，以為戰爭可以避免。而就在這一天，一場前所未有的災難降臨了 —— 納粹德國向西方發動了閃電進攻，並且很快攻占了法國的大片領土。

5 月 20 日，德軍古德里安的裝甲部隊進抵海岸邊的阿布維爾，德軍準備將陷入羅網的同盟軍徹底殲滅。德國 A、B 兩個集團軍都以敦克爾克為目標發起了致命的攻擊。倫德施泰特統領下的 A 集團軍群，有 5 個裝甲師推進到離敦克爾克港 12 英里的地方，企圖從西面沿著海岸線封住網口。包克的 B 集團軍群則從東面和北面緊緊逼來。倫德施泰特提供鐵砧，包克則用他的裝甲大軍當作鐵錘，一舉將英法軍砸成肉餅。

就在同一天，盟軍統帥部舉行了緊急會議，討論戰局和作戰計畫。在處境十分危急的情況下，英軍陸軍上將戈特子爵力主從海上撤退。英國首相邱吉爾支持了戈特的意見。他認為，被圍困的數十萬英法軍，向北、向東突圍已是天方夜譚，而向南進入法國的道路已被切斷，就地堅守防禦陣地只能是全軍覆沒。現在的生路只有一條，那就是集中一切能夠調動的船隻，開赴敦克爾克，通過英吉利海峽，將陷入重圍的英法軍撤到英國本土。從海上撤退的想法得到了多數將領的支持，他們都已認知到，此刻能夠將那些久經戰火考驗的將士保存下來就是最大的成功，只有這樣，才有來日重返歐洲大陸、奪取最後勝利的希望。但是，法國第一集團軍指揮官布朗夏爾將軍和總參謀長艾恩德將軍卻出於本能的民族情感，堅決反對撤退，他們主張應與德軍血戰到底。

經過激烈的爭論，最後制訂了一個代號為「發電機行動」的撤退計畫，決定一面頑強堅守爭取時間，一面調集大艦小船，以備拯救處於邊緣的同盟軍。

從 25 日到 28 日晚上，同盟軍實際上只撤出了 2.5 萬人，比預期的要少。為了爭取更多的時間，統帥部不得不給一些部隊下達了「戰鬥到死」的命令。英國

皇家空軍與德國空軍進行拚死的搏鬥，以極大的代價避免了運兵艦船遭受重大損失。幾天之後，英國遠征軍的大部分已撤退完畢。為了勸說法軍也隨英軍一起撤退，有幾位英國將軍被派往法國第一集團軍的司令部進行說服工作。但是，法軍的將領們卻不無悲壯的宣稱：「撤退就是逃跑，就是怕死鬼，我們寧願將最後一滴血灑在法蘭西的土地上也絕不撤退！」這一壯烈行為的直接後果，造成了第一集團軍一部被殲，5萬人被俘。公正的說，法軍英勇堅守，大大推遲了德軍完成合圍的時日，其功勞也是不可磨滅的。

敦克爾克是同盟軍的一次奇蹟般的「勝利大逃亡」。在整個「發電機行動」計畫中，有33.8萬同盟軍官兵從滅亡的邊緣得到了拯救，反法西斯的骨幹被保存下來了。

這次大撤退，雖然是敗軍之後的被迫所為，但這個「退」中包涵著反敗為勝的主動因素。倘若沒有這種「退」，那麼等待盟軍的將必然是屈膝投降或全軍覆沒，除此別無他路。

英國著名歷史學家曾經這樣評價說：「德國的失敗和歐洲的光復，都始於敦克爾克！」這句話是頗為耐人尋味的。

第七招：不做辯解，韜光養晦

厚與黑是人的一種本性，行厚黑也是人之常情，但是，真正的大厚黑卻不易被人發現。原因是大厚黑刻意深藏不露，否則樹大招風，會招來不必要的麻煩。所以只管默默的去做，以求在困境中保存實力。

姜子牙說，鷙鳥將擊，卑身翕翼；聖人將動，必有愚色。

人生的重挫酷似翻船，為使身體不致由水流動力緊緊的吸附於船底，造成窒息性死亡，就要落水後借助墜落的勁去蜷縮身體一沉到底，然後再順著水流浮出水面，以求擺脫葬身魚腹的命運。人生處於逆境時，如硬要違背客觀規律，結果只能加劇事態的惡化。逆境之中最關鍵的是順應所處的環境並暗中積蓄力量。

這裡的「蜷縮身體」「一沉到底」，看上去好像非常消極，一副聽天由命，不再掙扎的樣子，但卻是死中求生的正確選擇。如果不顧客觀情勢，墜水之後就拚命的胡亂撲騰一番，那倒會事與願違。

一個是「無為」不做掙扎，一個是「有為」拚命掙扎，無為者生，有為者死。這就是韜光養晦的神妙。

韜光養晦，還有另一層意思，即暫時的「不為」是為了長遠的「為」，表面的「不為」是為了實在的「為」。對處於困境和失敗中的國家、軍隊乃至個人來說，運用韜光養晦的思維，更有實際意義，因為此時客觀形勢逼迫著你收斂鋒芒，藏而不露，以求安身立命、以得來日重圖大業。

「韜」的本意是弓袋子，有「進去」的意思，而「晦」則有「黑暗」「隱晦」之意，比如月末，又說成是「晦日」。韜光養晦，作為一個成語，其大意是隱藏才能，不使外露。作為一條謀略，則是指在對敵爭鬥中，要透過各種欺騙的手段，表面上收斂鋒芒，隱蔽實力和企圖，解除對敵方所造成的威脅感，麻痺其意志，等待合適的時機，再圖大舉。

在古代，韜晦之策多用於人生處世和官場作戲。晏子在兩次治理東阿的 6 年中，就成功的運用了這一策略。

春秋戰國時期的晏子，是一位有抱負有才幹的政治家，很想為振興國家做一番事業。一次，齊景公命他去治理東阿，晏子非常高興，準備到那裡去大展宏圖。可是，3 年之後，向朝廷告狀的越來越多，景公非常惱怒，他將晏子召回來，要罷免他的官職。

晏子畢竟是有頭腦的，他早已知道了自己的「過錯」，為了保留繼續施展才能的機會，他非常謙恭的說：「臣已知錯，請大王再給臣 3 年的時間，那時，人們必然會說臣的好話了。」景公見他有知錯必改的勇氣，且言辭懇切，就答應了他的請求。又過了 3 年，景公果然聽到不少稱頌晏子的話，他大為高興，於是又召晏子入朝，要予以封賞。不料，晏子卻誠惶誠恐的不肯接受封賞。

齊景公感到奇怪，就問究竟是什麼原因。晏子回答說：「第一次我去東阿，

讓人修築道路，施行有利於百姓的措施，於是壞人責怪我；我主張節儉勤勞，尊老愛幼，懲治偷盜無賴，於是無賴怨恨我；權貴犯法，我也嚴加懲治，毫不寬恕，於是權貴們嫉恨我；周圍的人如果有超出法度的要求，我就拒絕他們，於是周圍的人責罵我。這些對我的惡語中傷四處傳揚，甚至有人還在背後告我的黑狀。第二次，我改變了做法。我不讓人修路，拖延實施利民措施，壞人為此開心了；我輕視節儉勤勞、尊老愛幼，還釋放雞鳴狗盜之徒，無賴們為此高興了；權貴們犯法，我不依法懲治而予以偏袒，權貴們為此無怨了；周圍的人無論有什麼請求，我都有求必應，周圍的人為此滿意了。於是這些人又都到處頌揚我，您也信以為真了。3年前，您要處罰我，其實我該受賞；現在您要封賞我，其實我該受罰。大王，這些就是我不能接受封賞的原因。」

齊景公聽後，恍然大悟，深感晏子是一位有德有才的良臣，就拜晏子為相，交給他治理全國的重任。後來，齊國實力大增，成為爭霸天下的強國之一。

晏子在這裡兩次用到了韜晦之策。前3年治理東阿，他所採取的政策應該說是正確的，但由於得罪了人，面臨著丟官免職的失敗。如何挽救自己的仕途呢？晏子沒有像平常人那樣急於申辯、急於表功，而是老老實實的「承認了錯誤」，請求齊王再給他一次機會。齊景公果然答應了。如果這時候就說自己是如何如何的能幹，如何如何的受了委屈，那麼齊景公肯定不能相信，反而會認為他狂妄自大，自吹自擂。在這裡，晏子隱藏了自己的才能，裝成確實犯了錯誤的樣子，便是第一次用到韜晦之策。

第二次去東阿，晏子收斂鋒芒，暫時放棄自己的治政之道，幾乎是無所作為。但好名聲卻紛至沓來。如果晏子永遠都這樣下去，那他肯定成不了大器，而且日後那虛假的好名聲終究是要消失的。晏子之所以高明，就高明在他走這一步時已經看好了下一步。當景公要封賞他的時候，他就乘機表明了自己的心跡，講述了自己的治政之道。這時候，有事實擺在面前，景公非常信服，也樂於接受。他於是得到了治理全國的機會，所以，後3年的無所作為，隱藏著更大的作為。這是第二次用到韜晦之策。

晏子在官位難保時，沒有急於為自己辯解，而靠著韜光養晦，不僅戴穩了原來的那頂「帽子」，而且還獲取了高官厚祿，這可以說是官場上的一次厚黑的成功運用。

第八招：處變不驚，逐件處理

突發事件令人震驚，這是可以理解的。但是，如果人們在突發事件面前慌裡慌張，不知所措，那麼突發事件的危害就會成倍的擴大。驚慌使人失措，如雪上加霜，其結果，只能是走向更大的危機。

突發事件，如同夜深人靜時破門而入的強盜，它為人們心靈帶來的震撼是十分龐大的。

由於無人預料突發事件的結局，所以當突發事件突然降臨時，最初的片刻，人人都會目瞪口呆。

一個人心態好，他面臨大事的時候就有一股強大的定力支持他，泰山崩於前而面不改色。康熙即使在火燒眉毛的時候，也不皺一下眉頭，而是冷靜思考，沉著應變。他僅僅20多歲，就平定了一場場的叛亂，讓人們領教了這位君主的威力。

福不雙降，禍不單行。人處於困境的時候，往往幾個威脅同時來臨，讓人手足無措，不知道如何處理為好。這時就要有一股「捨得一身剮，敢把皇帝拉下馬」的厚黑氣魄。看準了關鍵和時機，理清了思路，把各種威脅各個擊破。

吳三桂叛亂的消息傳入京師，引起全國的強烈震驚。很多人認為康熙還是個不懂事的毛孩子，怎麼會是久經沙場的吳三桂的對手，因此覺得有機可乘，蠢蠢欲動。由於防守京城的精兵都先後奉調南下平叛，京城非常空虛，楊起隆就利用這一時機，在天子腳下首先發動叛亂。

楊起隆本是京城人，當他得知吳三桂叛亂時，就利用一些人對明朝的懷念，詐稱「朱三太子」，祕密起事。朱三太子是明朝崇禎皇帝的第三個兒子，明朝滅

亡後，一直下落不明。因此，清朝初年各地反清起事，大多以朱三太子為號召。

經多方聯絡，楊起隆組織了京城百姓和貴族家奴 1000 餘人，他們相約以額前裹白布、身紮紅帶為標記，定於康熙十三年（西元 1674 年）元旦之日，以放火為號，在內城一起舉事。準備趁各官員入朝時，各自殺死自己的主人，將來建立政權時，被殺官員的官職就由這些家奴充任。就在他們即將舉事的時候，消息不慎走漏了。

康熙十二年（西元 1673 年）十二月二十一日，郎廷樞的家奴黃裁縫在夜裡喝醉了酒，胡言亂語，郎廷樞頗覺奇怪，就趁他醉意正濃時套出了他的話。原來黃裁縫也參加了楊起隆的密謀。郎廷樞得知後大驚失色，當即擒住黃裁縫等 3 人到旗主處告變。

同時，正黃旗人周公直也來告密，說他的家人陳益正聚集 30 多人在家中密謀舉事。於是，康熙命令正黃旗都統圖海迅速派官兵前去擒拿。拿獲了案犯 30 多人。接著，又下令關閉城門，嚴行搜查，捕獲首要人犯數百人。首犯楊起隆聞風而逃，不久也被拿獲，處以死刑。一場肘腋之變就這樣被平定了。

此次政變就發生在皇帝身邊，一旦得逞，後果不堪設想，所以，康熙對此事十分重視。他親自過問和處理了此案。刑部先審理完了案犯，提出一份判決報告書，擬將李株、黃裁縫等 200 餘人按「謀反律」凌遲處死，其親屬自祖父以至子孫，還有叔伯兄弟及其兒子，凡男的年滿 16 歲者，都予以處斬；15 歲以下之男子和案犯的母親女兒妻子姐妹以及財產都被沒收入官。康熙審核之時，本著從寬處理的原則，改定只將李株、黃裁縫等 9 人凌遲處死，蔡文以下 194 人改為斬首。案犯親屬，康熙不忍株連過多，一律免罪釋放，其家產也免入官，受牽連之人亦不予追究。康熙的這種寬嚴結合的處理方法，使得京師很快安定下來。

但是，不久又發生了更大的危機。康熙十三年（西元 1674 年）四月初，河北總兵蔡祿準備叛亂回應吳三桂。蔡祿和襄陽總兵楊來嘉原都是鄭成功的部將。鄭成功去世後，他們率部降清，被從優提拔。當獲知吳三桂在雲南起兵，蔡祿內心亦萌生反意，並與起兵反清的楊來嘉書信往來，購買驟馬，製造鳥槍，並命令

士卒以捕魚為名，身披鎧甲，進行軍事演習，密謀反清。

當時，侍衛關保前來出差，無意中偵知其情，當即火速報告康熙。河北是京畿比鄰，一旦舉事，必將危及京城。康熙此時卻不慌不忙，沉著考慮後，當即派遣內大臣阿密達領護軍速趕蔡祿駐防地懷慶。在蔡祿還沒有將士卒鼓動起來之際，阿密達就已率部迅速包圍了他的衙署。蔡祿的部下企圖負隅頑抗。阿密達指揮若定，率部衝進衙署，將蔡祿父子同謀一併擒獲，四月二十四日，押解北京。這樣，一場叛亂又被撲滅了。

京畿先後發生的兩次叛亂，引起了康熙的高度警覺。他感到，吳三桂叛亂已在各階層人士中產生了廣泛的影響，此時，吳三桂的長子吳應熊尚在京城，雖然已被拘禁，但終究是一大隱患，萬一再度變生肘腋，很難預計後果。兵部尚書王熙上疏康熙皇帝，請求將吳應熊處死。

王熙上疏之後，議政王大臣會議商討結果，一致支持。但對康熙來說這卻是一個難題，吳應熊雖然是吳三桂的兒子，但又是自己的親姑父。從人倫而言，康熙不忍處死他。但為了大清的江山，為了國家的利益，又不得不處死吳應熊。最後，康熙果斷決定，批准了王熙的奏疏，處死了吳應熊父子。

兩次叛亂的平定和吳應熊的處死，消除了京師的隱患，穩定了人心。當吳三桂得知兒子變成刀下之鬼的時候，驚駭不已，他到現在才知道，康熙是自己的真正對手，但覆水難收，只好硬著頭皮做下去了。

對康熙來說，事情遠遠沒有到此為止，前線軍事形勢非常嚴峻。陝西提督王輔臣叛於寧羌，耿精忠又叛於福建，提督鄭蛟麟等叛於四川，一時叛亂席捲全國，南方大部分領土都落入叛軍之手。就恰恰在這個時候，京師的北邊門戶又傳來了警報。

康熙十四年（西元1675年）三月，蒙古察哈爾部布林尼趁機興兵叛亂。

布林尼是蒙古林丹汗的孫子。清太宗曾將林丹汗征服。林丹汗死後，清廷封其子阿布奈為和碩親王，並將清朝公主嫁給他為妻。康熙八年（西元1669年）九月，因阿布奈失外藩朝賀之禮，免除了他的親王爵位，帶入京師，爵位由他的

兒子布林尼承襲。布林尼是清朝公主所生，但對清廷的做法深懷不滿，不思感恩，反而圖謀報復。

吳三桂叛亂之後，清廷無暇北顧，而且京城八旗兵大部分南調平叛。於是，布林尼積極準備，圖謀叛亂，想起機劫回其父阿布奈。公主設法派他弟弟阿濟根至京師告發。康熙覺得叛亂還未顯露，而且京師兵力空虛，希望盡力安撫。於是，派侍衛塞稜等去召見布林尼兄弟以及巴林、翁牛特部王公等進京朝見。布林尼內心生疑，不但不進京朝見，反而扣留塞稜，同時煽動蒙古各部造反。三月二十五日，布林尼與奈曼王札木山一同叛亂，揮師直逼張家口。

察哈爾叛亂，對京師安全構成嚴重威脅。消息傳來，康熙一時十分憂慮，因為京師的軍隊幾乎全部南下，已無兵可派了。仔細思考後，他馬上任命信郡王鄂扎為撫遠大將軍，圖海為副將軍，率師征討布林尼。京師無兵，圖海就把八旗家奴組織起來。由於圖海領兵有方，這支從來沒有打過仗的家奴部隊，展現了很強的戰鬥力。

四月二十二日，圖海與布林尼在達祿決戰。布林尼在山谷間安排伏兵，列陣以待。鄂扎與圖海率家奴兵分頭進擊，冒著布林尼的炮火，奮勇向前，衝亂了布林尼的陣腳。布林尼的部屬下都統晉津陣前倒戈，反攻布林尼，布林尼大敗而逃。與此同時，科爾沁和碩額駙沙津亦率兵來援，不久，沙津率兵將布林尼及其弟羅不藏全都追殺。不到一個月，就將這次叛亂徹底平定。

當叛亂發生在身邊的時候，很多人都驚慌失措，但康熙一直保持冷靜，一件一件的把事情辦得很漂亮，靠強大的定力穩定了朝政，改變了被動局面，為最終平定三藩之叛奠定了重要的基礎。

第九招：頭腦冷靜，從容應對

「一個統帥首要的條件是有冷靜的頭腦。」這是拿破崙的格言。

「我的軍人生涯教導我，當你面臨一個極其棘手、極其複雜的局勢時，你就

必須保持非常清醒的頭腦。」這是蒙哥馬利的經驗之談。

冷靜和清醒的頭腦靠什麼維持？靠處變不驚的沉著。這個時候，在旁人看來就好像沒那麼一回事，這實在需要極深的厚黑修養。

陷入危局或兵臨敗境，只有沉著應付、冷靜思考、有條不紊的組織抵抗，才能將損失和失敗減小到最低限度。劉邦與項羽對陣，胸部中箭，傷勢很重，他卻以手掩住腳，若無其事的說「射中我腳趾」，穩住了軍心。在著名的敦克爾克撤退中，英國將領亞歷山大漫步在沙灘之上，不時和官兵們談話聊天，以一種泰山不倒的形象防止了部隊潰敗。

第二次世界大戰中，美國情報部門在日本偷襲中途島之戰中，成功破譯了其密碼，掌握了日本作戰部署的大部分情況，於是，美軍有目標的進行了作戰準備，計劃將計就計，痛殲來犯的日軍。就在這關鍵時刻，美國的一位嗅覺靈敏的新聞記者瞭解了這些情況，並把它作為獨家新聞從芝加哥的一家報紙發送出去。形勢一下子就變得嚴峻起來，本來十分有利的態勢忽然變成了被動的態勢。日本人有可能更換密碼，調整部署或計畫，那樣的話，美軍就只能坐等挨打了。

面對如此嚴重的洩密事件，美國總統羅斯福卻表現得異常平靜，他既沒有對當事人進行興師問罪，也沒有指令美軍調整部署，而是裝得好像一切都沒有發生。這種平靜產生了意想不到的作用。日本人感到迷惑不解了：芝加哥報紙所言難道是真的嗎？如果是真的，那麼美軍卻為什麼無動於衷？結果，日本情報機關對此未加重視，也未採取相應措施。

中途島戰役美軍大勝，一舉扭轉了太平洋戰局。

這就是沉著冷靜的驚人作用。沉著就像一把尺子衡量著一個指揮官的成熟與否，遇事越冷靜，離成功也就越近。冷靜的正視失敗，冷靜的分析形勢，冷靜的權衡利弊，冷靜的找出解決問題的辦法，那麼，反敗為勝就有了必備前提。

左宗棠說：「局勢迫促之時，總要和氣平心，從容以待，俟有機會，再起圖之；斷不可急於求成，反誤事機。」這是對後人的一句語重心長的告誡。

沉著冷靜的標準是什麼？是「泰山崩於前而色不變，麋鹿興於左而目不

瞬」。這個要求雖然很高，但指揮官只有具備了這樣的特質才能臨危不亂，處變不驚，平心靜氣的挽救危局。

西元前 383 年，前秦王苻堅率百萬大軍進攻東晉。當時，東晉的軍隊全部動員起來也不過十幾萬，局勢十分危急，朝野為之震動，人心惶惶。而執掌朝政的謝安竟從容出遊，照常會見親朋好友，並於心平氣和之中計劃著應敵之策。

謝安起用自己的侄子謝玄擔當重任，命他率軍去抵擋前秦軍隊的入侵。謝玄心中也七上八下，毫無取勝的信心。出征之前，謝玄到叔叔那裡去辭行，並想討得一些禦敵良策。不想，謝安見侄子到來，不是與他共商拒敵之策，而是拉著他一起下圍棋，並且要用自己住宅作為輸贏的賭注。

謝玄無奈只好硬著頭皮與謝安下棋。漸漸的，他被叔叔四平八穩的情緒感染了，也開始冷靜下來。下完棋之後，謝玄沒再問什麼，率軍出征了。

苻堅的軍隊聲勢浩大，從四面八方直逼建業。苻堅自己聲稱「投鞭斷流」，即他的騎兵把鞭子投入長江中，可以阻斷江水。

東晉鎮守西都的中郎將桓沖，擔心強大的秦軍壓境，無法抗拒，自請帶 3000 兵馬回京都設防，謝安從容婉拒，說這 3000 兵馬應該留在西都，以防敵人從西面入侵。而此時，建業城裡除了文官和百姓，幾乎已沒有一兵一卒了。

秦軍從各地開始進攻勢如破竹，很快就攻占了壽陽、鄖城等地，其前鋒部隊在衛將軍梁成的率領下進抵洛澗一帶，晉軍被迫退守第二道防線。這時，秦軍抓獲一名俘虜，得知晉軍實際兵力不過 10 萬餘人，全軍上下無不以為這次攻晉是以石擊卵，勝券在握。苻堅認為，晉軍早已嚇破了膽，便想來個「不戰而屈人之兵」，派出晉國降臣朱序前去勸降。

朱序卻沒有真心降秦，回到晉國，便將秦軍的情報一五一十的告訴了趕到前線慰軍的謝安，並且表示願為內應。他說：「秦軍先鋒梁成有勇無謀突擊冒進，若能集中力量在其主力未到之前予以攻擊，必能取勝。」謝安沒有發表自己的意見，只說軍中大事全由謝玄做主，他這次來到前線，只是為了安撫軍心。他還告訴謝玄，皇上在京都，自己必須盡快趕回去，以免皇上憂慮。軍中糧草及其他所

需物資都已備齊，不必擔心。

謝玄是一位能征善戰的名將，他看到叔叔在大敵壓境時始終方寸不亂，便也信心倍增。經過冷靜分析，他終於想出了一條力挫強敵的妙計。

當時，秦、晉兩軍隔淝水對陣。謝玄派人去對苻堅說，將軍若有膽量先退一箭之地，我軍就渡河決戰。苻堅聽罷大喜，心想，等你渡河，我可半渡而擊。謝安啊謝安，你怎麼用了這樣的蠢材！於是，苻堅欣然下令，退兵10里。誰知，處於進攻的陣勢突然改成撤退，秦兵狐疑，陣腳大亂。謝玄乘機命軍隊奮勇渡河順風放火。秦軍營中的朱序煽動一些原是晉國的降卒，高喊：「秦兵打敗了，快快逃命罷！」秦軍官兵信以為真，驚恐萬狀，紛紛奪路而逃。晉軍猛烈追殺，一舉殲滅了苻堅的百萬大軍，晉國轉危為安。

淝水之戰，晉軍之所以大勝，既與謝玄善於統兵打仗有關係，更與謝安臨危不亂，並將自己的鎮靜化為一種力量傳給了謝玄密不可分。

謝安認為，自己身為宰相，如在強敵到來之時驚慌失措，必將會引起朝臣和前線將士更大的不安，而自己如能鎮靜自如，雖一時還沒有禦敵良策，其他人也會認為是早已胸有成竹，謝玄也能感到後方是穩定的，可以專心致志去指揮作戰。所以，不少人認為，謝玄最後以少勝多創造了戰爭史上的奇蹟，至少有一半的功勞應歸功於謝安的鎮靜。

唐朝詩人李白的「但用東山謝安石，為君談笑淨胡沙」這兩句詩，就是讚揚謝安的大亂不驚的英雄風度。

第十招：堵塞言路，排斥異己

李林甫趕走張九齡後任中書令，為了蔽塞玄宗視聽，自專大權，他召集諫官宣布說：「方今明主在上，文武大臣順應不暇，你們不用多言！沒有見到那些立仗馬（按：立於正殿仍宮門外的田馬，共八匹，分左右廂而立，仗下即散）嗎？牠們的食物是三品芻豆，只要一叫，就將牠們趕走，到時後悔莫及。」補闕杜斑

沒有因為李林甫的威嚇而鉗口結舌，仍然上書言事，第二天就被貶為縣令。從這之後，諫淨之路就斷絕了。牛仙客是李林甫介紹上來的，他也不敢多講，只是唯唯諾諾，聽命於李林甫。玄宗由於在位多年，倦於政務，只顧恣意行樂，甚至經常不上朝，這就為李林甫的獨攬相權提供了條件。後來，李林甫乾脆在家辦公，百官皆集於李林甫府第，政事堂竟無一人入謁。

儘管李林甫所受的恩寵和擁有的權力在朝臣中已無人能比，但他時時擔心自己的地位受到動搖，因此千方百計不擇手段的排斥異己。

史載，李林甫「城府深密」，陰險莫測。凡是受到玄宗器重的人，他開始都「親結之」，與他表面把關係做得挺好，當他一旦感到對方對自己的地位構成威脅，一定要千方百計將他擊倒下去。他的特點是，當面對人說甜言蜜語，背後卻不露聲色的下毒手，因此人們說他：「口有蜜，腹有劍。」

戶部尚書裴寬，深為玄宗器重。李林甫擔心他入相，對他十分嫉妒。一次刑部尚書裴敦復打擊海盜有功，回朝後受人請託，對部下評功晉級，大肆獎勵。裴寬在奏章中提到這件事，略有微詞。李林甫馬上將這一情況告訴裴敦復。裴敦復聽了自然很不高興，說裴寬也曾請託他對其親戚故舊暗中幫過忙，李林甫聽到這一消息，如獲至寶，勸他火速將這件事上奏朝廷，不要延誤。裴敦復急忙透過宮廷內線上奏玄宗，裴寬馬上就被貶為睢陽太守，這是因為他平海盜有功，受到玄宗嘉獎，引起李林甫的嫉妒，對他加以陷害的結果。

李林甫打擊同僚不擇對象，即使是親戚也不放過。如陝郡太守韋堅是新立太子的妃兄，他的妻子是李林甫的表妹（姜絞的女兒）。一開始李林甫與他關係十分親密，後來韋堅以通潛（透過水道運送糧食）有功，為玄宗寵信，再加上他與左相李適之關係很好，本人又有入相之志，李林甫十分忌恨。於是罷掉他江淮租庸轉運使的職務，改任為刑部尚書，「遷以美育，實奪之權」。韋堅被貶後，李林甫隨即對左相李適之下手。李適之與李林甫同為皇室後裔，是恆山王李承乾之孫。但性格粗疏、輕率，好議論朝政，同時與韋堅關係很好，李林甫決意把他從相位上趕走。他略施小計，就達到了目的。

一日，李適之剛入朝，李林甫就派人告訴他：「華山下面有金礦，皇上尚且不知，您報告皇上，他一定會很高興。」

李適之是新任宰相，聽說華山下發現了金礦，認為是件好事，開採出來可以富國利民。於是向皇上奏報了。玄宗聽了果然很高興，過後又告訴了李林甫。李林甫並不驚訝，而是緩緩的說：「這件事，臣已經知道很久了。」玄宗很是奇怪，問他：「那你為什麼不早說呢？」李林甫虔誠的答道：「皇上，華山是皇家的龍脈所在，王氣所在，開採不得啊！所以臣下不能說，也不敢說。」

李林甫的答話，使玄宗深感他的一片忠心，又沉穩老練處世周全，反過來則認為李適之為人浮躁，於是下令：「今後凡有事上奏一定要與李林甫商議，不得孟浪從事。」李林甫耍了一個小小的花招，既拍了一個高級馬屁，又中傷了同僚，可謂一石二鳥。

李林甫後繼有人，和珅在這方面更是一個集大成者。

和珅得勢之後，大肆培植親信，樹立私黨，他的弟弟和琳是生員出身，只是因為和珅當朝，前後任過杭州織造、湖廣道御史、吏科給事中、內閣學生、工部左侍郎、工部尚書等職。乾隆六十年（西元 1795 年），貴州、湖南兩省爆發苗民起義，和琳前往鎮壓，於嘉慶元年（西元 1796 年）病死於軍中。死時任光祿大夫、兵部尚書兼都察院都御史、四川總督數職。

和琳的親家蘇凌阿係舉人出身，為人貪腐，因為他是和琳的姻親，和珅對他特別提拔，曾任兵部、工部、戶部侍郎。後又斥為戶部尚書、兩江總督、在兩江總督任上，他公開貪汙受賄，聲名狼藉。接見屬員時他厚顏無恥的說：「蒙皇上聖恩，命我這老頭來撈點棺材錢。」嘉慶二年（西元 1797 年），和珅公然將他推舉為東閣大學士，這時的蘇凌阿已年逾八十，兩耳不聰，老眼昏花，連一舉一動都需要人扶持，被人稱為「活傀儡」。

和珅的老師吳省蘭、舅父明保世都被安排擔任要職。

吳省蘭曾為和珅塾師，因依附和珅，後被任命為學政，並擔任鄉試的主考官，嘉慶時被和珅安排到皇帝身邊養錄詩稿，充當和珅的密探。和珅的舅父明保

既無資歷又無學識，和珅竟然將他安排當漢陽知府。明保憑藉和珅這個外甥做靠山，氣焰競天；當地官員對他十分畏懼。乾隆曾接見過他。對他的庸碌無能十分不滿，一次他向和珅問起明保的出身、仕履等情況，和珅胡亂編造了一通，居然蒙混過去。

此外，也有一些人見和珅深得乾隆寵信，便主動投靠，與他狼狽為奸。

如福長安是乾隆孝聖皇后的侄子。他的父親曾任戶部尚書、軍機大臣，大學士，封為太子太保，死後封郡王，是乾隆朝代的一位名臣。福長安本人也娶了皇族女為妻。由於他年輕俊秀，深得乾隆喜歡、由侍衛逐漸升為軍機處行走。他見和珅得勢，便依附於他，甘心聽從他的擺布，和珅曾薦他代理自己的戶部尚書職務，兩人合夥做了不少壞事。和珅貪贓枉法的罪行他知道得最多。和珅事發之後，嘉慶帝多次啟發他揭發和珅的罪行，他佯作不知、充當和珅的死黨。福長安的小舅子湛露，是個連滿語都說不好的淺薄之徒，因為福長安與和珅的特殊關係，湛露被和珅安排為廣信知府，在一次考核官吏政績的「京察」中，和珅特意將他列為「保送一等」。

和珅獨攬大權，胡作非為，一些正直大臣無比氣憤，有的甘冒風險對他進行彈劾。但和珅憑仗乾隆作後臺，對諫臣進行打擊、陷害。如乾隆五十年（西元1785年）監察御史曹錫寶彈劾和珅管家劉全仗勢營私，衣服車馬超過朝廷禮制規定，當時和珅正在承德避暑山莊陪侍乾隆，聞訊後馬上將劉全召來，安排他迅速將逾制的房屋車馬拆散，把有關衣物隱匿轉移。然後由和珅向乾隆呈上一份奏疏，說他對劉全已進行審訊，曹錫寶所告之事均不實，請朝廷派人查處。乾隆閱後，便下了一道諭告，說和珅家人劉全長期在崇文門為主人代辦稅務，他也有應得的收入，即令有些積蓄也屬常理，至於蓋造幾十間房屋居住，車馬服用稍有潤飾，也屬人之常情。諭旨並指責「曹錫寶彈劾劉全是以家人隱約其詞，對和珅旁敲側擊」，並命有關官員與曹錫寶本人一道到劉全家查驗證實，不能徒作「無根之談」。因為劉全住宅衣物早經處理，曹錫寶等人前往查驗一無所獲。在這種情況下，曹本人感到十分尷尬，面對乾隆的壓力與和珅的淫威只得承認自己是道聽

塗說，言語失當，請求治罪。乾隆令其革職留用，曹錫寶受此打擊，精神上從此一蹶不振，後鬱鬱而卒。

監察御史謝振定對和珅早就不滿，對他的爪牙依仗和珅橫行霸道，更是深惡痛絕。一次他帶著士兵巡視京城，見一輛高大華麗的馬車在市集上橫衝直撞，謝振定令車停下，一問，知乘車的人原來是和珅的妾弟。謝振定怒不可遏，命士兵將他從車中拖出，用皮鞭痛加抽打，並當場將馬車燒毀。圍觀的民眾個個拍手稱快。和珅聞訊後，對謝振定惱恨不已。幾天之後，便指使親信捏造罪名對他參劾，並罷免了他的職務。

弄字篇：悶聲弄錢，各尋各道

即弄錢之弄，俗語讀作平聲。千里來龍，此處結穴，前面的十一個字，都是為了這個字而設的。弄字與求官之送字是對照的，有了送就有弄。這個弄字，最要注意，是要能夠在公事上通得過才成功，有時通不過，就自己墊點腰包裡的錢，也不妨；如果通得過，任他若干，也就不用客氣了。

—— 李宗吾《厚黑學》

第一招：司法腐敗，古今相續

作為執法者，具有「合法傷害權」，因而弄錢更為方便，埋身此道的厚黑人士也就更多。

《左傳》中記載了中國古代最古老的一件貪贓枉法案件。晉國昭公四年（西元前 528 年），晉國原來的管理司法審判的理官士景伯出使楚國，由叔魚代理。執政大臣韓宣子乘機要求叔魚清理積案。這也是規律，只有原來盤踞要職的大人物或調動、或倒臺、或失寵時，方可動格根本，將原存的冤假錯案清理清理。但叔魚剛上任，就利用職權貪贓枉法。

理官叔魚一接手就遇到了一件麻煩案子，貴族邢侯和雍子為爭奪一塊田產鬧得不可開交，打了幾年官司。叔魚一看，雍子明顯無理，就決定將田產判給邢侯，雍子敗訴。雍子聽說此事後，趕緊採取措施，馬上把自己的女兒嫁給叔魚，並以送嫁妝為由送上大量財物，這實際上就是變相賄賂。叔魚也馬上做出回應，判邢侯敗訴，田產歸雍子。邢侯也不是好惹的，看到判決氣急敗壞，就在一次上朝時當場殺死叔魚和雍子，鬧出一場朝野震驚的血案。

執政韓宣子見鬧出這等大事，也很傷腦筋，就去請教名士叔向。叔向說：「這三個人全都犯有死罪，活的要處死，死了的也要戮屍。雍子明知自己無理而行賄，是『昏罪』，叔魚接受賄賂而賣獄枉法，是墨罪邢侯擅自殺人是『賊罪』。三種罪名按法都須處死。」於是，韓宣子下令將邢侯在鬧市公開處死（棄市），叔魚、雍子屍首則拖到鬧市上示眾。

第二招：淳氏支票，藉機索賄

淳于長，西漢成帝時魏郡元城（今河北大名城區）人。他憑藉皇帝的寵信，撈取權勢，又憑權勢獲取大量財物，成為賄累巨萬、貴傾公卿的一代贓官。

淳于長的父族並無權勢，但他的母親卻極為顯赫。他的姨娘是漢元帝的皇

后、漢成帝的皇太后王政君，他舅舅王風是大司馬、大將軍，其他五個舅舅同日封侯，號稱「五侯」。

淳于長憑藉母親的顯赫權勢，輕易的撈到了黃門郎的職位，可以出入於宮廷之中，往來於顯貴之間。他千方百計的討好成帝，獲得成帝的信任，被提升為衛尉，掌握皇宮的禁衛部隊。當他得知成帝欲立趙飛燕為皇后，王太后則不同意改立皇后時，便在太后面前盡力斡旋，又為成帝出謀劃策，使改立皇后之事獲得成功。成帝對他更加寵信，封他為關內侯。從此，淳于長成為成帝身邊少數幾個寵臣之一。

從此，淳于長憑藉權勢開始收受賄賂。他廣泛結交諸侯和各地官員，向他們提供資訊，為他們升官進行引薦，條件是看他們能送多少財寶。僅一、兩年時間，皇帝的賞賜加上各地官員的賄賂，就使淳于長家財「巨萬」。

許皇后被趙飛燕取代之後，淳于長與許廢后的姐姐私通，並娶其為「小妾」。許廢后透過姐姐請淳于長在成帝面前說情，想復為婕妤。淳于長知道許廢后私財很多，便利用這個機會誘使許廢后向自己進行賄賂。他答應許廢后在成帝面前為其說情，並許諾一定勸成帝立其為「左皇后」。許廢后滿心希望全寄託在淳于長身上，不斷的向他賄送厚禮。而淳于長總欺騙許廢后，說皇上正在考慮這件事，於是許廢后繼續把自己多年積蓄的珍寶送給淳于長。在一年多時間裡，淳于長誘騙許廢后的金錢和其他珠寶竟達「千餘萬」。

第三招：和珅專權，包攬肥缺

根據各書記載及今人研究，我們可以較為準確的描繪出和珅的興衰史。和珅，字致齋，鈕祜祿氏，滿洲正紅旗人。生於乾隆十五年（西元 1750 年）。是時，家境並不好，《清史稿》稱：「少貧無籍，為文生員。」他與弟和琳曾入選咸安宮官學讀書。史載和珅很聰明，學習也用功，通曉滿漢文，後來又學會了蒙古文、藏文。乾隆三十四年（西元 1769 年），他 19 歲，承襲父親常保三等輕車都

尉，生活開始好轉。他參加科舉考試未中，從此再也沒有赴考。他的父祖輩是開國功臣，他終於被朝廷起用，於乾隆三十七年授予三等侍衛。這正是他仕宦之途的起點，很快，他就時來運轉。

據說，有一次他隨侍，乾隆帝乘肩輿，閱一份邊報，看到地方官失職處，不禁生氣，脫口就說：「虎兕出於柙，龜玉毀於櫝中，是誰之過與？」意思是說，虎與兕從檻裡跑了出來，收藏在櫃裡的珍貴美玉和龜甲被毀壞了，這是誰的責任？隨侍的人員茫然不解其意，而和珅憑他的好記性，馬上想起這兩句話出自《論語》，從容不迫的說：「皇上的意思說，守土的地方官是不能推卸其責任的！」乾隆帝聽到此話，很感驚訝，忙側過頭探視，原來是一個俊秀的青年侍衛，深感滿意。回到宮中，他就召見和珅，細問身世，和珅應答如流。召見後，和珅就官運亨通，青雲直上。

還有一種說法：乾隆三十六年，乾隆帝東巡祭孔，乘騾子駕馭的小車，和珅在車旁隨侍。路上無事，他就跟和珅說起話來。乾隆帝問：你是什麼出身啊？答：文員。又問：你下場科考過嗎？答：庚寅年（乾隆三十五年）曾赴考。問出的什麼題？答：孟公綽一節。問：還能背得出你的文章嗎？和珅邊走邊背誦，一字不漏，快捷異常。乾隆帝聽完，點點頭，說：憑你的這篇文章可以考中嘛。就是以此次路上談話為轉機，和珅真的騰飛起來。

不管哪種說法，可以確信，是一次偶然的機遇，和珅表現得機警、敏捷、聰明，說話很得體，即博得了乾隆帝的賞識，回京後，就提拔和珅為乾清門侍衛，再擢為御前侍衛，授予正藍旗滿州副都統。乾隆四十一年（西元 1776 年），官至戶部侍郎，不出三個月，被任命為軍機大臣，再授內務府總管大臣，至年末，又出任國史館副總裁，賞戴一品朝冠；總管內務院三旗官兵事務，賜紫禁城騎馬。這年，和珅才 26 歲，竟然身兼多種要職，最能顯示其地位與身分之崇高，莫過於當上軍機大臣，進入國家軍政決策的核心，又得肥缺內務府總管。朝廷中那些鑽營一生的官員也未必能獲得軍機大臣這個位置，他卻在談話四年後就輕而易舉地得到了，這真是個奇蹟。

　　和珅的官運並未到此結束。乾隆四十三年又兼步軍統領、充崇文門稅務監督。乾隆四十五年（西元 1780 年），再升為戶部尚書、議政大臣、御前大臣、鑲藍旗滿洲都統、領侍衛內大臣、充《四庫全書》館總裁、兼理藩院尚書。史書說和珅「寵任冠朝列矣」。他還在晉升。四十六年，兼署兵部尚書、管理戶部三庫事務；次年，加太子太保，充經筵講官；四十八年，充國史館正總裁和文淵閣提舉閣事；第二年，調吏部尚書、協辦大學士，管戶部；五十一年（西元 1786 年），晉文華殿大學士，仍兼吏、戶部事，時年才 37 歲。和珅升官，簡直是火箭的速度，直線上升。儘管他的地位達到了極限，直到他破敗前，他的官職和榮譽有增無減。從他所任官職，凡朝中軍、政、財、文、人等各種權力及各肥缺，幾乎讓他一人包攬了。清朝不設宰相，他卻是真宰相，時稱「和相」。不僅如此，他的兒子豐紳殷德被乾隆帝招為額駙，即駙馬，把最受乾隆帝寵愛的第十女固倫和孝公主嫁給了其子。和珅與當朝皇帝結為親家，這是何等榮寵的事！他的地位與權勢無與倫比，不只在乾隆朝，即有清一代也沒有第二人。

　　盛世乾隆喜聽頌辭，年事既高需要有人「解悶」，和珅深明此理，尤擅此道。

　　和珅有何德何能，竟獲此無以復加的高位與殊榮呢？其實，他既無一件軍功，也無特殊貢獻。論才能，他根本不知兵，略通文，又非才華橫溢。論資歷實踐，科舉未中，亦非正科出身，這在官場中根本沒人瞧得起。但他卻得到乾隆帝的極度寵幸，原因何在？說起來，很簡單。和珅初登政治舞臺時，清朝已達到鼎盛，天下太平，國泰民安。而乾隆帝已步入老年，力主「持盈保泰」，維持現狀就可以了。他要與臣民共用太平之福。正如有的學者指出，人到老年，難免有些寂寞，很想有個貼己的人在身邊陪他消遣解悶。和珅很適合乾隆帝的口味。他為人機靈，「善謔」，很會說笑話，不失詼諧幽默。僅舉一例：有一次，安南國王向乾隆帝進貢一座金獅像，先經和珅之手，他發現底座是空的，故作驚訝：「惜其中空虛，不然可得黃金無算也！」逗得在場的人掩口失笑。老年的乾隆帝，有和珅在身邊，不時的說點幽默話，人便感到輕鬆，「龍心」大悅，自然就喜歡起和珅來了。這只是一個方面，重要的是，和珅凡事都必揣度乾隆帝的心態，「善伺

高宗意」，投其所好，總能得到乾隆帝的讚許。這裡，也舉一例：他本來挾私痛恨大學士李侍堯，暗查他有貪贓事，向乾隆帝奏報，他奉命調查，將查實的事如實報告。他揣度乾隆帝的心意，惜李侍堯之才和貢獻，必從寬處理，即率先提出，判其斬監侯。諸大臣都主張斬立決。果然，乾隆帝同意和珅的意見。類似的事很多，這給乾隆帝一個錯覺：唯和珅最能體會他的意圖，因而更加信任和珅。乾隆帝以治國功成，驕傲自滿，平時總是溢於言表，喜歡聽讚頌他的話，況且年事已高，不思進取，凡說好聽的話，他都高興，如揭示存在的問題，他就反感，甚至會發怒。和珅深通此中道理，一味逢迎，讚揚乾隆帝的文治武功，報喜不報憂，盡報些讓乾隆帝高興的事。於是，乾隆帝對和珅情有獨鍾，不斷加恩，寵幸之至，非和珅莫屬。

和珅借助權勢，公開勒索納賄，致使「政以賄成」，清朝由盛轉衰。諺日：「和珅跌倒，嘉慶吃飽。」

從清朝為和珅蓋棺定論，到當代學者研究，和珅基本上是一個被否定的人物。他的問題，概括的說，一是借助權勢，擅作威福，順他則昌，逆他則亡。只要不順從，他必設法排擠，甚至置人於死地。事例之多，不勝枚舉。以李氏朝鮮使臣在北京所見，一針見血的指出：「閣老和珅，用事將二十年，威福由已，貪黷日甚，內而公卿，外而藩閫，皆出其門；納賂諂附者，多得清要，中立不倚者，如非抵罪，亦必潦倒……」在北京，從上層到底層，無不「唾罵」他。二是貪汙納賄，其數量之多，令人難以想像。僅據其被逮後所定罪狀，其中貪汙的白銀逾千萬兩，夾牆內藏赤金達 2.6 萬兩、私庫赤金 6000 兩，地窖銀百餘萬兩。在通州、蘇州等地當舖資金為 10 萬餘兩。其他，搜括的珍珠手串比皇宮還多數倍；用楠木蓋房，樣式仿寧壽宮；他為自己預建墳墓，設饗殿，開隧道，稱「和陵」。和珅財產之多，不只是清代頭號大貪官，在中國歷史上也算得上頭號貪汙犯。

和珅的家人奴僕也富得驚人。他們憑藉和珅的權勢，瘋狂斂財。據統計，和珅的家奴多達 1200 餘人，為他管理錢莊、店鋪、館舍、經營土地、服侍他日常

生活，包括為他警衛。如家奴劉全有資產 20 餘萬兩，他與另一個姓馬的家奴，共有房產 182 間，金銀古玩值 368 萬 6 千兩，至於衣物、器皿、洋貨、皮張、綢緞、人參等，總計值銀 155 萬兩；另有土地 600 餘頃，當鋪千處，本金 120 萬兩。和珅宅中太監呼什圖，抄其家時，現金就達 10 餘萬兩，抄出穀物 11065 石。奴僕暴富如此，和珅之富有，可想而知。當和珅被治罪時，他與奴僕私產皆沒收充公。難怪當時流行一句諺語：「和珅跌倒，嘉慶吃飽。」

和珅聚斂財富的主要手段，就是向各級官員大肆索取賄銀、盜竊國庫財物。江蘇吳縣有個叫石遠梅的人，專門販賣珍珠，每個珍珠外面用赤金包裹成丸狀，大粒值 2 萬金，次等萬金，最便宜的也值 8000 金，官員爭相購買，向和珅進獻，為的是保官升官。上門進獻也非易事，有位山西巡撫派其下屬攜銀 20 萬兩，專程赴京送禮給和珅，可是連去了幾次，也沒人接待。一打聽才明白，即拿出 5000 兩銀，送給接待的人，這才出來一個身穿華麗衣服的少年僕人，一開口就問：「是黃（金）的，還是白（銀）的？」來人說是白的，少年僕人吩咐手下人將銀子收入外庫，給來人一張寫好的紙束，說：「拿這個回去為證，就說東西已收了。」說完，揚長而去。送去那麼多銀子，連和珅的面也沒見上！和珅擅政 20 餘年，像這樣的事，俯拾皆是。

乾隆帝對和珅貪汙、擅作威福，一無所知，但是一經發現，也曾下詔斥責。乾隆四十六年（西元 1781 年），甘肅回族蘇四十三起義反清，和珅被任命為欽差大臣前去督師鎮壓。他不懂軍事，卻瞎指揮，命軍隊冒進，結果被擊敗，總兵圖欽保陣亡。和珅隱瞞不報。乾隆帝覺察，下詔斥責，命其回京。六十年（西元 1795 年），和珅因事「率對不以實」，被乾隆帝發覺，下詔斥責其「護過飾非」，給予「革職留任」的處分。這顯示，乾隆處事還能堅持原則，即使寵臣也不能免。但乾隆帝對和珅還是虛應故事，不過是給個告誡，事後很快恢復正常，照舊升官不誤。

和珅「弄竊作威福」，公開勒索納賄，致使「政以賄成」，貪風日熾，吏治敗壞。清朝由盛轉衰，和珅柄政 20 餘年，直接產生了推波助瀾的作用。嘉慶四年

（西元 1799 年）正月，89 歲的長壽皇帝乾隆帝病逝，和珅的人生也走到了盡頭。乾隆帝去世才幾天，剛親政的嘉慶帝下令逮治和珅，宣布其 20 條大罪，賜令自盡，下場悲慘。

第四招：軍閥籌錢，強吃大戶

八國聯軍進攻北京時，慈禧太后西逃，宮裡寶物陳設全被八國聯軍搶劫一空。事後，太后回來，欲加緊籌款修復。便召見袁世凱想辦法出主意。

當時，百姓遭受八國聯軍燒殺搶掠異常嚴重，如果按常規勒索百姓，向百姓要求，恐怕也無濟於事。於是，袁世凱首先想到各級官員認捐。

一天，袁世凱把手下的各級官員叫來，說要暫時借用他們私人款項來墊修宮殿，以後再陸續歸還。袁世凱好話說了一大籮筐，可是，這些人不但不肯出錢，反而一個個的哭起窮來。袁世凱對這群鐵公雞厭惡極了，一看明的不成，乾脆來暗的。

他不動聲色的派出親信到天津幾個大票號錢莊，謊稱將要把一大筆款子存在錢莊。在商議利息時，錢莊掌櫃為了取信存款的人，便把帳簿拿出來，並把一些官吏個人的存款數字和利息多少也都說了出來，總數竟達幾百萬兩。來人便一一記牢。

袁世凱得報後，胸有成竹，將存款者請到府中，嚴厲的說：「你們都沒有存款，窮得很。可是，這些錢莊實在可惡，他們竟敢用你們的名字存款，擾亂金融市場。為了懲戒他們，我已經把這些冒名頂替、敗壞你們名譽的存款暫時借用了。」

存款人啞巴吃黃連，有苦說不出。而袁世凱巧得鉅款，迅速恢復了宮內陳設，討得了慈禧太后的歡心。

袁世凱的後繼者，直系軍閥首領吳佩孚用計敲詐官員，與袁世凱如出一轍。

吳佩孚在討伐張作霖以前，為軍費不足而犯愁。忽然，他靈機一動，想到了

個妙法。他立即致函邀請一向纏附直系的下野軍政大員，要他們「立刻晉京，共商國是」，而且都給予總司令部的「顧部」、「諮議」、「參贊」等名目的聘書。

他用的是「香餌懸魚」的計謀。

升官發財是人們的普遍心理。接到聘書的軍政大員們都喜不自勝。盡皆以為吳佩孚這一舉動，真是求賢若渴，高明得很，與以前黎元洪總統府中的掛名差事，招致多方怨恨，形成鮮明的對照。所以，過去飛黃騰達發過大財的人，如張英華、潘復、王占元、陳光遠等都爭先恐後到北京赴會，想攀附吳佩孚當更大的官，發更多的財。

吳佩孚對他們笑臉相迎。

等到人來齊後，吳佩孚開門見山的說：「諸公來此盛助，子玉（吳佩孚字）不勝感激。實因軍費支絀萬分，敢請各位出來幫忙，代為籌措。子玉就謂每人承擔 100 萬之數吧，這個數目對在座各位來說，也不過是九牛一毛，但對國家好處太大了。以後戰爭勝利，就發行公儲歸還，幸勿見卻。」

吳佩孚說罷，拱拱手離席而去。那些大財主們聽罷，方知受騙，一個個像洩了氣的皮球。但吳佩孚軍權在握，失財固然心痛，但小命更重要。於是，紛紛認捐。

明搶陰奪、橫徵暴斂，竟然也能有「理」有「據」，由此可見會說話的奇妙！

1916 年，「破落軍官」蔣介石拜上海灘的青幫大亨黃金榮為師父，加入幫會組織。不久，他在黃金榮的支持下和陳果夫等人合股辦了一家恆泰證券交易所。1921 年，西方經濟危機波及上海，證券交易所被迫停業，蔣介石名下攤了七、八千元的債款，這弄得他愁眉不展。

正巧此時孫中山籌建黃埔軍校，因想起蔣介石曾去日本學過軍事，因此電邀他去廣州共謀大業。蔣介石有意前往，無奈欠了一屁股債，無法成行。百般無奈之下，只好向老太爺黃金榮求助。

黃金榮雖然腰纏萬貫，而蔣介石又是他的得意門生，但無奈越有錢越吝嗇，自然不願親自掏腰包為蔣介石還債。不過這位黃老太爺不愧久經江湖，很快想出

了一條還債的妙計。

卻說這一日，那幾家等著蔣介石還債的客戶忽然收到了具名「黃金榮敬訂」的赴宴請柬。客戶們雖然心裡料知一二，但上海大亨親自宴請，哪敢不去，只是心裡都還巴望著能夠打個折扣，討回幾文錢。

到了請客日期，債主們齊聚大三元酒家。蔣介石早早趕來接待客人，一臉做作的苦笑，只是不知道師父有些什麼辦法。等了一陣子，黃金榮到了，一副大模大樣的樣子，剛一到就擺擺手說：「有勞久等。恕罪，恕罪！」賓主坐定，酒宴開席，蔣介石向各位債主敬過酒後，黃金榮命隨從再把大家的酒杯斟滿，舉杯道：「我黃金榮今天邀各位到此，有一點小事相求，承蒙大家賞光，水酒一杯，請恕簡慢。」

各位債主紛紛起立，說：「不敢當，不敢當。」酒畢，黃金榮就開始進入了正題，憑著其在官場、商界練就的一副好口才侃侃而談，把其弟子蔣介石如何如何誠實經營又如何如何被金融風潮擠垮的原委大大的敘說了一番，又把孫中山電邀革命，時間倉促，償債困難的情況添油加醋的描述一番，頗多歉疚，頗多無奈，最後也就不可避免的說出由他暫時擔保、先准蔣介石離滬的不是辦法的辦法。事情說到這個分上，債主們哪還有什麼話說，只好順水推舟做個面子，都說「不急不急，介石兄不必為此耿耿於懷」云云。

蔣介石正為師父的妙言相助暗自感激、得意，哪知黃金榮的戲才剛剛啟幕。賓主暢飲間，有些客人準備提前告辭，黃金榮忽然用手一擺，又舉杯說：「剛才承各位給黃某人一個面子，感激不盡。今後各位有什麼事需要幫忙，儘管跟我打個招呼；只要是黃某人能夠辦到的，一定效勞。不過今天各位只幫了志清（蔣介石）前半段的忙，後半段還有些事煩勞各位。」

債主們一個個面面相覷，就連蔣介石也不知道師父葫蘆裡賣的什麼藥？只聽黃金榮接著不慌不忙的侃侃道：「志清此去廣州，本是孫中山先生的盛意。眾位也都知道，孫先生乃中國當代偉人，道德高尚，只是目前經濟力量尚不雄厚。志清此去參加革命，自然要籌備槍餉，今天雖承各位高抬貴手，無奈他仍然是手無

分文，各位既然到此，不如好人做到底，量力而行，湊個數目，讓志清帶去，也算各位支持孫先生革命大業，也算幫我黃某人個忙，為我的學生壯壯行色，將來志清隨孫先生創下偉業，大家一併跟著沾光。不知各位以為如何？」

黃金榮這一席話，上至革命大業，下至個人情面，要理有理，要情有情，簡直是滴水不漏，密不透風，在座的債主們雖大不情願，卻又實在找不出合適的話說。稍稍靜默，終於由一個家底厚實些的債主起頭，你三百我五百，一下子為蔣介石湊了五千多元。黃金榮見事已成功，就向蔣介石使個眼色，師徒二人一同起身，舉杯邀祝道：「謝謝諸位，謝謝諸位。將來孫先生大功告成，志清重返上海，各位都是有功之臣。來，乾杯！」

黃金榮設宴賴債，明明是玩弄伎倆，騙取錢財，可他卻憑著一席滴水不漏的遊說搞得大小債主們雖不甘心，卻又不得不心甘情願的掏腰包。很顯然，在相對複雜的情境之下，黃金榮的口才充分發揮了作用，不僅在表面上掩蓋了其賴債騙錢的真實動機，而且在整個事件的過程中有效的控制了局面，為自己贏得了主動。小人往往就是這樣，他對於道德規範的無所顧忌使他形成無所顧忌的口才，只要是有助於遮掩羞醜，混淆視聽，有助於達到自己不可告人的目的，什麼都敢說，什麼都敢講，許多被我們一般人視為避諱或禁區的東西，對厚黑人士來說沒有任何作用。厚黑人士之所以在言語領域放肆到這個程度，當然是與他沒有道德負擔的特徵分不開的。

第五招：西門官人，黑白通吃

《金瓶梅》裡的西門慶，是中國封建社會集官僚和資本家於一體的腐敗典型，典型的「中國特色」，典型的厚黑中人，就是官商結合，既做官又經商。

西門慶首先是個商人。由清河縣一個富商，後來變成了山東省的鉅富。他開了綢緞鋪、生藥鋪、絨線鋪、當鋪等。房產三處，園林式豪宅可以承辦上千人的宴會。西門慶到底有多少財產？他臨死時交代給老婆、女婿的生意上的本金、貨

款、應收債務等項，就有近 10 萬兩白銀。若加上房產、現金珠寶，可能在 15 萬至 20 萬兩白銀。

西門慶成為山東鉅富，除了生意上的經營外，主要還是靠買官後以權經商，貪賄枉法斂財。西門慶鉅額賄賂太師蔡京，認了乾爹，買得了「錦衣衛山東提刑副使」的官帽，這真是個來錢的「肥缺」。只要銀子給他，沒有什麼不敢辦或辦不了的。《金瓶梅》裡的西門慶，是一個五毒俱全，為所欲為的人物。他既有特殊的官僚身分，又有很硬的政治後臺，還有很強的經濟實力。因此他成了御史參劾不倒，地痞流氓奈何不了，地方政要有求於他，權傾一方的人物。但是，由於他的貪婪與盲目，他必然走上自己毀滅自己的道路。他因濫用胡僧春藥，縱欲無度而自己整死了自己，三十三歲本來魁偉健壯的軀殼消亡了。

西門慶這個人物性格有哪些個性呢？縱觀全書可歸納如下幾點：

(一) 慣於吃喝嫖娼，善於借刀殺人。

西門慶絕不是一般的市井棍徒，鄙俗的流氓地痞。他是身材魁偉，人物風流，既會拳腳棍棒，又會踢球下棋，妓院詞曲都懂，總之是腐敗場合的各種伎倆是樣樣都會的。而且，他還是一個善走權門，能觀時勢，工於心計的人物。小說第二回，西門慶一出場，潘金蓮就被他吸引住了。寫西門慶開生藥鋪經商，特別選在清河縣衙門前開鋪子，實為「交通官吏，專管些公事攬事過錢」，他很懂得勾結利用官府。作者又寫他「挑販人口，買賣妓女」，更說明西門慶目無王法，膽大包天，什麼壞事缺德事都敢做。

西門慶買到了「錦衣衛山東提刑副千戶」官職，成了有權有勢的人後，他貪贓枉法，草菅人命，但行事巧妙，不留痕跡。如第六十九回，寫妓女鄭愛月告知他，李桂姐背著他經常與王三官、祝麻子等人鬼混。西門慶就設計，讓提刑所捕快砸了妓院，鎖了幾個小混混，卻放過王三官、祝麻子等人（因為這些人物或是他的朋友，或是有些身分的），既達到了教訓王三官，又嚇唬了妓女和鴇母，又不撕破面皮。西門慶設的圈套，只有他的幫閒清客應伯爵看得「門道」，說：「哥的這一著做得絕了。」「打著綿羊駒騾顫」「明修棧道，暗渡陳倉」。又如第

四十七回寫西門慶在辦理苗青案貪贓受賄時，也是十分謹慎。當苗青把一千兩銀子用四個酒罈子封好，在黃昏黑天後抬進西門慶府上時，西門慶坐在屋內不掌燈，收下了。這一千兩銀子他與夏提刑對半平分，第二天把銀子裝在食盒裡送到夏府。這些細節的巧飾，足以看出西門慶的狡猾，會遮人耳目。西門慶霸占了小廝來旺的老婆宋惠蓮，來旺酒後叫罵。西門慶為除掉這塊心病，設計陷害來旺，宋惠蓮一直被蒙在鼓裡。最後宋惠蓮上吊自殺，她父親宋仁也被逼死。西門慶反誣宋惠蓮偷了東西怕家主責打而死的，勾結官府仵作草草掩埋了事。

（二）送銀子出手大方，性賄賂策劃周密。

中國歷代王朝當朝綱頹廢時，吏治腐敗，賄賂公行，不以為恥，反以為榮。《金瓶梅》多次寫京城太師、太尉等朝廷重臣的宅第前，全國各地去送禮行賄的人頭攢動，擁擠不堪。第三十回寫西門慶派的來保上京送生日禮給太師，一見門口守衛換了生面孔，立即遞上銀子，一人一兩，才得以通報到翟管家，也就是太師的大祕書、總管翟謙。給翟謙的見面禮就是三十兩銀子，才得以把禮單呈遞太師面前。「火到豬頭爛，錢到事情辦」。蔡京本來就是「極喜歡奉承的」，見了西門慶的厚禮，非常滿意，不僅當即賞了西門慶五品錦衣衛提刑副千戶的官銜，連送禮跑腿的小廝來保和吳典恩二人也得到了小官帽。翟謙趁機索賄，要西門慶幫忙買個小老婆。西門慶得了這個「美事」，十分盡力。他當然不會要翟管家出錢，「性賄賂」的機會他求之不得的。從此，翟家成了西門慶的官府內線，認了「親家」，從經濟上到政治命運上，更緊密勾結起來了。

《金瓶梅》第四十八回充分展示了西門慶「性賄賂」的手段，著意描寫了蔡御史被拉下水的過程。蔡御史是蔡京的門生，當年考上狀元路過清河時，西門慶就接待過。現在他是巡行山東的御史，當然更要極力巴結。為了請蔡御史和宋御史這一席酒，西門慶就費了一千兩銀子。宋御史走後，西門慶為蔡御史又另設酒席，同時吩咐小廝到妓院點名叫了董嬌兒和韓金釧兩個名妓，「從後門用轎子抬進來，無一人知道」。西門慶叮囑妓女「要用心侍候好這位巡按御史大人，另有酬答」。西門慶還開玩笑的告訴妓女：這御史他「南人的營生，好的是南風，你

倆休要扭手扭腳的」。據有人考證說，南風即男風，是指一種性交方式，叫「後庭花」。西門慶是生怕山東妓女不習慣而預為叮囑的。可見西門慶對這次「性賄賂」是何等深思熟慮和仔細周密了。果然，蔡御史對此十分滿意，感激不盡。此後，西門慶有求必應。當西門慶和夏提刑因辦苗青案貪贓枉法被人告發，前任山東御史曾孝序向皇帝參劾引起麻煩時，蔡御史就是極力維護關照西門慶，使之有驚無險的人之一。

（三）權貴請客他買單，你落人情他結網。

西門慶是一個很會「算政治帳」的官商。由於他是山東鉅富，既有豪宅大院，又會講究排場。家中既有高級廚師，又有唱曲演奏的班子。因此，地方政要乃至封疆大吏都願借他家宴請重要客人，這既是給了西門慶面子，也是想沾他點光。因為辦宴席的費用總是要西門慶貼好些的。但西門慶很願意承辦這種宴席。他知道，那麼多權貴政要有頭有臉的人物聚集他的府上，對於提高他的身分地位，增強他的社會影響，是不可以辦宴會的幾兩銀子來計算的。他透過陪客人，觥籌交錯之中結識權貴，關係網越拉越大，感情投資越來越多。第六十五回就詳盡的描寫了山東巡按御史宋喬年，借西門慶府上宴請京中黃老太監的全過程。先寫宋御史提前許多日子派人送帖子要西門慶辦宴，並送上山東省主要官員為辦宴湊集的一百多兩銀子。接著寫宋御史派員提前兩天到西門慶府上檢查宴席籌辦情況，包括桌席如何擺設，座位如何安排，客廳如何布置，菜譜、戲班等等，生怕有絲毫不妥。最後才寫黃老太監在宋御史率山東主要官員和全省各府、州、縣官陪同入宴的氣派排場。其隆重、豪侈，使人難以想像。試問，一個宮中太監路過山東，山東封疆大吏為何要率全省官員迎送招待？由此可見當年「閹黨」專權是何等情狀。宴會終了，客人走了，西門慶的夥計韓道國說：今日黃老公公見了咱家酒席齊整，無個不喜歡的。巡撫、巡按兩位甚是知感不盡，謝了又謝。這時，慣於拍馬討好的應伯爵的一席話說到了點子上：「若是第二家擺這席酒，也成不的。也沒咱家恁大地方，也沒府上這些人手。今日少說也有上千人進來，都要管待出去。哥就賠了幾兩銀子，咱山東一省，也響出名去了。」這才是說到了西門

慶的心坎兒上了。

（四）色魔講廉恥，貪贓顧體面。

西門慶是一個意識上、人格上都表裡不一的兩面派人物。他是色鬼，但又談什麼禮義廉恥，他是貪官，但卻講什麼為官的面子。

西門慶見了漂亮女人就想弄到手。他到底有多少個女人？有正式妻、妾身分的是六個。收用的丫頭有三、四個。包養著的妓女有三個。「包二奶」之類的有王六兒。勾搭成姦的有林太太。占有家奴小廝的老婆如宋惠蓮，還有李瓶兒的奶媽如意兒……真是說不清楚。但是，西門慶與哪一個女人是有真正的感情的呢？一個也沒有。他與哪一個妻子是有愛情的呢？似乎也沒有。《金瓶梅》描寫男女的性行為，情節多，仔細而具體，但女人不過是他尋求酒後洩欲和追求刺激感的工具而已。他為了得到滿足，經常帶著「淫器包兒」，弄出不同的花樣取樂。發展到向一個胡僧拜求祕方春藥，以把女人整得痛苦難忍為快。李瓶兒是個長得漂亮的富婆，她嫁給西門慶不僅帶給了他大筆財產，而且還替他生下了一個傳宗接代的兒子。按說應當是西門慶很喜歡的女人了。但正是在李瓶兒月經期間，西門慶強行房事，而且用了春藥，使李瓶兒因此得了惡疾，不久汙穢而死。總之，西門慶由好色發展到色魔，對女人實施性虐待，把他的享樂建立在女人痛苦的基礎上。

當然，物極必反。性虐狂也必然遭到報復。當西門慶服用春藥與「久慣牢成」的王六兒「鏖戰」精疲力竭，回到潘金蓮房中昏睡不醒的情況下，「性飢渴」的潘金蓮又一次讓西門慶過量服用春藥，再一番廝殺後，西門慶終於被潘金蓮送上了黃泉路。顯然，《金瓶梅》對性的描寫如此鋪張反復，不厭其詳，完全是為了塑造西門慶這個人物，凸顯其個性的需要。

就是這樣一個醜陋的人物，他卻說出些忠孝禮義道德之類的話來，使人感到十分滑稽。第六十九回寫到，由於妓女鄭愛月打小報告，西門慶知道了是王三官一夥浪蕩子嫖宿了他包月養著的妓女李桂姐。西門慶於是設計勾搭上名門望族的寡婦林太太，還假借受託教訓她的不肖子弟王三官的名義，讓人砸了李桂姐的妓

院，鎖了幾個小嫖客混混，最後逼得王三官還要拜認西門慶為義父。當西門慶回到家中，得意忘形的向老婆吳月娘說起此事：「人家倒運，偏生出這樣不肖子弟來，家中丟著花枝般媳婦不去理論，白日黑夜跟著這夥光棍在院裡嫖弄。年紀小小的，全不成器。」月娘聽了說：「你不曾撒泡尿看看自家，乳兒老鴉笑話豬兒足，原來燈檯不照自。你自道成器的？還要禁的人？」這段對白絕妙極了，作者透過吳月娘之口，諷刺西門慶的寡廉鮮恥，表裡不一。你不撒泡尿照照自己？真是罵得痛快！

西門慶貪贓枉法，卻還要在別人面前裝出一副不徇私情，嚴守官德的樣子來。他當副千戶，是提刑千戶夏延齡的副手。第三十四回寫他與應伯爵議論說：「夏提刑貪溢蹋婪，有事不問青紅皂白，得了錢在手裡就放了，成什麼道理？我便再三扭著不肯。你我雖是個武職官，掌著這刑條，還放些體面才好。」西門慶把自己打扮成與貪贓枉法的夏提刑做堅決對立的，很講操守體面的好官。真算說話不臉紅的人。在西門慶處理苗青一案上，就可看出他與夏提刑是什麼關係，有何區別了。

是的，西門慶是頗注意「體面」的。「體面」者，「面子」也。用今天的時髦話講，就是某些官員要竭力維護的「形象」。雖然，明代官場玩妓女，貪銀子是普遍現象，但有些人表面上一本正經，裝出一副目不斜視，男女授受不親的樣子。雖然見了銀子就流口水眼發直，但仍要裝出一副防腐拒賄，兩袖清風的體面來。這就是中國封建官場的演技。《金瓶梅》裡的西門慶，就是一個既講「體面」，又會維護「體面」的人物。第六十八回寫西門慶和應伯爵等狐朋狗友在妓院裡鬼混，鄭愛月要留西門慶過夜，說：「爹今日不家去罷了。」西門慶道：「我還去，今日一者銀兒在這裡，不好意思。二者我居著官，今年考察在即，恐惹是非，只是白日來和妳坐坐罷了。」所謂銀兒在這裡，不好意思，這不過是託詞，妓女吳銀兒在不在有什麼「不好意思」的？他戴著官帽，在妓院嫖宿不歸家，傳出風聲影響不好，這才是真實原因。更重要的是，今年要「考察幹部」，這個關鍵時刻留在妓院過夜，走漏了消息不但有失體面，更重要的是影響晉級升官啊！

西門慶對妓女說的是真話。正是因為西門慶善於偽裝，所以他雖然妻妾成群而貪色，家財萬貫而貪贓，雖然有御史曾孝序參劾他是「菽麥不知，一丁不識」，「縱妻妾嬪遊街巷，而帷幕為之不清；攜樂婦而酬飲市樓，官箴為之有玷。至於包養韓氏之婦，恣其歡淫，而行檢不修；受苗青夜賂之金，曲為掩飾，而髒跡顯著」「一刻不可居任者也」。但「考察」官呈給皇上的「考察報告」裡對西門慶的評語卻是十分的好（第七十回）：「西門慶才幹有為，英偉素著，家稱殷實而在任不貪，國事克勤而臺工有績。翌神運而分毫不索，司法令而齊民咸仰。宜加轉正以掌刑名者也。」要扶正！奏章的這段評語，不僅對西門慶這個兩面派人物是莫大的諷刺，而且對當時官場「考察」搞形式主義走過場而導致好壞不分黑白顛倒，更是一個無情的揭露和徹底的否定。

第六招：鳳姐斂財，弄權剋扣

賈府被抄，榮國府裡，除各種珍寶器物外，要說現金，也就幾千兩銀子，一百餘兩金子，而且成色還不怎麼樣。偌大一個賈府，實際上已經空了，還欠了一屁股債，全仗著那個大架子在那裡支撐著。可是，從總理家政的王熙鳳屋裡，卻抄出「不下五七萬金」之多。

鳳姐和賈璉，加上她的幾個丫鬟，每月工錢總共不過一二十兩銀子，就是一分不花全部存著，幾年之內連「五七萬金」的零頭也堆不起來。鳳姐的錢都從哪裡來的？主要是以權謀私，貪汙、收受賄賂聚斂來的。

一是用下人的月錢放高利貸。第三回林黛玉進賈府，二奶奶高調出場。中間有一段對話：

熙鳳親為捧茶捧果。又見二舅母問他：「月錢放過了不曾？」

熙鳳道：「月錢已放完了。才剛帶著人到後樓上找緞子，找了這半日，也並沒有見昨日太太說的那樣的，想是太太記錯了？」

王夫人道：「有沒有，什麼要緊。」

　　王夫人根據下邊的私訴而查問鳳姐扣發月錢的事，她一走出來就發話示威，剛至廊簷上，只見有幾個執事的媳婦子正等她回事呢，見她出來，都笑道：「奶奶今兒回什麼事，這半天？可是要熱著了。」鳳姐把袖子挽了幾挽，跳著那角門的門檻子，笑道：「這裡過門風倒涼快，吹一吹再走。」又告訴眾人道：「妳們說我回了半日的話，太太把二十年頭裡的事都想起來問我，難道我不說罷。」又冷笑道：「我從今以後倒要做幾樣事了。抱怨給太太聽，我也不怕。糊塗油蒙了心，爛了舌頭，不得好死的下作東西，別作娘的春夢！明兒一裹腦子扣的日子還有呢。如今裁了丫頭的錢，就抱怨了咱們。也不想一想是奴幾，也配使兩三個丫頭！」一面罵，一面方走了，自去挑人回賈母話去，不在話下。（《紅樓夢》第三十六回）

　　二是弄權斂財。比如鐵檻寺弄權，憑藉自己家中有人當官，輕而易舉的毀掉一樁婚事，一次就收了三千兩銀子。

　　鳳姐也略坐片時，便回至淨室歇息，老尼相送。此時眾婆娘媳婦見無事，都陸續散了，自去歇息，跟前不過幾個心腹常侍小婢，老尼便趁機說道：「我正有一事，要到府裡求太太，先請奶奶一個示下。」鳳姐因問何事。老尼道：「阿彌陀佛！只因當日我先在長安縣內善才庵內出家的時節，那時有個施主姓張，是大財主。他有個女兒小名金哥，那年都往我廟裡來進香，不想遇見了長安府府太爺的小舅子李衙內。那李衙內一心看上，要娶金哥，打發人來求親，不想金哥已受了原任長安守備的公子的聘定。張家若退親，又怕守備不依，因此說已有了人家。誰知李公子執意不依，定要娶他女兒，張家正無計策，兩處為難。不想守備家聽了此言，也不管青紅皂白，便來作踐辱罵，說一個女兒許幾家，偏不許退定禮，就打官司告狀起來。那張家急了，只得著人上京來尋門路，賭氣偏要退定禮。我想如今長安節度雲老爺與府上最契，可以求太太與老爺說聲，打發一封書去，求雲老爺和那守備說一聲，不怕那守備不依。若是肯行，張家連傾家孝順也都情願。」

　　鳳姐聽了笑道：「這事倒不大，只是太太再不管這樣的事。」老尼道：「太太

不管，奶奶也可以主張了。」鳳姐聽說笑道：「我也不等銀子使，也不做這樣的事。」淨虛聽了，打去妄想，半晌嘆道：「雖如此說，張家已知我來求府裡，如今不管這事，張家不知道沒工夫管這事，不稀罕他的謝禮，倒像府裡連這點子手段也沒有的一般。」

鳳姐聽了這話，便發了興頭，說道：「妳是素日知道我的，從來不信什麼是陰司地獄報應的，憑是什麼事，我說要行就行。妳叫他拿三千銀子來，我就替他出這口氣。」老尼聽說，喜不自禁，忙說：「有，有！這個不難。」鳳姐又道：「我比不得他們扯篷拉牽的圖銀子。這三千銀子，不過是給打發敗去的小廝的盤纏，使他賺幾個辛苦錢，我一個錢也不要他的。便是三萬兩，我此刻也拿得出來。」老尼連忙答應，又說道：「既如此，奶奶明日就開恩也罷了。」鳳姐道：「都瞧瞧我忙的，那一處少了我？既應了妳，自然快快的了結。」老尼道：「這點子事，在別人的跟前就忙的不知怎麼樣，若是奶奶的跟前，再添上些也不夠奶奶一發揮的。只是俗語說的，『能者多勞』，太太因大小事見奶奶妥帖，索性都推給奶奶了，奶奶也要保重金體才是。」一路話奉承的鳳姐越發受用，也不顧勞乏，更攀談起來。

鳳姐便命悄悄將昨日老尼之事，說與來旺兒。來旺兒心中俱已明白，急忙進城找著主文的相公，假託賈璉所囑，修書一封，連夜往長安縣來，不過百里路程，兩日工夫俱已妥協。那節度使名喚雲光，久見賈府之情，這點小事，豈有不允之理，給了回書，旺兒回來。且不在話下。（《紅樓夢》第十三回）

三是中飽私囊。安排工作，工程承包，採辦貨物，一律雁過拔毛，甚至大家熱鬧出錢吃一頓，她也偷偷的只出名不出錢。

比如在賈芸行賄找工作，書中如此描述：

那天已是掌燈時候，賈芸吃了飯收拾歇息，一宿無話。次日一早起來，洗了臉，便出南門，大香鋪裡買了冰麝，便往榮國府來。打聽賈璉出了門，賈芸便往後面來。到賈璉院門前，只見幾個小廝拿著大高笤帚在那裡掃院子呢。忽見周瑞家的從門裡出來叫小廝們：「先別掃，奶奶出來了。」賈芸忙上前笑問：「二嬸嬸

那去？」周瑞家的道：「老太太叫，想必是裁什麼尺頭。」正說著，只見一群人簇著鳳姐出來了。賈芸深知鳳姐是喜奉承尚排場的，忙把手逼著，恭恭敬敬搶上來請安。鳳姐連正眼也不看，仍往前走著，只問他母親好，「怎麼不來我們這裡逛逛？」賈芸道：「只是身上不大好，倒時常記掛著嬸子，要來瞧瞧，又不能來。」鳳姐笑道：「可是會撒謊，不是我提起他來，你就不說他想我了。」賈芸笑道：「侄兒不怕雷打了，就敢在長輩前撒謊。昨兒晚上還提起嬸子來，說婢子身子生的單弱，事情又多，虧嬸子好大精神，竟料理得周周全全，要是差一點的，早累的不知怎麼樣呢。」

　　鳳姐聽了滿臉是笑，不由的便止了步，問道：「怎麼好好的你娘兒們在背地裡嚼起我來？」賈芸道：「有個緣故，只因我有個朋友，家裡有幾個錢，現開香鋪。只因他身上捐著個通判，前兒選了雲南不知那一處，連家眷一齊去，把這香鋪也不在這裡開了。便把帳物攢了一攢，該給人的給人，該賤發的賤發了，像這細貴的貨，都分著送與親朋。他就一共送了我些冰片，麝香。我就和我母親商量，若要轉賣，不但賣不出原價來，而且誰家拿這些銀子買這個做什麼，便是很有錢的大家子，也不過使個幾分幾錢就挺折腰了，若說送人，也沒個人配使這些，倒叫他一文不值半文轉賣了。因此我就想起嬸子來。往年間我還見嬸子大包的銀子買這些東西呢，別說今年貴妃宮中，就是這個端陽節下，不用說這些香料自然是比往常加上十倍去的。因此想來想去，只孝順嬸子一個人才合適，方不算糟蹋這東西。」一邊說，一邊將一個錦匣舉起來。

　　鳳姐正是要辦端陽的節禮，採買香料藥餌的時節，忽見賈芸如此一來，聽這一篇話，心下又是得意又是歡喜，便命豐兒：「接過芸哥兒的來，送了家去，交給平兒。」因又說道：「看著你這樣知好歹，怪道你叔叔常提你，說你說話兒也明白，心裡有見識。」賈芸聽這話入了港，便打進一步來，故意問道：「原來叔叔也曾提我的？」鳳姐見問，才要告訴他與他管事情的那話，便忙又止住，心下想道：「我如今要告訴他那話，倒叫他看著我見不得東西似的，為得了這點子香，就興許他管事了。今兒先別提起這事。」想畢，便把派他監種花木工程的事都隱

瞞的一字不提，隨口說了兩句淡話，便往賈母那裡去了。（《紅樓夢》第十三回）

再如替她過生日，大家熱鬧出錢吃一頓，她也偷偷的只出名不出錢。

這裡賈母又向王夫人笑道：「我打發人請你來，不為別的。初二是鳳丫頭的生日，上兩年我原早想替他做生日，偏到跟前有大事，就混過去了。今年人又齊全，料著又沒事，咱們大家好生樂一日。」王夫人笑道：「我也想著呢。既是老太太高興，何不就商議定了？」賈母笑道：「我想往年不拘誰做生日，都是各自送各自的禮，這個也俗了，也覺生分的似的。今兒我出個新法子，又不生分，又可取笑。」王夫人忙道：「老太太怎麼想著好，就是怎麼樣行。」賈母笑道：「我想著，咱們也學那小家子大家湊分子，多少盡著這錢去辦，妳道好玩不好玩？」王夫人笑道：「這個很好，但不知怎麼湊法？」賈母聽說，益發高興起來，忙遣人去請薛姨媽邢夫人等，又叫請姑娘們和寶玉，那府裡珍兒媳婦和賴大家的等有頭臉管事的媳婦也都叫了來。

眾丫頭婆子見賈母十分高興也都高興，忙得各自分頭去請的請，傳的傳，沒頓飯的時間，老的，少的，上的，下的，烏壓壓擠了一屋子。只薛姨媽和賈母對坐，邢夫人王夫人只坐在房門前兩張椅子上，寶釵姊妹等五六個人坐在炕上，寶玉坐在賈母懷前，地下滿滿的站了一地。賈母忙命拿幾個小凳子來，給賴大母親等幾個高年有體面的媽媽坐了。賈府風俗，年高服侍過父母的家人，比年輕的主子還有體面，所以尤氏鳳姐兒等只管地下站著，那賴大的母親等三四個老媽媽告個罪，都坐在小凳子上了。

賈母笑著把方才一席話說與眾人聽了。眾人誰不湊這趣兒？再也有和鳳姐兒好的，有情願這樣的，有畏懼鳳姐兒的，巴不得來奉承的；況且都是拿得出來的，所以一聞此言，都欣然應諾。賈母先道：「我出二十兩。」薛姨媽笑道，我隨著老太太，也是二十兩了。」邢夫人王夫人道：「我們不敢和老太太並肩，自然矮　等，每人十六兩罷了。」尤氏李紈也笑道：「我們自然又矮一等，每人十二兩罷。」賈母忙和李紈道：「你寡婦失業的，那裡還拉妳出這個錢，我替妳出了罷。」鳳姐忙笑道：「老太太別高興，且算一算帳再攬事。老太太身上已有

兩分呢，這會子又替大嫂子出十二兩，說著高興，一會子回想又心疼了。過後兒又說『都是為鳳丫頭花了錢』，使個巧法子，哄著我拿出三四分子來暗裡補上，我還做夢呢。」說的眾人都笑了。賈母笑道：「依妳怎麼樣呢？」鳳姐笑道：「生日沒到，我這會子已經折受的不受用了。我一個錢饒不出，驚動這些人實在不安，不如大嫂子這一分我替她出了罷了。我到了那一日多吃些東西，就享了福了。」邢夫人等聽了，都說「很是」。賈母方允了。鳳姐兒又笑道：「我還有一句話呢。我想老祖宗自己二十兩，又有林妹妹寶兄弟的兩分子。姨媽自己二十兩，又有寶妹妹的一分子，這倒也公道。只是二位太太每位十六兩，自己又少，又不替人出，這有些不公道。老祖宗吃了虧了！」賈母聽了，忙笑道：「倒是我的鳳姐兒向著我，這說得很是。要不是妳，我叫她們又哄了去了。」鳳姐笑道：「老祖宗只把她姐兒兩個交給兩位太太，一位占一個，派多派少，每位替出一分就是了。」賈母忙說：「這很公道，就是這樣。」賴大的母親忙站起來笑說道：「這可反了！我替二位太太生氣，在那邊是兒子媳婦，在這邊是內侄女兒，倒不向著婆婆姑娘，倒向著別人。這兒媳婦成了陌路人，內侄女兒竟成了個外侄女兒了。」說的賈母與眾人都大笑起來了。賴大之母因又問道：「少奶奶們十二兩，我們自然也該矮一等了。」賈母聽說，道：「這使不得。妳們雖該矮一等，我知道妳們這幾個都是財主，分位雖低，錢卻比她們多。妳們和她們一例才使得。」眾媽媽聽了，連忙答應。賈母又道：「姑娘們不過應個景兒，每人照一個月的月例就是了。」又回頭叫鴛鴦來，「妳們也湊幾個人，商議湊了來。」鴛鴦答應著，去不多時帶了平兒、襲人、彩霞等還有幾個小丫鬟來，也有二兩的，也有一兩的。賈母因問平兒：「妳難道不替妳主子做生日，還人在這裡頭？」平兒笑道：「我那個私自另外有了，這是官中的，也該出一分。」賈母笑道：「這才是好孩子。」鳳姐又笑道：「上下都全了。還有二位姨奶奶，她出不出，也問一聲兒。盡到她們是理，不然，她們只當小看了她們了。」賈母聽了，忙說：「可是呢，怎麼倒忘了她們！只怕她們不得閒兒，叫一個丫頭問問去。」說著，早有丫頭去了，半日回來說道：「每位也出二兩。」賈母喜道：「拿筆硯來算明，共計多少。」尤氏因俏

罵鳳姐道：「我把妳這沒足厭的小蹄子！這麼些婆婆媽子來湊銀子給妳過生日，妳還不足，又拉上兩個苦瓠子做什麼？」鳳姐也俏笑道：「妳少胡說，一會子離了這裡，我才和妳算帳。她們兩個為什麼苦呢？有了錢也是白填送別人，不如拘來咱們樂。」說著，早已合算了，共湊了一百五十兩有餘。賈母道：「一日戲酒用不了。」尤氏道：「既不請客，酒席又不多，兩三日的用度都夠了。頭等，戲不用錢，省在這上頭。」賈母道：「鳳丫頭說那一班好，就傳那一班。」鳳姐兒道：「咱們家的班子都聽熟了，倒是花幾個錢叫一班來聽聽罷。」賈母道：「這件事我交給珍哥媳婦了。越性叫鳳丫頭別操一點心，受用一日才算。」尤氏答應著。又說了一回話，都知賈母乏了，才漸漸的都散出來。

尤氏等送邢夫人王夫人二人散去，便往鳳姐房裡來商議怎麼辦生日的話。鳳姐兒道：「妳不用問我，妳只看老太太的眼色行事就完了。」尤氏笑道：「妳這阿物兒，也忒行了大運了。我當有什麼事叫我們去，原來單為這個。出了錢不算，還要我來操心，妳怎麼謝我？」鳳姐笑道：「妳別扯臊，我又沒叫妳來，謝妳什麼！妳怕操心？妳這會子就回老太太去，再派一個就是了。」尤氏笑道：「妳瞧他興的這樣兒！我勸妳收著些兒好。太滿了就潑出來了。」二人又說了一回方散。

次日將銀子送到寧國府來，尤氏方才起來梳洗，因問是誰送過來的，丫鬟們回說：「是林大娘。」尤氏便命叫了她來。丫鬟走至下房，叫了林之孝家的過來。尤氏命她腳踏上坐了，一面忙著梳洗，一面問她：「這一包銀子共多少？」林之孝家的回說：「這是我們底下人的銀子，湊了先送過來。老太太和太太們的還沒有呢。」正說著，丫鬟們回說：「那府裡太太和姨太太打發人送分子來了。」尤氏笑罵道：「小蹄子們，專會記得這些沒要緊的話。昨兒不過老太太一時高興，故意的要學那小家子湊分子，妳們就記得，到了妳們嘴裡當正經的說。還不快接了進來好生侍茶，再打發她們去。」丫鬟應著，忙接了進來，一共兩封，連寶釵黛玉的都有了。尤氏問還少誰的，林之孝家的道：「還少老太太，太太，姑娘們的和底下姑娘們的。」尤氏道：「還有妳們大奶奶的呢？」林之孝家的道：「奶奶過

去，這銀子都從二奶奶手裡發，一共都有了。」

　　說著，尤氏已梳洗了，命人伺候車輛，一時來至榮府，先來見鳳姐。只見鳳姐已將銀子封好，正要送去。尤氏問：「都齊了？」鳳姐兒笑道：「都有了，快拿了去吧，丟了我不管。」尤氏笑道：「我有些信不及，倒要當面點一點。」說著果然按數一點，只沒有李紈的一分。尤氏笑道：「我說妳人鬼呢，怎麼妳大嫂子的沒有？」鳳姐兒笑道：「那麼些還不夠使？短一分兒也罷了，等不夠了我再給妳。」尤氏道：「昨兒妳在人跟前做人，今兒又來和我賴，這個斷不依妳。我只和老太太要去。」鳳姐兒笑道：「我看妳利害。明兒有了事，我也丁是丁卯是卯的，妳也別抱怨。」尤氏笑道：「妳一般的也怕。不看妳素日孝敬我，我才是不依妳呢。」說著，把平兒的一分拿了出來，說道：「平兒，來！把妳的收起去，等不夠了，我替妳添上。」平兒會意，因說道：「奶奶先使著，若剩下了再賞我一樣。」尤氏笑道：「只許妳那主子作弊，就不許我作情兒。」平兒只得收了。尤氏又道：「我看著妳主子這麼細膩，弄這些錢那裡使去！使不了，明兒帶了棺材裡使去。」一面說著，一面又往賈母處來。（《紅樓夢》第四十三回）

　　四是買通鴛鴦，將老太太的東西銀錢先弄來堵經濟缺口。

　　一語未了，只見賈璉進來，拍手嘆氣道：「好好的又生事前兒我和鴛鴦借當，那邊太太怎麼知道了。才剛太太叫過我去，叫我不管那裡先遷挪二百兩銀子，做八月十五日節間使用。我回沒處遷挪。太太就說：『你沒有錢就有地方遷挪，我白和你商量，你就搪塞我，你就說沒地方。前兒一千銀子的當是那裡的？連老太太的東西你都有神通弄出來，這會子二百兩銀子，你就這樣。幸虧我沒和別人說去。』我想太太分明不短，何苦來要尋事奈何人。」鳳姐兒道：「那日並沒一個外人，誰走了這個消息。」平兒聽了，也細想那日有誰在此，想了半日，笑道：「是了。那日說話時沒一個外人，但晚上送東西來的時節，老太太那邊傻大姐的娘也可巧來送漿洗衣服。她在下房裡坐了一會子，見一大箱子東西，自然要問，必是小丫頭們不知道，說了出來，也未可知。」因此便喚了幾個小丫頭來問，那日誰告訴呆大姐的娘。眾小丫頭慌了，都跪下賭咒發誓，說：「自來也不敢多說一句

話。有人凡問什麼，都答應不知道。這事如何敢多說。」鳳姐詳情說：「她們必不敢，倒別委屈了她們。如今且把這事靠後，且把太太打發了去要緊。寧可咱們短些，又別討沒意思。」因叫平兒：「把我的金項圈拿來，且去暫押二百兩銀子來送去完事。」賈璉道：「越性多押二百，咱們也要使呢。」鳳姐道：「很不必，我沒處使錢。這一去還不知指那一項贖呢。」平兒拿去，吩咐一個人喚了旺兒媳婦來領去，不一時拿了銀子來。賈璉親自送去，不在話下。

這裡鳳姐和平兒猜疑，終是誰人走的風聲，竟擬不出人來。鳳姐兒又道：「知道這事還是小事，怕的是厚黑人士趁便又造非言，生出別的事來。當緊那邊正和鴛鴦結下仇了，如今聽得她私自借給璉二爺東西，那起厚黑人士眼饞肚飽，連沒縫兒的雞蛋還要下蛆呢，如今有了這個因由，恐怕又造出些沒天理的話來也定不得。璉二爺還無妨，只是鴛鴦正經女兒，帶累了她受屈，豈不是咱們的過失。」平兒笑道：「這也無妨。鴛鴦借東西看的是奶奶，並不為的是二爺。一則鴛鴦雖應名是她私情，其實她是回過老太太的。老太太因怕孫男弟女多，這個也借，那個也要，到跟前撒個嬌兒，和誰要去，因此只裝不知道。縱鬧了出來，究竟那也無礙。」鳳姐兒道：「理固如此。只是妳我是知道的，那不知道的，焉得不生疑呢。」（《紅樓夢》第七十四回）

第七招：貪婪王婆，會做牽頭

《金瓶梅》裡的王婆是一個了不得的厚黑人物。據書中描述，這王婆三十六歲死了丈夫，帶著一個孩子，以開茶館為幌子，真正的生活來源是「做牽頭，做馬泊六，也會針灸看病，也會做貝戎兒。」由於積年成精，所以很有手段，首次登場露面，是在 1 至 10 回中，她眼見生情，知道西門慶有心於潘金蓮，於是三縱三擒西門慶，直到從他囊裡挖出銀子來，才提出五件事、十挨光的計策，促成了西門慶與潘金蓮的姦情，並藉機又從中撈得不少錢財，後來，事情敗露，甚至還教唆潘金蓮施計毒殺武大郎，表現出她陰狠毒辣的一面：

　　婆子看著那婦人道：「大娘子，我且教妳下藥的法兒。他若問妳討藥吃時，便把這砒霜調在心疼藥裡。……他若毒氣發時，必然腸胃迸斷，大叫一聲。妳卻把被一蓋，都不要人聽見，緊緊的按住被角。……他若毒發之時，七竅內流血，口唇上有牙齒咬的痕跡。他若氣斷了，妳便揭起被來，卻將煮的抹布一擦，都擦沒了血跡，便人在材裡，扛出去燒了，有麼了事！」

　　不僅如此，作者還透過許多生活小細節的描繪，烘托出王婆貪財的本性，其中，她殷勤的為西門慶與潘金蓮歡會打酒買菜，不巧遇著大雨的那段，就相當生動的描寫出她貪小便宜又賣乖的神情：

　　那婆子正打了一瓶酒，買了一盤魚肉鴨鵝蔬果品之類，在街上遇見這大雨，慌忙躲在人家房檐下，用手巾裹著頭，把衣服都淋濕了。等了一歇，那雨腳慢了些，大步雲飛來家。……看見婦人和西門慶飲酒，笑嘻嘻道：「大官人和大娘子好飲酒！你看，把婆子身上都淋濕了，道明日就叫大官人賠我！」西門慶道：「你看這婆子，就是賴精！」婆子道：「我不是賴精，大官人少不得賠我一匹大海青。」

　　又如第八回裡，當潘金蓮發現西門慶頭上戴著孟玉樓的簪子，便質問他：「你還不變心哩，奴與你的簪兒哪裡去了？」西門慶說因喝了酒，把簪子落在地上不見了。此時王婆在旁插口道：「大娘子，你休怪大官人。他離城四十里見蜜蜂兒拉屎，出門叫癩象絆了一跤，──原來覷遠不覷近。」

　　這段話不僅活現出王婆特有的機智、老辣的個性，能利用巧妙、得體的言語和戲謔、打趣的口吻，在有趣的談笑裡帶著揶揄，公然揭穿西門慶扯謊的嘴臉，使其內心受創但外表似乎未受羞辱，反而得到誇獎，也對於西門慶虛偽狡詐的形象，做了深刻的揭露。

　　然而，王婆的性格到此還沒有完成。我們再次見到她時，是對西門慶有所求的王婆：

　　王婆子道：「沒勾當怎好來逛門逛戶？今日不因老九因為他兄弟的事，趕來央煩老爹，老身還不來哩。」……玳安進入不多時，出來說道：「俺五娘請妳老

人家進去哩。」王婆道：「我敢進去？你引我兒，我怕有狗。」……王婆進去，見婦人家常戴著臥兔兒，穿著一身錦緞衣裳，塗抹的如粉妝玉琢，正在房中炕上，腳蹬著爐臺兒，坐著嗑瓜子兒。……進去不免下禮，慌的婦人答禮，說道：「老王免了罷。」

由此可知，地位的變化給人的感覺相當明顯，就算是「出口勝隨何」的王婆，要請西門慶幫忙時，也會突然成了笨嘴拙舌，連院子也不敢進的劉姥姥型人物了。後來，由於西門慶的病逝與家道中落，且吳月娘發現潘金蓮勾搭女婿的真相，決心對付潘金蓮，使得王婆又有了表現的機會，再次神氣活現了起來：

王婆子開言便道：「妳快收拾了。剛才大娘說，叫我今日領妳出去哩。」金蓮道：「我漢子死了多少時兒，我為下什麼非，做下什麼歹來？如何憑空打發我出去？」王婆道：「妳休稀裡打哄，做啞裝聾！自古蛇鑽窟窿蛇知道，各人做的事各人心裡明。金蓮，妳休呆裡撒奸，兩頭白面，說長並道短，我手裡使的不是妳的花言巧語，幫閒鑽懶！自古沒個不散的筵席，出頭椽兒先朽爛。人的名兒，樹的影兒。蒼蠅不鑽沒縫蛋。妳休把養漢當飯！我如今要打發妳上陽關！」

這段文字更塑造出王婆那種伶牙俐齒、唇槍舌劍、老辣凶悍、慣於販賣婦女的媒婆形象。只是，王婆的氣焰維持不長，在幾番比價之後，被武松所出的一百零五兩打動，將潘金蓮賣給了武松，卻也因此招致殺身之禍，最後便以慘死武松刀下收場。

第八招：地霸發跡，暴力致富

《話說當年的謙德莊》描繪了一塊地盤，勾畫出民國初年的一個強人，這個人運籌經營，憑藉暴力定分立規，留下了另一種發財致富的故事。

謙德莊位於天津城南，方圓二里多地，這裡的居民多數是指身為業、賣苦力氣的人。民國六年（1917 年）鬧大水，一些災民流落在此謀生。這片土地基本上屬於兩家所有：一是天津有名的富戶「李善人」，一是天主教會崇德堂。

　　謙德莊初開闢時，本是韓慕蓮父子的天下。韓慕蓮是天主教徒，崇德堂的收租人。他有個兒子韓相林在謙德莊開了韓家小店，暗設寶局，招賭窩娼，從中抽頭漁利。父子二人四方進財，腰包越來越鼓，這就惹得附近西樓村的李珍、李玉兄弟倆眼紅起來。

　　惡霸李珍，是天津青幫頭子白雲生的徒弟。李珍綽號「花鞋小李三」，在天津也是個知名的「混混」。李家兄弟自幼不務正業，遊手好閒，專做騙人、訛人、坑人的勾當。他們勾結小王莊地保甄連發 —— 這個人手眼寬，能串通官府，鬧起事來打官司，甄連發在衙門裡有人 —— 又買通路春貴當「肉墩子」（肉墩子是挨刀的意思）。此人是西郊辛家院人，擔筐臥簍一條扁擔來謙德莊一帶找飯吃，李家兄弟看他身高體壯，有個虎把勁，就指使他去打頭陣。路春貴前往韓家小店砸寶局，刀砍韓相林。韓家父子人單勢孤，打官司又輸在堂上，從而氣走塘沽。

　　擠韓奪地，李家兄弟如願以償了。為了在這塊地上站住腳，免得再被別人擠走，李珍走了三步棋。

　　第一步，由甄連發出面，花錢辦下來幾套警察服裝，兩支大槍，在謙德莊義園前建立了「小局子」（即警察局派出所），先後幾任警長都是李珍的心腹。乾脆說，「小局子」等於是李珍開的。

　　第二步是建立組織。李珍糾結了甄連發、路春貴、穆文彬，還有人販子程海庭等，成立了一個名叫「保安公司」的機構，網羅了一批地痞、市儈、訟棍、刀筆。在謙德莊它占著天，霸著地，平地摳餅，雁過拔毛。

　　第三步是廣收門徒。保安公司的杏黃旗一舉，開山門，擺香堂，三山六嶽的妖魔鬼怪，江河湖海的魚鱉蝦蟹，都聚集在李珍門下。

　　李珍走了這三步棋，坐鎮保安公司，勾掛官私兩面，上有官府託庇，下有爪牙驅使，不幾年的功夫，就羽毛豐滿，獨霸一方了。

　　保安公司的一項主要收入是經管房地產。在謙德莊養房產的，不管你是誰，都得由保安公司代收代管，崇德堂該如何？樹德里房產的主家是下野軍閥孟恩

遠，又該如何？都得買保安公司的帳，否則就要落個不肅靜。

有這樣一件事：西樓村村董曹八，據說其祖父是光緒皇帝七叔的「替僧」（替主人出家修行），有財有勢，也算個人物。曹八在謙德莊蓋下了連榮里、福厚里，養房吃租。李珍找到曹八，提出要代收代管，同時還要把福厚里租給開窯子的。曹八也不是省油燈，一口回絕：「不行！」李珍揚言「若是不拿下曹八，保安公司就做不成啦！」便唆使手下流氓二十餘人前往曹八家鬧事。哪裡知道曹家早有準備，從院裡竄出十來個身穿軍裝、手提匣槍的大兵，這一夥流氓一看傻了眼，俗話說「光棍不鬥勢力」，一哄而散都跑啦！原來曹八在天津營務處有人，事先他聽到了點風聲，便花錢僱來大兵，嚴陣以待。事隔三日，幾個穿軍裝的來到了保安公司，二話沒說就把李珍綁走了。保安公司於是趕緊花錢託人幫忙，把李珍搭救出來。

李珍豈肯善罷甘休，回來以後揚言要「二打曹八」。真是強龍難壓地頭蛇，曹八服輸，託中間人出面擺席請客，依從李珍經管房產，才算了卻這一場風波。殺一儆百，連曹八都軟了，其他房主就更不在話下了。

保安公司的所謂代收代管，實際上形同霸產，這邊剋扣房主，那邊勒索房客，一面兩吃，肆意盤剝。

除了經管房地產，保安公司還有很多來錢的路子。你開商店，它代徵捐稅；你做小買賣，它要「地份錢」，走江湖的吃毛鈿開賭場的拿「掛錢」，就連掏腰包的扒手也不能隨便來到謙德莊作案。拿妓院來說，除了向保安公司交租納捐而外，還得租保安公司的門，賃保安公司的被子。說起來好像是笑話，租房哪有不帶門的？不行，門租單收；開窯子的哪能沒有被子？不行，給你抱來幾床被，用不用按天算錢。

對一般居民鋪戶，徵斂的名目也很多，什麼清潔費、路燈費、修路費、自治費……三天兩頭的總來斂錢，說多少就得交多少，言無二價，誰敢不給。李珍算得上十六路進財了。

三十年代是謙德莊的興旺時期。在謙德莊中心，永安大街的方圓左近，開設

了一些茶園、酒肆、落子館，光戲院就開了六個。再有說評書的，唱時調的，說相聲的，演皮影戲的，大小商店也布滿周圍。一些像樣的買賣都得有李珍的「乾股」，就是掛個名字，坐享其成。如寶興戲院、寶興池澡塘，都有李珍的股。李珍號叫寶軒，所以這兩家字型大小中都有一個「寶」字。

李珍死於 1940 年，在謙德莊橫行霸道了二十幾載。

人不要臉，天下無敵！
你不知道的歷史故事╳你該知道的厚黑規則

作　　者：李祐元，長貴

發 行 人：黃振庭

出 版 者：崧燁文化事業有限公司

發 行 者：崧燁文化事業有限公司

E-mail：sonbookservice@gmail.com

粉 絲 頁：https://www.facebook.com/
　　　　　sonbookss/

網　　址：https://sonbook.net/

地　　址：台北市中正區重慶南路一段六十一號八
　　　　　樓 815 室

Rm. 815, 8F., No.61, Sec. 1, Chongqing S. Rd.,
Zhongzheng Dist., Taipei City 100, Taiwan (R.O.C)

電　　話：(02)2370-3310

傳　　真：(02) 2388-1990

印　　刷：京峯彩色印刷有限公司（京峰數位）

國家圖書館出版品預行編目資料

人不要臉，天下無敵！你不知道的
歷史故事╳你該知道的厚黑規則
/ 李祐元，長貴 著 . -- 第一版 . --
臺北市：崧燁文化事業有限公司，
2021.11
　　面；　公分
POD 版
ISBN

定　　價：375 元

發行日期：2021 年 11 月第一版

◎本書以 POD 印製

電子書購買

臉書